公路工程标准规范解读系列丛书

公路工程技术标准与设计规范对照手册

(第三版)

本书编委会 编

人民交通出版社股份有限公司

北 京

内 容 提 要

本书为《公路工程技术标准》(JTG B01—2014)与公路工程行业相关设计规范的对照手册。书中逐条列出了《公路工程技术标准》(JTG B01—2014)的条文和条文说明,及与之对应的其他相关规范的具体条文内容,使《公路工程技术标准》(JTG B01—2014)与相关规范融为一体且形成相互对照的关系。读者使用本书,不仅可以了解技术标准条文的来龙去脉,更好地学好、用好技术标准,而且能有效地掌握设计规范相关内容。

本书可作为道路工程师的考试辅导用书,也可作为其案头工具书。

图书在版编目(CIP)数据

公路工程技术标准与设计规范对照手册/《公路工程技术标准与设计规范对照手册》编委会编.— 3 版.— 北京:人民交通出版社股份有限公司,2020.6
ISBN 978-7-114-16599-3

Ⅰ.①公… Ⅱ.①公… Ⅲ.①道路工程—工程技术—技术标准—手册②道路工程—设计规范—手册 Ⅳ.①U41-65

中国版本图书馆 CIP 数据核字(2020)第 089516 号

公路工程标准规范解读系列丛书
Gonglu Gongcheng Jishu Biaozhun yu Sheji Guifan Duizhao Shouce

书　　名:	公路工程技术标准与设计规范对照手册(第三版)
著　作　者:	本书编委会
责任编辑:	周佳楠　侯蓓蓓
责任校对:	孙国靖　魏佳宁
责任印制:	张　凯
出版发行:	人民交通出版社股份有限公司
地　　址:	(100011)北京市朝阳区安定门外外馆斜街 3 号
网　　址:	http://www.ccpcl.com.cn
销售电话:	(010)59757973
总　经　销:	人民交通出版社股份有限公司发行部
经　　销:	各地新华书店
印　　刷:	北京市密东印刷有限公司
开　　本:	720×960　1/16
印　　张:	22.25
字　　数:	410 千
版　　次:	2014 年 12 月　第 1 版　2017 年 4 月　第 2 版　2020 年 6 月　第 3 版
印　　次:	2020 年 6 月　第 1 次印刷　累计第 3 次印刷
书　　号:	ISBN 978-7-114-16599-3
定　　价:	110.00 元

(有印刷、装订质量问题的图书,由本公司负责调换)

第三版前言

《公路工程技术标准与设计规范对照手册》(第一版)于2014年12月问世,成为道路工程设计人员重要的案头工具书。2017年4月,为及时更新书中引用的公路路基、沥青路面、桥涵设计规范,编者修订出版了《公路工程技术标准与设计规范对照手册》(第二版)。近年来,随着《公路路线设计规范》(JTG D20—2017)、《公路交通安全设施设计规范》(JTG D81—2017)、《公路隧道设计规范 第一册 土建工程》(JTG 3370.1—2018)等规范的颁布实施,本手册有必要更新再版。

本次修订再版增加了《公路路线设计规范》(JTG D20—2017)等设计规范的相关内容,同时考虑到"十四五"期间我国将持续推进"四好农村路"建设的实际情况,增加了《小交通量农村公路工程技术标准》(JTG 2111—2019);删除了《公路勘测细则》(JTG/T C10—2007)等设计规范的相关内容,同时考虑到技术标准新旧规范的衔接时间已过,删除了《公路工程技术标准》(JTG B01—2003)的相关内容。附件部分也进行了相应修改,增加了关于《公路工程技术标准》(JTG B01—2014)第6.0.10条的补充说明,删除了高速公路电子不停车收费联网、服务区服务质量等内容。

勘察设计注册土木工程师(道路工程)执业资格考试将于2020年10月开考,交通运输部职业资格中心组织编写了《勘察设计注册土木工程师(道路工程)执业资格考试标准规范摘录汇编 公路工程》,作为该项考试的官方考试用书及命题依据。《公路工程技术标准与设计规范对照手册》(第三版)可作为勘察设计注册土木工程师(道路工程)执业资格考试的辅导用书,帮助考生更好地理解公路工程行业相关标准规范,使考生复习备考更加省时省力,达到事半功倍的效果。

本次修订由吴有铭、李农、丁遥、李沛担任主编。

为方便读者学习,本手册中《公路工程技术标准》(JTG B01—2014)的条文采用小四号宋体,条文说明采用小四号楷体,与之对照的规范采用五号宋体。

本手册中所采用的与《公路工程技术标准》(JTG B01—2014)对照的相关规范清单如下:

1. 小交通量农村公路工程技术标准(JTG 2111—2019)
2. 公路工程结构可靠性设计统一标准(JTG 2120—2020)
3. 公路工程抗震规范(JTG B02—2013)
4. 公路环境保护设计规范(JTG B04—2010)

5. 公路项目安全性评价规范(JTG B05—2015)
6. 公路勘测规范(JTG C10—2007)
7. 公路工程地质勘察规范(JTG C20—2011)
8. 公路工程水文勘测设计规范(JTG C30—2015)
9. 公路路线设计规范(JTG D20—2017)
10. 公路立体交叉设计细则(JTG/T D21—2014)
11. 公路路基设计规范(JTG D30—2015)
12. 公路排水设计规范(JTG/T D33—2012)
13. 公路水泥混凝土路面设计规范(JTG D40—2011)
14. 公路沥青路面设计规范(JTG D50—2017)
15. 公路桥涵设计通用规范(JTG D60—2015)
16. 公路桥梁抗风设计规范(JTG/T 3360-01—2018)
17. 公路桥梁抗撞设计规范(JTG/T 3360-02—2020)
18. 公路桥梁景观设计规范(JTG/T 3360-03—2018)
19. 公路斜拉桥设计规范(JTG/T 3365-01—2020)
20. 公路涵洞设计细则(JTG/T D65-04—2007)
21. 公路钢管混凝土拱桥设计规范(JTG/T D65-06—2015)
22. 公路隧道设计规范 第一册 土建工程(JTG 3370.1—2018)
23. 公路隧道设计规范 第二册 交通工程与附属设施(JTG D70/2—2014)
24. 公路隧道设计细则(JTG/T D70—2010)
25. 公路隧道抗震设计规范(JTG 2232—2019)
26. 公路隧道照明设计细则(JTG/T D70/2-01—2014)
27. 公路隧道通风设计细则(JTG/T D70/2-02—2014)
28. 高速公路交通工程及沿线设施设计通用规范(JTG D80—2006)
29. 公路交通安全设施设计规范(JTG D81—2017)
30. 公路交通标志和标线设置规范(JTG D82—2009)
31. 高速公路改扩建设计细则(JTG/T L11—2014)
32. 高速公路改扩建交通工程及沿线设施设计细则(JTG/T L80—2014)
33. 公路工程项目建设用地指标(交通运输部 2011 年)

　　本次修订对第二版个别疏漏内容进行了订正,但仍难免存在不足之处,恳请广大读者批评指正,以便下次修订时参考。

编　者
2020 年 5 月

第二版前言

《公路工程技术标准与设计规范对照手册》第一版于 2014 年 12 月问世。随着《公路路基设计规范》(JTG D30—2015)、《公路桥涵设计通用规范》(JTG D60—2015)、《公路沥青路面设计规范》(JTG D50—2017) 等规范的发布实施,本手册有必要进行及时修订。

本次修订仍沿袭了第一版的总体架构,主要修订内容如下:
(1) 对部分规范的内容进行了更新;
(2) 增加了一些规范的相关内容;
(3) 补充了附件八。

本次修订工作由吴有铭、李农、李沛负责。

为方便读者阅读,本书中《公路工程技术标准》(JTG B01—2014) 的条文采用小四号宋体,条文说明采用小四号楷体;其后是与之对照的相关规范,采用五号宋体。

本手册第二版对下列规范内容进行了更新:
《公路路基设计规范》(JTG D30—2004)
《公路沥青路面设计规范》(JTG D50—2006)
《公路桥涵设计通用规范》(JTG D60—2004)
增加了下列规范的相关内容:
《公路工程水文勘测设计规范》(JTG C30—2015)
《公路钢管混凝土拱桥设计规范》(JTG/T D65-06—2015)
《高速公路改扩建设计细则》(JTG/T L11—2014)
《高速公路改扩建交通工程及沿线设施设计细则》(JTG/T L80—2014)

本次修订对《公路工程技术标准》(JTG B01—2014) 及手册第一版中存在的个别疏漏进行了订正。但由于时间仓促、水平有限,书中仍难免存在不足之处,恳请读者批评指正。

编 者
2017 年 4 月

第一版前言

经交通运输部批准发布,《公路工程技术标准》(JTG B01—2014)(以下简称《标准》)于 2015 年 1 月 1 日起实施。

《标准》在充分吸收近年来公路行业科研成果的基础上,参考借鉴国外发达国家的相关标准和先进技术,对《公路工程技术标准》(JTG B01—2003)进行了全面修订。《标准》的修订完成,开启了公路工程行业规范新一轮修订的帷幕。

为帮助读者学好、用好《标准》及相关规范,厘清《标准》与相关规范的关系,本书编委会编写了这本《公路工程技术标准与设计规范对照手册》。本书按照《标准》的体例架构,逐条详细列出了与之对应的《公路工程技术标准》(JTG B01—2003)及其他相关规范的具体条文内容,使技术标准与相关规范融为一体且形成相互对照的关系。

本书第一至四章由吴有铭、张鑫编写,第五至七章由李农、丁遥编写,第八至十章由刘涛、潘艳霞编写。

《标准》的条文采用小四号宋体,条文说明采用小四号楷体;其后是与之对照的相关规范,采用五号宋体。

本书所采用的与《标准》对照的相关规范如下:

1. 公路工程技术标准(JTG B01—2003)
2. 公路工程抗震规范(JTG B02—2013)
3. 公路桥梁抗震设计细则(JTG/T B02-01—2008)
4. 公路环境保护设计规范(JTG B04—2010)
5. 公路工程项目建设用地指标(交通运输部 2011 年)
6. 公路勘测规范(JTG C10—2007)
7. 公路勘测细则(JTG/T C10—2007)
8. 公路工程地质勘察规范(JTG C20—2011)
9. 公路路线设计规范(JTG D20—2006)
10. 公路立体交叉设计细则(JTG/T D21—2014)
11. 公路路基设计规范(JTG D30—2004)
12. 公路排水设计规范(JTG/T D33—2012)
13. 公路水泥混凝土路面设计规范(JTG D40—2011)

14. 公路沥青路面设计规范(JTG D50—2006)
15. 公路桥涵设计通用规范(JTG D60—2004)
16. 公路斜拉桥设计细则(JTG/T D65-01—2007)
17. 公路涵洞设计细则(JTG/T D65-04—2007)
18. 公路隧道设计规范(JTG D70—2004)
19. 公路隧道设计细则(JTG/T D70—2010)
20. 公路隧道设计规范 第二册 交通工程与附属设施(JTG D70/2—2014)
21. 公路隧道照明设计细则(JTG D70/2-01—2014)
22. 公路隧道通风设计细则(JTG D70/2-02—2014)
23. 高速公路交通工程及沿线设施设计通用规范(JTG D80—2006)
24. 公路交通安全设施设计规范(JTG D81—2006)
25. 公路交通安全设施设计细则(JTG/T D81—2006)
26. 公路交通标志和标线设置规范(JTG D82—2009)

由于时间仓促、水平有限,书中难免存在疏漏和不足之处,请读者批评指正。

编 者
2014 年 11 月

目 录

1 总则 ··· 1
2 术语 ··· 16
3 基本规定 ·· 18
   3.1 公路分级 ·· 18
   3.2 设计车辆 ·· 25
   3.3 交通量 ··· 30
   3.4 服务水平 ·· 35
   3.5 速度 ·· 38
   3.6 建筑限界 ·· 42
   3.7 抗震 ·· 53
4 路线 ··· 59
5 路基路面 ·· 108
6 桥涵 ··· 144
7 汽车及人群荷载 ·· 171
8 隧道 ··· 189
9 路线交叉 ·· 239
   9.1 公路与公路平面交叉 ··· 239
   9.2 公路与公路立体交叉 ··· 248
   9.3 公路与铁路相交叉 ·· 263
   9.4 公路与乡村道路相交叉 ·· 267
   9.5 公路与管线等相交叉 ··· 271
   9.6 动物通道 ·· 273
10 交通工程及沿线设施 ··· 275
   10.1 一般规定 ·· 275
   10.2 交通安全设施 ··· 282
   10.3 服务设施 ·· 300
   10.4 管理设施 ·· 305
附录 A 公路服务水平分级 ·· 314
附录 B 货车停车视距、识别视距 ·· 317

附件一	交通运输部办公厅关于《公路工程技术标准》(JTG B01—2014) 第6.0.10条补充说明的通知 ……………………………………	319
附件二	公路安全保护条例………………………………………………………	322
附件三	关于西部沙漠戈壁与草原地区高速公路建设执行技术标准的 若干意见………………………………………………………………	334
附件四	交通运输部关于桥下空间有关问题的复函……………………………	337
附件五	关于高速公路改扩建工程中有关技术问题处理的若干意见…………	338
附件六	交通运输部 国家能源局 国家安全监管总局关于规范公路 桥梁与石油天然气管道交叉工程管理的通知………………………	343

1 总则

1.0.1 为规范公路工程建设,制定本标准。

条文说明

制定本标准的目的是为统一公路工程技术标准、合理控制工程建设规模、规范公路工程建设行为、维护公路权益提供依据。

第1.0.1条对照规范

➤《小交通量农村公路工程技术标准》(JTG 2111—2019)

1.0.1 为规范农村公路工程建设,补充完善公路工程技术标准,保证工程质量,提升工程耐久性,制定本标准。

JTG B01—2014

1.0.2 本标准适用于新建和改扩建公路。

第1.0.2条对照规范

➤《小交通量农村公路工程技术标准》(JTG 2111—2019)

1.0.2 本标准适用于小交通量农村公路的新建工程和改扩建工程。

JTG B01—2014

1.0.3 公路建设应按地区特点、交通特性、路网结构综合分析确定公路的功能,根据功能结合交通量、地形条件等选用技术等级和主要技术指标。

条文说明

　　本条是公路建设要遵循的基本原则。每一条公路在路网中应有其自身的功能。公路建设时首先要根据项目的地区特点、交通特性、路网结构分析拟建项目在路网中的地位和作用，明确公路功能，再按照公路功能结合交通量、地形条件等选用技术等级、设计速度等主要技术指标，本次修订明确将功能作为确定公路技术等级和主要技术指标的依据。一般情况下，公路采用的技术指标应该满足所需要的功能要求，但是由于功能需求的多样化，满足所有功能需求有困难时，应比较各功能的重要性，判断应该重视的功能，确定应该采用的技术标准和指标。

　　一直以来，公路技术等级主要以交通量为依据选用，对道路所处区域特点及交通网络结构考虑较少。当前，我国公路发展已处于完善路网阶段，以交通量为主导确定公路等级的结果是不同交通功能的公路，由于交通量类似，而按同样的标准修建，不利于构建合理的路网结构，更好地利用有限的资源，也不利于充分发挥公路建设的投资效益。

　　在国外，美国和日本的道路规划和设计都已经从以交通量为中心向重视公路多功能为基础确定技术标准和指标方向转变。美国早期的公路设计中，几何设计标准和通行能力水平也都是根据交通量范围分类的。但是随着公路网的完善，提出了公路按功能分类的理论和方法。目前美国的《公路与城市道路几何设计》明确提出了公路功能分类及方法，公路标准与服务水平应根据公路的功能确定，交通量则用来使各类标准制定得更精细。设计过程的第一步就是定义公路设施的服务功能。日本以前在公路的规划和设计时也是主要考虑交通量，日本《道路构造令说明与运用》(2003 版)明确规定把交通功能作为道路级别划分的主要依据。

　　公路功能应根据公路的区域特点、交通特性、路网结构综合分析确定。公路的区域特点考虑要素：土地利用、气象条件、地形地貌、历史文化、灾害、公共交通、通信、城市建设的现状和规划等；交通特性考虑要素:汽车、行人、自行车等各自的交通量以及车辆类型、出行距离、交通量变化特征、速度分布等;路网结构考虑要素:该公路在全国或者区域交通网中的地位和作用。

按公路功能确定公路技术等级和主要技术指标,有利于路网结构的完善、资源的有效利用、公路技术指标的合理选用,有利于公路建设更好地与城市规划建设、抗灾救灾、交通安全等相协调,发挥其功能和作用。

本次标准修订的明显特点就是突出功能的地位,明确在确定公路技术标准,选取公路各部分的技术指标时,以公路及其设施的基本功能为基点,使公路建成后能够满足主要功能的需要。

第1.0.3条对照规范

➤ 《公路路线设计规范》(JTG D20—2017)

1.0.1 为指导公路设计,合理确定公路功能、技术等级、建设规模、主要技术指标,制定本规范。

1.0.3 公路设计应按地区特点、交通特性、路网结构综合分析确定公路功能;应根据公路功能,结合交通量、地形条件等选用技术等级和主要技术指标。

JTG B01—2014

1.0.4 公路建设项目应做好总体设计,使主体工程与交通工程及沿线设施相互协调配套,充分发挥各自功能和项目的整体功能。

条文说明

公路建设项目由主体工程(土建工程)与交通工程及沿线设施构成一个整体,要使这两个部分协调配套,共同发挥作用,总体设计就非常必要。另外,这两个部分又自成体系,各自都有一个协调配套的要求,因此各自都应该进行总体设计,包括两个方面:一是主体工程、交通工程及沿线设施(包括安全设施、服务设施和管理设施)各自都应进行总体设计,以充分发挥各自的功能和作用;二是公路项目应在组合这两部分工程设施的基础上进行项目的总体设计,以充分发挥项目的整体功能和作用。

第1.0.4条对照规范

➢ **《公路路线设计规范》**（JTG D20—2017）

1.0.4 各级公路均应进行总体设计。总体设计应贯穿于公路建设项目从可行性研究到施工图设计全过程的各个阶段,并覆盖公路建设项目的各相关专业。

4.1.1 总体设计应论证确定公路功能、技术标准、建设规模及建设方案。

4.1.2 总体设计应统一协调路线、路基、桥涵、隧道、路线交叉、交通工程与沿线设施等各专业内、外部的关系,明确相关设计界面和接口,使之成为完整的系统工程,符合安全、环保、可持续发展的总体目标。

4.1.3 总体设计的主要内容应根据公路建设项目特点、条件和技术等级有所差异,应根据项目设计阶段不同而有所侧重。

➢ **《高速公路交通工程及沿线设施设计通用规范》**（JTG D80—2006）

1.0.7 高速公路交通工程及沿线设施设计必须与主体工程的设计相配合。新建或改(扩)建公路工程设计应采用运行速度进行安全性评价,据以采取调整公路平、纵线形技术指标,或设置交通安全设施,或采取相应管理措施,以增进行车安全。

4.3.1 交通工程及沿线设施总体设计与高速公路主体工程总体设计应同步进行并交互设计,相辅相成,各负其责。

4.3.2 根据主体工程的技术标准、建设规模及其远期规划,提出交通工程及沿线设施的技术标准与建设规模,经协调并确认后执行。

4.3.3 根据主体工程总体设计,拟定交通工程及沿线设施总体设计方案,经协调、商定后执行,并划定同确定后的主体工程总体设计之间的界面等。

4.3.4 根据主体工程提出的原则指导意见、要求和设计意图,制定交通工程及沿线设施各设施设计方案,并协调各设施间的衔接与配合。

4.3.5 对主体工程设计进行安全性评价,反馈优化、完善设计方案的建议,或调整、补充设置交通工程设施。

4.3.6 主体工程总体设计经共同确认后,应在主体工程和交通工程及沿线设施的设计文件中以相同设计方案进行总体设计,其相关的主要内容为:
　(1)交通工程及沿线设施的技术标准与建设规模。

(2)交通安全设施、服务设施、管理设施的设置方案。
(3)收费制式及其主线收费站、匝道收费站的设置方案。
(4)路侧、中间带、挡土墙、桥梁、隧道等人工构造物上的标志、护栏基础形式和设置方式;护栏的防撞等级;紧急出口、避险车道的位置设置与方案。
(5)服务设施、管理设施等的供水设计方案,及其排污处理方案。
(6)服务设施、管理设施、收费广场的综合排水设计方案,及其同主体工程排水设计的衔接方案。
(7)通信管道埋设位置,及其通过桥涵、隧道等人工构造物的方案。
(8)同主体工程土方基础工程施工的相关设计方案。
(9)应急处理预案的应急方案及其相应的设施与技术措施。
(10)超限超载检测站选址与设置方案。

JTG B01—2014

1.0.5 公路建设应贯彻保护耕地、节约用地的原则,在确定公路用地范围时应符合下列规定:

1 公路用地范围为公路路堤两侧排水沟外边缘(无排水沟时为路堤或护坡道坡脚)以外,或路堑坡顶截水沟外边缘(无截水沟为坡顶)以外不小于1m范围内的土地;在有条件的地段,高速公路、一级公路不小于3m,二级公路不小于2m范围内的土地为公路用地范围。

2 在风沙、雪害、滑坡、泥石流等不良地质地带设置防护、整治设施时,以及在膨胀土、盐渍土等特殊土地带采取处治措施时,应根据实际需要确定用地范围。

3 桥梁、隧道、互通式立体交叉、分离式立体交叉、平面交叉、安全设施、服务设施、管理设施、绿化以及其他线外工程等用地,应根据实际需要确定用地范围。

条文说明

根据《土地管理法》,国家实行土地用途管理制度。国家编制土地利用总体规划,将土地分为农用地、建设用地和未利用地。公路建设项目必须依法申请使用国有土地。

本次对公路的用地范围根据《公路工程项目建设用地指标》(建标〔2011〕124号)作了进一步细化,明确了不良地质、特殊土地带设置防护设施及采取工程处治措施,以及桥梁、隧道、互通式立体交叉、平面交叉、各种交通工程设施等,根据实际需要确定用地范围。

第1.0.5条对照规范

➤ **《小交通量农村公路工程技术标准》**(JTG 2111—2019)

3.7.1 公路用地范围的确定应符合下列规定:

1 四级公路(Ⅰ类)、四级公路(Ⅱ类)用地范围为公路路堤两侧排水沟外边缘以外,无排水沟时为路堤或护坡道坡脚以外,或路堑坡顶截水沟外边缘以外,无截水沟时为坡顶以外,均不小于1m范围内的土地。

2 在风沙、雪害、滑坡、泥石流等不良地质地带设置防护、整治设施时,以及在膨胀土、盐渍土等特殊土地带采取处治措施时,应根据实际需要确定用地范围。

3 桥梁、隧道、路线交叉、安全设施、服务设施、管理设施、绿化以及其他线外工程等,应根据实际需要确定用地范围。

➤ **《公路工程项目建设用地指标》**(交通运输部2011年)

1.0.8 公路工程项目建设用地应贯彻执行国家有关建设、土地管理、环境保护的法律、法规及相关规定,正确处理与农业用地及其他用地的关系,切实做到科学、合理、节约、集约用地和严格保护耕地。

2.1.1 公路建设用地应符合土地利用总体规划,贯彻节约集约用地和严格保护耕地的原则,最大限度地减少占地。

2.1.2 公路建设应在满足工程实施、安全运营、管理养护、环境保护等要求的前提下,科学规划、精心设计、规范施工、严格管理,采取有效措施节约、集约用地,积极进行改地、造地、复垦,对建设用地进行优化配置和科学利用。

➤ **《公路路线设计规范》**(JTG D20—2017)

6.7.1 公路用地应遵循保护、开发土地资源,合理利用土地,切实保护耕地,促进社会经济可持续发展的原则,合理拟定公路建设规模、技术指标、设计施工方案,确定公路用地范围。

6.7.2 公路用地范围的确定应符合下列规定:

1 公路用地范围为公路路堤两侧排水沟外边缘(无排水沟时为路堤或护坡道坡脚)以外,或路堑坡顶截水沟外边缘(无截水沟为坡顶)以外不小于1m范围内的土地;在有条件的地段,高速公路和一级公路不小于3m、二级公路不小于2m范围内的土地为公路用地范围。

2 在风沙、雪害、滑坡、泥石流等不良地质地带设置防护、整治设施时,以及在膨胀土、盐渍土等特殊土地带采取处治措施时,应根据实际需要确定用地范围。

3 桥梁、隧道、互通式立体交叉、分离式立体交叉、平面交叉、安全设施、服务设施、管理设施、绿化以及其他线外工程等用地,应根据实际需要确定用地范围。

4 有条件或环境保护要求种植多行林带的路段,应根据实际情况确定用地范围。

5 改扩建公路可参照新建公路用地范围的规定执行。

JTG B01—2014

1.0.6 公路建设必须执行国家环境保护和资源节约的法律法规,并应符合下列规定:

1 公路环境保护应贯彻"保护优先、以防为主、以治为辅、综合治理"的原则。

2 公路建设应根据自然条件进行绿化、美化路容、保护环境。

3 高速公路,一、二级公路和有特殊要求的公路建设项目应作环境影响评价和水土保持方案评价。

4 生态环境脆弱地区,或因公路建设可能造成环境近期难以恢复的地带,应作环境保护设计。

5 公路改扩建项目应充分利用公路废旧材料,节约工程建设资源。

条文说明

为实现公路建设事业的可持续发展,公路建设必须执行国家《环境保护法》和《循环经济促进法》等有关环境保护和资源节约的法律法规,并贯穿于整个工程建设的全过程。根据近年公路建设的经验,应贯彻保护优先的原则,应采取必要的措施优先保护公路沿线的生态环境和生活环境。要求高速公路和一、二级公路建设应进行环境影响评价和水土保持方案评价；另外，对于有特殊要求地区的三、四级公路也应根据需要进行环境影响评价和水土保持方案评价。这里特殊要求地区是指：环境脆弱地区、生态敏感地区和容易造成严重水土流失的地区。

公路新建和改扩建等都需要采取的大量砂石料，将给自然环境带来巨大的压力。因此，公路新建和改扩建都应充分利用公路的废旧材料，以节约资源，保护环境。本标准修订时，自始至终贯彻这一指导思想。

<h3 style="text-align:center">第1.0.6条对照规范</h3>

> 《公路环境保护设计规范》（JTG B04—2010）

1.0.4 公路设计应树立全面、协调、可持续的科学发展观，体现安全、环保、舒适、和谐的设计理念。执行环境保护工程必须与主体工程同时设计、同时施工、同时投入使用的制度，遵守预防为主、保护优先、防治结合、综合治理的原则，实施各阶段的环境保护工作。

1.0.7 高速公路、一级公路和二级公路的改（扩）建工程，应对原有工程的环境保护设施及改（扩）建过程中可能引发的环境问题进行分析评价，并提出相应对策。

3.1.4 公路环境保护总体设计应符合下列要求：
   1 公路选线应结合地形条件，与自然环境融为一体；
   2 公路构造物应结合区域环境进行设计，与周围环境相协调；
   3 路线平、纵、横组合得当，线形均衡、行车安全，为用户提供良好的行车环境；
   4 公路主体及沿线设施用地规模适当，保护土地资源，有利于社会环境协调发展；
   5 防护措施合理、有效，防治水土流失，减少地质灾害对工程的影响；
   6 落实环境影响评价文件中提出的各项措施，对施工与运营期可能产生的声、气、水等各种污染进行综合治理。

> 《公路路线设计规范》（JTG D20—2017）

1.0.8 路线设计必须贯彻执行加强环境保护和合理利用土地资源的基本国策，在确定路基、路面、桥梁、隧道、交叉、交通工程及沿线设施等人工构造物的结构形式、布设位置以及取弃土场、征用土地等设计中，应减少因修建公路给沿线生态环境带来的影响,并结合绿化或采取相应工程措施,协调、改善人工构造物同沿线自然景观的配合,提高公路环境质量。

JTG B01—2014

1.0.7 公路分期修建必须遵照统筹规划、分期实施的原则进行总体设计,并应符合下列规定:

1 前期工程应在后期仍能充分利用。

2 高速公路整体式断面路段不得横向分幅分期修建。

3 高速公路分离式断面路段可采用分幅分期修建,先期建成的一幅按双向交通通车时,应按二级公路通车条件进行管理。

条文说明

关于四车道整体式高速公路的横向分期修建,多个项目已经证明,四车道整体式高速公路的横向分期修建,并按一幅高速公路双向开放交通时,其教训极为深刻,因此,明确规定高速公路整体式断面路段不得采用横向分幅分期修建。

本次修订根据交通运输部《关于西部沙漠戈壁与草原地区高速公路建设执行技术标准的若干意见》(交公路发〔2011〕400号),以及近年的工程实践,对于地广人稀、小交通量的戈壁、沙漠、草原以及处于交通末端的地区,明确高速公路分离式断面路段可以实施横向分幅分期修建。但是,为安全计,先期建成的一幅按双向通车时,应按二级公路通车条件管理,行车速度不应超过80km/h。对于高速公路而言,小交通量是指设计交通量小于15 000辆/日(以下同)。

第1.0.7条对照规范

> **《公路环境保护设计规范》**(JTG B04—2010)

1.0.6 环境保护设施应根据交通量增长情况,按照统一规划、分期实施的原则做好总体设计。各种环境保护设施应因地制宜,做到技术可行、经济合理。

3.1.5 根据预测交通量和不同的保护对象而拟分期修建的环境保护设施,应按总体规划确定的各项技术指标制订分期修建方案。

> **《公路路线设计规范》（JTG D20—2017）**

1.0.11 公路采用分期修建方案时，必须遵循统筹规划、分期实施的原则进行总体设计，应使前期工程在后期仍能充分利用，并为后期工程的修建留有余地和创造有利条件。

> **《高速公路交通工程及沿线设施设计通用规范》（JTG D80—2006）**

1.0.8 高速公路交通工程及沿线设施应与主体工程同步规划、设计、施工，其中管理设施的监控系统、收费系统、通信系统、配电、照明、房屋建筑等，可根据交通量增长及路网发展状况采取"总体规划、一次设计、分期实施"的原则做出分期修建设计，但与主体工程相关的基础工程、管道等应在主体工程实施时一并预留或预埋。各系统的分期设计方案应充分考虑到未来科技进步的影响。

4.2.9 根据高速公路的设计交通量，拟定交通工程及沿线设施分期实施原则，划定征地范围，确定预留项目、管道预埋等方案。

4.2.11 高速公路分期修建的续建工程或改（扩）建工程，应对已建工程项目进行安全性评价，修改、完善设计。

JTG B01—2014

1.0.8 公路改扩建时，应对改扩建方案和新建方案进行论证比选。采用改扩建方案时，应符合下列规定：

　　1 公路改扩建时机应根据实际服务水平论证确定，高速公路、一级公路服务水平宜在降低到三级服务水平下限之前，二、三级公路服务水平宜在降低到四级服务水平下限之前，四级公路可根据具体情况确定。

　　2 利用现有公路局部路段因地形地物限制，提高设计速度将诱发工程地质病害、大幅增加工程造价或对保护环境、文物有较大影响时，该局部路段的设计可维持原设计速度，但其长度高速公路不宜大于15km，一、二级公路不宜大于10km。

　　3 高速公路改扩建应在进行交通组织设计、交通安全评价等基础上做出具体实施方案设计。在工程实施中，应减少对既有公路的干扰，并应有保证通行安全措施。维持通车路段的服务水平可降低一级，设计速度不宜低于60km/h。

4 一、二、三级公路改扩建时，应作保通设计方案。

5 沙漠、戈壁、草原等小交通量地区的高速公路分离式断面路段利用现有二级公路改建为一幅时，其设计洪水频率可维持原标准不变，设计速度不宜大于80km/h。

条文说明

本条是对公路改扩建的原则规定。

公路改扩建是指在现有公路的基础上，为提高公路技术等级、增加公路容量或改善公路技术指标而进行的公路建设工程，包括公路的"改善"、"改建"、"扩建"等多种含义。《标准》03版中的公路改建也是此意，只是限于当时对高速公路的改扩建研究较少，"改建"工程主要是指二、三、四级公路等级提升或改变功能的公路建设工程，对高速公路改扩建工程的改扩建时机、交通量预测年限、临时安全设施设计采用的设计速度等技术指标没有相应的规定。

近年来，我国已经完成了沈阳至大连、上海至南京等一批高速公路改扩建工程，取得了丰富的工程经验和大量的研究成果。交通运输部也启动了相关公路改扩建项目的研究工作，同时下发了《关于高速公路改扩建工程中有关技术问题处理的若干意见》(交公路发〔2013〕635号)。本次修订在以上工作基础上，对高速公路改扩建的有关内容进行了补充完善。

本条明确，公路改扩建时首先应对改扩建方案和新建方案进行比选论证。通过对工程规模、建设条件、交通组织、交通安全等技术经济指标进行全面分析比较之后，确定最优方案。当采用改扩建方案时，应符合下列规定：

1 公路的改扩建时机应根据服务水平、经济发展水平、现有公路运营条件、路网结构调整等多种因素确定。本标准仅对服务水平与改扩建时机的相关性做出了规定。经研究，高速公路一般以原高速公路的服务水平降低到二级水平下限(指《标准》03版的服务水平等级,相当于本标准的三级服务水平)之前实施为宜,其他公路目前尚未作研究,建议参考高速公路的研究成果,即一级公路服务水平降低到二级水平下限(本标准三级)之前,二、三级公路服务水平降低到三级服务水平下限(本标准四级)之前可考虑实施改扩建,四级公路可根据实际情况确定。

2 当为提高公路等级改建公路时,局部路段由于提高设计速度将诱发严重的工程地质病害或者对保护环境、文物影响较大时,该局部路段可维持原设计速度,但其长度应有所限制,一般情况下,高速公路不宜大于15km,一、二级公路不宜大于10km,不同设计速度路段间速度差不宜大于20km/h。

3 高速公路改扩建对施工期间的交通通行与交通安全会产生较大影响,且不同的交通组织会影响具体实施方案的确定。因此,规定高速公路改扩建应在进行交通组织设计和交通安全设计的基础上完成高速公路的改扩建设计,且在工程实施过程中,应减少对既有公路的干扰,采取保证通行安全的措施,维持通车路段的服务水平可在原设计服务水平上降低一级,设计速度不宜低于60km/h,但施工期间的维持通车速度应根据该路段设计速度、交通组成、交通管理水平等确定。

4 对于一、二、三级公路改扩建,为了维持通车并加强安全措施,规定应作保通设计方案。

5 本次修订根据交通运输部《关于西部沙漠戈壁与草原地区高速公路建设执行技术标准的若干意见》(交公路发〔2011〕400号),对于地广人稀、小交通量的戈壁、沙漠、草原以及处于交通末端的地区,明确了高速公路分离式断面路段利用现有二级公路改建为一幅时,其设计洪水频率可维持原标准不变。

第1.0.8条对照规范

> 《公路路线设计规范》(JTG D20—2017)

1.0.12 公路改扩建时,应对改扩建方案和局部新建方案进行论证比选。采用改扩建方案时,应遵循利用与改造相结合的原则,合理、充分利用原有工程。

> 《高速公路交通工程及沿线设施设计通用规范》(JTG D80—2006)

1.0.9 高速公路改(扩)建工程的设计,应做出交通组织设计,减少对行车的干扰,增进通行与施工安全;不中断交通的施工路段,其服务水平可按降低一级设计。

JTG B01—2014

1.0.9 非机动车、行人密集路段宜考虑非机动车和行人等的交通需求,可根据交通组成情况设置非机动车道和人行道。

条文说明

　　近年来,随着我国城镇化步伐加快,以及区域经济的蓬勃发展,城市周边地区、中心城市与卫星城之间以及城市群之间的公路大量涌现。这些公路的功能与一般公路的功能明显不同,除机动车交通量以外,行人和自行车等非机动车交通量也很大。目前各地在公路建设中,都采取预留或设置非机动车道和人行道的方式解决这一需求。根据我国经济发展现状和工程实践,本条明确,在非机动车、行人密集路段,可根据具体情况设置非机动车道和人行道。

JTG B01—2014

1.0.10 二级及二级以上的干线公路应在设计时进行交通安全评价,其他公路在有条件时也可进行交通安全评价。

第1.0.10条对照规范

> 《公路路线设计规范》(JTG D20—2017)

1.0.10 高速公路、一级公路和二级干线公路应在设计时进行交通安全性评价,其他公路有条件时也可进行交通安全性评价。

JTG B01—2014

1.0.11 有救灾通道功能需求的二级及二级以下公路,可相应提高抗震及设计洪水频率标准。

条文说明

　　近年来,我国发生了多次重大的地震、洪水等自然灾害,公路在抢险救灾中起着关键的作用。特别对山区及边远地区,公路往往成为联系外界的唯一通道,在运送抢险救灾物资和人员中发挥着不可替代的作用,成为抢险救灾的生命线。因此,本次修订提出对于联系城镇或区域间有抗震、救灾等特殊需求的二级及二级以下公路,可提高抗震及设计洪水频率标准,以提高公路抵御自然灾害、应对其他突发事件的能力。

第1.0.11条对照规范

➤《**公路工程抗震规范**》(JTG B02—2013)

1.0.5 地震动峰值加速度大于或等于0.20g的地区,可将对抗震救灾以及在经济、国防上具有重要意义的公路工程构筑物,或破坏后修复(抢修)困难的公路工程构筑物确定为生命线工程。生命线工程,可按国家批准权限,报请批准后,适当提高抗震设防标准。

JTG B01—2014

1.0.12 公路建设项目,应根据设计使用年限综合考虑建设、养护、管理等成本效益和安全、环保、运营等社会效益,选用综合效益最佳方案。

条文说明

　　本条是按照"全寿命设计理念"提出的,在公路建设的前期、设计、施工、运营、养护、管理的各个阶段,应进行公路项目成本效益分析。在工程项目的全寿命周期内,根据公路的功能、交通量、服务水平,以及安全、环保、可持续发展等的社会效益进行全过程、全方位的综合论证,使得公路的综合效益最佳。

第1.0.12条对照规范

➢ 《高速公路交通工程及沿线设施设计通用规范》(JTG D80—2006)

4.2.10 在总体设计方案的论证中,不仅应对设计、施工、维修、营运、管理等各阶段进行成本效益分析,还应从安全、环保、可持续发展等社会效益进行全过程、全方位的综合分析,采用综合效益最佳的总体设计方案。

2　术语

2.0.1　公路改扩建 highway reconstruction & extension
现有公路的基础上,为提高技术等级、通行能力或改善技术指标而进行的公路建设工程,包括公路的改建、扩建等。

2.0.2　公路功能 highway function
公路在路网中为车辆出行提供畅通直达、汇集疏散和出入通达的交通服务能力。主要干线公路和次要干线公路具有畅通直达的功能,主要集散公路和次要集散公路具有汇集疏散的功能,支线公路具有出入通达的功能。

2.0.3　设计速度 design speed
确定公路设计指标并使其相互协调的设计基准速度。

2.0.4　运行速度 operating speed
路面平整、潮湿,自由流状态下,行驶速度累计分布曲线上对应于85%分位值的速度。

2.0.5　限制速度 posted speed limit
对公路上行驶车辆规定的允许行驶速度的限值。

2.0.6　设计车辆 design vehicle
公路几何设计所采用的代表车型,其外廓尺寸、载质量和动力性能是确定公路几何参数的主要依据。

2.0.7 设计通行能力 design traffic capacity

相应设计服务水平下,公路设施通过车辆的最大小时流率。

2.0.8 服务水平 level of service

驾驶员感受公路交通流运行状况的质量指标,通常用平均行驶速度、行驶时间、驾驶自由度和交通延误等指标表征。

2.0.9 避险车道 evacuation/escape lane

在行车道外侧增设的、供制动失效车辆驶离、减速停车、自救的专用车道。

2.0.10 硬路肩 hard shoulder

与行车道相连,具有一定路面强度的带状部分。主要用于:为行车提供侧向余宽,为路面结构提供横向保护,为故障车辆紧急停车提供全部或者部分宽度等。

2.0.11 设计使用年限 design working/service life

在正常设计、正常施工、正常使用和正常养护条件下,路面、桥涵、隧道结构或结构构件不需进行大修或更换,即可按其预定目的使用的年限。

2.0.12 电子不停车收费 electronic toll collection

利用车辆自动识别技术实现不停车收费的全电子收费方式,简称 ETC。

3 基本规定

3.1 公路分级

3.1.1 公路分为高速公路、一级公路、二级公路、三级公路及四级公路等五个技术等级。

    1 高速公路为专供汽车分方向、分车道行驶,全部控制出入的多车道公路。高速公路的年平均日设计交通量宜在15 000辆小客车以上。

    2 一级公路为供汽车分方向、分车道行驶,可根据需要控制出入的多车道公路。一级公路的年平均日设计交通量宜在15 000辆小客车以上。

    3 二级公路为供汽车行驶的双车道公路。二级公路的年平均日设计交通量宜为5 000~15 000辆小客车。

    4 三级公路为供汽车、非汽车交通混合行驶的双车道公路。三级公路的年平均日设计交通量宜为2 000~6 000辆小客车。

    5 四级公路为供汽车、非汽车交通混合行驶的双车道或单车道公路。双车道四级公路年平均日设计交通量宜在2 000辆小客车以下;单车道四级公路年平均日设计交通量宜在400辆小客车以下。

条文说明

    本条对技术等级划分的依据和高速公路设计交通量进行了修订。

(1)技术分级

    本次修订从汽车运行质量、控制出入、车道数与车道内是否专供汽车行驶等几个方面考虑。

    高速公路单向最少设置两个车道,对允许进入的车辆进行限制,设置中央分隔带分隔对向交通,采用立交接入等措施全部控制出入,排除纵横向干扰,为通行效率最高的公路。

一级公路单向至少设置两个车道,根据功能需要采取不同程度的控制出入。具备干线功能的一级公路,为保证其快速、大容量、安全的服务能力,通常采用部分控制出入措施,只对所选定的相交公路或其他道路提供平面出入连接,而在同其他公路、城市道路、铁路、管线、渠道等相交处设置立体交叉,并设置隔离设施以防止行人、低速车辆、非机动车以及牲畜等进入;而当一级公路用作集散公路时,纵横向干扰都较大,通常采取接入管理措施,合理控制公路和周围土地接口的位置、数量、形式,提高安全保障和服务水平。

二级公路是在行车道内供汽车行驶的双车道公路。当慢行车辆交通量较大,街道化程度严重时,可采取加宽硬路肩的方式增设慢行车道,减少纵、横向干扰,保证行车安全。

三、四级公路为供汽车、非汽车交通混合行驶的双车道公路(四级公路在交通量较小时采用单车道),允许拖拉机等慢行车辆和非机动车使用行车道,其混合交通特征明显,抑制干扰能力最弱。

(2)设计交通量

本次修订对高速公路、一级公路适应交通量进行了调整。由于《标准》03版规定了各级公路的适应交通量,但多车道公路适应交通量受车道数、设计小时交通量系数、方向分布系数及道路条件等多个因素影响,加之本次修订又增加了服务水平分级,公路服务水平由四级调整为六级,即将原二级服务水平细分为二级和三级,原四级服务水平变为五级与六级,以体现依据公路功能和地区差异选取设计服务水平的灵活设计思想。使得原适应交通量范围进一步扩大,重叠范围更多,准确性更差,而且适应交通量在使用中存在歧义。故本次修订将原标准适应交通量更名为设计交通量,并按照公路功能决定技术等级的原则,采用双车道二级公路上限交通量15 000辆/日,作为高速公路和一级公路的设计交通量下限值,不再给出上限值。具体的高速公路、一级公路远景年不同服务水平下的年平均日交通量,按式(3-1)计算:

$$AADT = \frac{C_D N}{KD} \quad (3\text{-}1)$$

式中：$AADT$——年平均日交通量（pcu/d）；

C_D——设计服务水平下单车道服务交通量；

K——设计小时交通量系数，由当地交通量观测数据确定；

D——方向不均匀系数；

N——单方向车道数。

二、三、四级公路设计小时交通量应按整个断面交通量，因此其年平均日设计交通量应按式(3-2)计算：

$$AADT = C_D \times \frac{R_D}{K} \quad (3\text{-}2)$$

式中：$AADT$——年平均日设计交通量；

C_D——二、三、四级公路的设计通行能力；

R_D——二、三、四级公路的方向分布修正系数；

K——设计小时交通量系数，根据当地交通量观测数据确定。

二、三、四级公路由于运行质量受双方向流量比、超车视距、管理水平、路侧干扰等多项因素的影响，其设计通行能力与设计交通量的范围较大，并有一定的重叠交叉。设计推荐采用的双车道二、三、四级公路年平均日设计交通量如表3-1所示。

表3-1　二、三、四级公路的年平均日设计交通量

公路等级	设计速度（km/h）	设计通行能力（pcu/h）	方向分布修正系数	设计小时交通量系数	年平均日设计交通量（pcu/d）
二级公路	40~80	550~1 600	0.88~1.0	0.09~0.19	5 000~15 000
三级公路	30~40	400~700	0.88~1.0	0.1~0.17	2 000~6 000
四级公路	20	<400	0.88~1.0	0.13~0.18	<2 000

单车道的四级公路考虑到当前公路建设的政策、各等级公路年平均日设计交通量范围的连续性等，其年平均日设计交通量为400pcu/d以下。

第3.1.1条对照规范

➤ **《小交通量农村公路工程技术标准》**(JTG 2111—2019)

3.1.2 交通组成中无大型、重载型车辆的小交通量农村公路分为四级公路(Ⅰ类)、四级公路(Ⅱ类)两个类型。

　　1　四级公路(Ⅰ类)为适合中小型客车、中型载重汽车、轻型载重汽车、四轮低速货车(原四轮农用车)、三轮汽车、摩托车、非机动车交通混合行驶的双车道公路。年平均日设计交通量宜在1 000辆小客车及以下。

　　2　四级公路(Ⅱ类)为适合中小型客车、中型载重汽车、轻型载重汽车、四轮低速货车(原四轮农用车)、三轮汽车、摩托车、非机动车交通混合行驶的单车道公路。年平均日设计交通量宜在400辆小客车及以下。

➤ **《公路路线设计规范》**(JTG D20—2017)

2.1.2 公路根据交通特性及控制干扰的能力分为高速公路、一级公路、二级公路、三级公路及四级公路等五个技术等级。

　　1　高速公路为专供汽车分方向、分车道行驶,全部控制出入的多车道公路。高速公路的设计交通量宜在15 000辆小客车/日以上。

　　2　一级公路为供汽车分方向、分车道行驶,可根据需要控制出入的多车道公路。一级公路的设计交通量宜在15 000辆小客车/日以上。

　　3　二级公路为供汽车行驶的双车道公路。二级公路的设计交通量宜为5 000～15 000辆小客车/日。

　　4　三级公路为供汽车、非汽车交通混合行驶的双车道公路。三级公路的设计交通量宜为2 000～6 000辆小客车/日。

　　5　四级公路为供汽车、非汽车交通混合行驶的双车道或单车道公路。双车道四级公路设计交通量宜在2 000辆小客车/日以下;单车道四级公路设计交通量宜在400辆小客车/日以下。

JTG B01—2014

3.1.2 公路技术等级选用应遵循下列原则:

　　1　公路技术等级选用应根据路网规划、公路功能,并结合交通量论证确定。

2　主要干线公路应选用高速公路。
3　次要干线公路应选用二级及二级以上公路。
4　主要集散公路宜选用一、二级公路。
5　次要集散公路宜选用二、三级公路。
6　支线公路宜选用三、四级公路。

条文说明

　　本条突出以公路功能选取技术等级的理念,同时考虑到不同地区经济发展水平与地形、地貌差异影响,各地公路交通发展不均衡,为了体现差异性,同一功能类别的公路不宜只对应一个技术等级的公路。选用技术等级时,应首先根据公路网规划、地区特点、公路的交通特性等因素确定公路功能,然后根据功能结合交通量论证选用公路等级。

　　公路按照交通功能分为干线公路、集散公路和支线公路三类。干线公路细分为主要干线公路和次要干线公路,集散公路细分为主要集散公路与次要集散公路。

（1）主要干线公路:
①连接20万人口以上的大中城市、交通枢纽、重要对外口岸和军事战略要地。
②提供省际及大中城市间长距离、大容量、高速度的交通服务。

（2）次要干线公路:
①连接10万人口以上的城市和区域性经济中心。
②提供区域内或省域内中长距离、较高容量和较高速度的交通服务。

（3）主要集散公路:
①连接5万人口以上的县(市)、主要工农业生产基地、重要经济开发区、旅游名胜区和商品集散地。
②提供中等距离、中等容量及中等速度的交通服务。
③与干线公路衔接,使所有的县(市)都在干线公路的合适距离之内。

（4）次要集散公路:
①连接1万人口以上的县(市)、大的乡镇和其他交通发生地。

②提供较短距离、较小容量、较低速度的交通服务。

③衔接干线公路、主要集散公路与支线公路,疏散干线公路交通、汇集支线公路交通。

(5)支线公路:

①以服务功能为主,直接与用路者的出行源点相衔接。

②衔接集散公路,为地区出行提供接入与通达服务。

公路功能类别可按下列步骤确定:

(1)依照行政属性、用地性质、交通需求等实施区域划分,并将区域抽象为节点。

(2)确定节点重要度。节点重要度是定量描述区域内各节点间相对重要程度的指标,主要以总人口、工业总产值、人均收入等指标作为定量分析各节点重要度的指标。节点的层次结构见表3-2。当一条公路的主要控制点为A层节点时,该公路为主要干线公路;当主要控制点为B层节点时,该公路应为次要干线公路;当主要控制点为C层节点时,该公路应为主要集散公路;当主要控制节点为D层节点时,该公路为次要集散公路;当主要控制点为E层节点时,该公路为支线公路。

表3-2 节点的层次结构

节点层次	中心节点	主要节点
A	北京	各省会、自治区首府、直辖市、特区
B	省会或自治区首府	各地市政府所在地
C	地市政府所在地	各县(市)政府所在地
D	县(市)政府所在地	各乡、镇政府所在地
E	乡镇政府所在地	各行政村

(3)当同一区域内存在主要控制点相近的两条或两条以上公路时,应通过路网服务指数确定其功能类别。路网服务指数为公路车公里比率与公路里程比率之比。路网服务指数越大,则公路功能类别越高。其计算方法为:规划区域内有 n 条公路,则第 $i(i=1,\cdots,n)$ 条公路的车公里比率 R_{VMT_i}、里程比率 R_{k_i} 及路网服务指数 R_i 按下列公式计算。

车公里比率

$$R_{\mathrm{VMT}_i} = \frac{VKT_i}{\sum_i VKT_i} \times 100\% \qquad (3\text{-}3)$$

里程比率

$$R_{k_i} = \frac{K_i}{\sum_i K_i} \times 100\% \qquad (3\text{-}4)$$

路网服务指数

$$R_i = \frac{R_{\mathrm{VMT}_i}}{R_{k_i}} \qquad (3\text{-}5)$$

式中：VKT_i——路网中第 i 条公路的车公里（pcu·km），即该公路上通过的车辆数与平均行驶距离的乘积；

$\sum_i VKT_i$——规划区域内路网中所有公路的车公里之和（pcu·km）；

K_i——第 i 条公路的里程（km）；

$\sum_i K_i$——规划区域内路网中所有公路的总里程（km）。

（4）公路功能分类指标包括区域层次、路网连续性、交通流特性和公路自身特性等定性和定量指标。不同地区经济发展水平与地形、地貌差异直接影响到分类指标的选取。各地区可根据规划区的实际情况自行确定。推荐的公路功能分类量化指标规定列入表3-3。

表3-3 公路功能分类指标

分类指标	功 能 分 类				
	主要干线公路	次要干线公路	主要集散公路	次要集散公路	支线公路
适应地域与路网连续性	人口20万以上的大中城市	人口10万以上重要的市县	人口5万以上的县城或连接干线公路	连接干线公路与支线公路	直接对应于交通发生源
路网服务指数	≥15	10~15	5~10	1~5	<1
期望速度	80km以上	60km以上	40km以上	30km以上	不要求
出入控制	全部控制出入	部分控制出入或接入管理	接入管理	视需要控制横向干扰	不控制

第3.1.2条对照规范

> 《小交通量农村公路工程技术标准》（JTG 2111—2019）

3.1.1 公路技术等级选用应遵循下列原则：

1 应根据自然环境、经济条件、环保要求、交通特性等特点综合分析，并结合交通量论证确定。

2 小交通量农村公路交通组成中有大型、重载型车辆时,应按现行《公路工程技术标准》(JTG B01)执行。

3 小交通量农村公路交通组成中无大型、重载型车辆时,可按本标准执行。

➤ **《公路路线设计规范》**(JTG D20—2017)

2.2.2 公路技术等级选用应在论证确定公路功能的基础上,结合项目所在地区的综合运输体系、远景发展规划及设计交通量论证确定,并应遵循下列原则:

1 主要干线公路作为公路网中结构层次最高的主通道,应选用高速公路。

2 次要干线公路作为主要干线公路的补充,应选用二级及二级以上公路。

1)设计交通量达到15 000辆小客车/日时,宜选用一级及一级以上公路。

2)设计交通量达到10 000辆小客车/日时,且沿线纵横向干扰较大,宜选用一级公路。

3)设计交通量低于10 000辆小客车/日时,可选用二级公路;当货车混入率较高时,宜间隔设置超车车道,减小纵向干扰。

3 主要集散公路连接干线公路与支线公路,宜选用一级公路、二级公路。

1)设计交通量达到15 000辆小客车/日时,可选用一级公路。

2)设计交通量在5 000~15 000辆小客车/日时,可选用二级公路;设计交通量达到10 000辆小客车/日,且沿线纵横向干扰较大时,宜选用一级公路。

3)设计交通量低于5 000辆小客车/日时,宜选用二级公路。

4 次要集散公路服务于县乡区域交通,宜选用二级公路、三级公路。

1)设计交通量达到5 000辆小客车/日时,宜选用二级公路。

2)设计交通量低于5 000辆小客车/日时,宜选用三级公路。

5 支线公路宜选用三级公路、四级公路。当设计交通量达到5 000辆小客车/日时,宜选用二级公路。

6 当既有公路不能满足功能需要时,应结合公路网发展规划,有计划地进行改建。

2.2.4 同一公路项目可分段选用不同的技术等级。同一技术等级可分段选用不同的设计速度。不同技术等级、不同设计速度的设计路段之间应选择合理的衔接位置或地点,过渡应顺适,衔接应协调。

3.2 设计车辆

3.2.1 公路设计所采用的设计车辆外廓尺寸规定如表3.2.1。

表3.2.1　设计车辆外廓尺寸

车辆类型	总长(m)	总宽(m)	总高(m)	前悬(m)	轴距(m)	后悬(m)
小客车	6	1.8	2	0.8	3.8	1.4
大型客车	13.7	2.55	4	2.6	6.5+1.5	3.1
铰接客车	18	2.5	4	1.7	5.8+6.7	3.8
载重汽车	12	2.5	4	1.5	6.5	4
铰接列车	18.1	2.55	4	1.5	3.3+11	2.3

注：铰接列车的轴距(3.3+11)m；3.3m为第一轴至铰接点的距离，11m为铰接点至最后轴的距离。

条文说明

公路采用的设计车辆其外廓尺寸、载质量和动力性能是确定公路几何参数的主要依据。根据调研显示，当前运营车辆的外廓尺寸有较多车辆长度超过16m，出现了18m、20m甚至到26m的超长车辆。从公路投资与车辆行驶安全考虑，本次修订根据我国《道路车辆外廓尺寸、轴荷及质量限值》(GB 1589—2004)的规定，考虑满足标准运营车辆100%的需求条件，增加了大型客车和铰接客车两种车型，并将原来的鞍式列车调整为18.1m长、2.55m宽的铰接列车。但在实际使用中要根据公路功能、设施类型及交通组成情况综合确定设计车型。各设计车辆的外廓尺寸见图3-1。

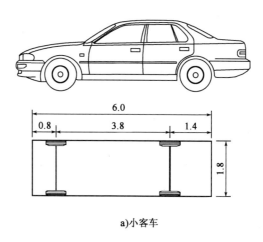

a) 小客车

图 3-1

3 基 本 规 定

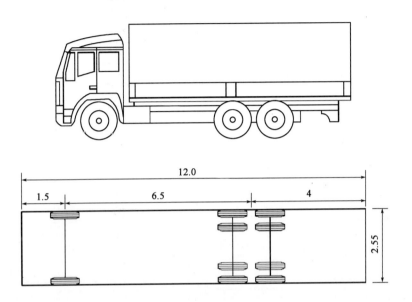

b)载重汽车

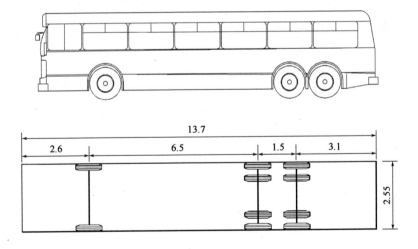

c)大型客车

图 3-1

27

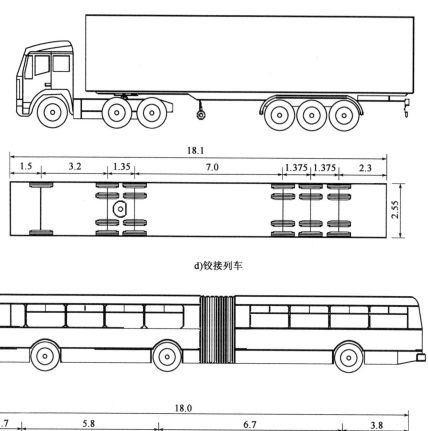

d)铰接列车

e)铰接客车

图 3-1　设计车辆的外廓尺寸(尺寸单位:m)

第3.2.1条对照规范

➤《小交通量农村公路工程技术标准》(JTG 2111—2019)

3.2.1　设计车辆外廓尺寸应符合表3.2.1的规定。

表 3.2.1 设计车辆外廓尺寸

车 辆 类 型	总长(m)	总宽(m)	总高(m)	前悬(m)	轴距(m)	后悬(m)
小客车	6.0	1.8	2.0	0.8	3.8	1.4
中型客车	7.0	2.3	3.0	1.0	4.0	2.0
轻型载重汽车	6.0	2.0	2.5	1.1	3.4	1.5
中型载重汽车	8.0	2.5	4.0	1.5	4.5	2.0
四轮低速货车（原四轮农用车）	6.0	2.0	2.5	1.2	3.3	1.5
三轮汽车	4.6	1.6	2.0	—	—	—
摩托车	2.5	1.0	2.25	—	—	—

3.2.2 有特殊车辆通行需求时,应验算确定。

> **《公路立体交叉设计细则》(JTG/T D21—2014)**

4.2.1 公路立体交叉设计应采用小客车、大型客车、铰接客车、载重汽车和铰接列车等作为设计车辆,交通量换算宜采用小客车为标准车型。

> **《公路路线设计规范》(JTG D20—2017)**

2.1.3 公路路线与路线交叉几何设计所采用的设计车辆应根据公路功能、车辆组成等因素选用,其外廓尺寸如表 2.1.3 所示,并应符合下列规定:
    1 干线公路和主要集散公路应满足所有设计车辆的通行要求。
    2 次要集散公路应满足小客车、载重汽车和大型客车的通行要求。
    3 支线公路应满足小客车和大型客车的通行要求。
    4 有特殊通行要求的公路,其设计车辆可论证确定。

表 2.1.3 设计车辆外廓尺寸

车辆类型	总长(m)	总宽(m)	总高(m)	前悬(m)	轴距(m)	后悬(m)
小客车	6	1.8	2	0.8	3.8	1.4
大型客车	13.7	2.55	4	2.6	6.5+1.5	3.1
铰接客车	18	2.5	4	1.7	5.8+6.7	3.8
载重汽车	12	2.5	4	1.5	6.5	4
铰接列车	18.1	2.55	4	1.5	3.3+11	2.3

注:铰接列车的轴距"3.3+11"中的"3.3m"为第一轴至铰接点的距离,"11m"为铰接点至最后轴的距离。

> 《高速公路交通工程及沿线设施设计通用规范》(JTG D80—2006)

1.0.6 高速公路交通工程及沿线设施设计所采用的设计车辆外廓尺寸、汽车荷载等应符合《公路工程技术标准》(JTG B01—2003)的相应规定。

3.3 交通量

3.3.1 新建和改扩建公路项目的设计交通量预测应符合下列规定：

  1 高速公路和一级公路设计交通量预测年限为20年；二、三级公路设计交通量预测年限为15年；四级公路可根据实际情况确定。

  2 设计交通量预测年限的起算年为该项目可行性研究报告中的计划通车年。

条文说明

  公路远景预测设计年限既要考虑适应一定时期内的交通需求，又要兼顾公路投资和结构物使用年限，而应有所差异。但过长会因诸多因素的不确定性导致预测交通量误差偏大，设施闲置。故依据国内外经验，本次修订将高速公路、一级公路设计交通量预测年限均规定为20年；二、三级公路按15年预测；四级公路交通量较小，设计年限可根据实际情况确定，不排除合理的延长或减少。

第3.3.1条对照规范

> 《小交通量农村公路工程技术标准》(JTG 2111—2019)

3.3.1 四级公路(Ⅰ类)、四级公路(Ⅱ类)的设计交通量宜按10年预测。

> 《公路路线设计规范》(JTG D20—2017)

2.2.1 公路设计交通量预测应符合下列规定：

  1 高速公路和一级公路设计交通量预测年限为20年；二级公路、三级公路设计交通量预测年限为15年；四级公路可根据实际情况确定。

  2 设计交通量预测年限的起算年为该项目的计划通车年。

  3 设计交通量的预测应充分考虑走廊带范围内远期社会、经济的发展规划和综合运输体系的影响。

➤ 《高速公路交通工程及沿线设施设计通用规范》(JTG D80—2006)

1.0.4 高速公路交通工程及沿线设施的设计交通量应采用该高速公路主体工程的预测交通量。

JTG B01—2014

3.3.2 交通量换算采用小客车为标准车型。各汽车代表车型及车辆折算系数规定如表3.3.2。拖拉机和非机动车等交通量换算应符合下列规定：

1 畜力车、人力车、自行车等非机动车按路侧干扰因素计。

2 公路上行驶的拖拉机每辆折算为4辆小客车。

3 公路通行能力分析所要求的车辆折算系数应针对路段、交叉口等形式，按不同的地形条件和交通需求，采用相应的折算系数。

表3.3.2 各汽车代表车型及车辆折算系数

汽车代表车型	车辆折算系数	说明
小客车	1.0	座位≤19座的客车和载质量≤2t的货车
中型车	1.5	座位>19座的客车和2t<载质量≤7t的货车
大型车	2.5	7t<载质量≤20t的货车
汽车列车	4.0	载质量>20t的货车

条文说明

用于交通量换算的车辆折算系数是在特定的公路、交通组成条件下，所有非标准车相当于标准车对交通流影响的当量值。考虑到标准的连续性，本条款仍提供了在公路建设前期阶段用于确定公路建设规模与公路等级的车辆折算系数与相关规定。

考虑到当前货运车辆类型多、载质量大，使得货车运行速度与小客车的差异更为明显，原标准的折算系数已不适应当前交通流的现状，故在4种车型分类并以小客车作为交通量换算标准车型的基础上，本次修订按照货运车辆构成比例进行了调整。

调研发现：载质量20t的载重车比例较大，且与原载质量14t的载重车动力性能基本一致,故将原来大型车14t载质量的划分标准调整为20t,同时折算系数上调0.5。而对于拖挂车,公路上实际行驶的拖挂车与小客车差异拉大,故将原折算系数调整到4.0,同时将该代表车型名称改为汽车列车,与国标内的车型名称一致。调整后的折算系数,将会导致预测交通量的整体水平提高10%左右。

第3.3.2条对照规范

> 《小交通量农村公路工程技术标准》(JTG 2111—2019)

3.3.2 交通量换算采用小客车为标准车型。各汽车代表车型及车辆折算系数应符合表3.3.2的规定。

表3.3.2 各汽车代表车型及车辆折算系数

汽车代表车型	车辆折算系数	说 明
小客车	1.0	座位≤9座的客车
中型客车	1.0	9座<座位≤19座的客车
轻型载重汽车	1.0	载质量≤2t的货车
中型载重汽车	1.5	2t<载质量≤7t的货车
四轮低速货车(原四轮农用车)	1.0	—
三轮汽车	1.0	—
摩托车	0.5	—

3.3.3 非机动车和拖拉机交通量换算应符合下列规定:
    1 畜力车、人力车、自行车等非机动车按路侧干扰因素计。
    2 拖拉机按外廓尺寸对应车型选择折算系数。

> 《公路路线设计规范》(JTG D20—2017)

3.1.3 公路汽车代表车型分类应符合表3.1.3的规定。

表3.1.3 汽车代表车型分类

汽车代表车型	说 明
小客车	座位≤19座的客车和载质量≤2t的货车
中型车	座位>19座的客车和2t<载质量≤7t的货车
大型车	7t<载质量≤20t的货车
汽车列车	载质量>20t的货车

3.1.4 交通量换算的标准车型应采用小客车。非汽车交通的交通量换算应符合下列规定：
    1 公路上行驶的拖拉机每辆折算为 4 辆小客车。
    2 被交支路车辆、路侧停车、畜力车、人力车、自行车等非机动车，街道化程度等影响因素按路侧干扰因素计，路侧干扰等级应符合表 3.1.4 的规定。

表 3.1.4 路侧干扰等级

路侧干扰等级		典型状况描述
1	轻微干扰	公路条件符合标准、交通状况基本正常、各类路侧干扰因素很少
2	较轻干扰	公路设施两侧为农田、有少量自行车、行人出行或横穿公路
3	中等干扰	公路穿过村镇或路侧偶有停车，被交支路有少量车辆出入
4	严重干扰	公路交通流中有较多的非机动车混合行驶
5	非常严重干扰	路侧设有集市、摊位，交通管理或交通秩序很差

JTG B01—2014

3.3.3 公路设计小时交通量宜采用年第 30 位小时交通量，也可根据项目特点与需求，在当地年第 20～40 位小时交通量之间取值。

条文说明

    设计小时交通量是确定公路等级、评价公路运行状态和服务水平的重要参数，设计小时交通量越小，所选用的车道数越少，公路的建设规模就越小，建设费用也就越低，但是不恰当地降低设计小时交通量会使公路的交通条件恶化、交通阻塞和交通事故增多，公路的综合经济效益降低。因此，将全年小时交通量从大到小按序排列，设计小时交通量的位置一般采用第 30 位小时，或根据项目特点与需求，结合当地调查结果和经济承受能力，控制在第 20～40 位小时交通量之间取值。

第 3.3.3 条对照规范

▶《公路路线设计规范》(JTG D20—2017)

3.3.1 公路设计小时交通量宜采用年第 30 位小时交通量，也可根据当地公路小时交通量的变化特征,采用年第 20~40 位小时之间最为经济合理时位的交通量。

3.3.2 高速公路、一级公路的设计小时交通量($DDHV$)应按式(3.3.2)计算:

$$DDHV = AADT \times D \times K \qquad (3.3.2)$$

式中:$DDHV$——单向设计小时交通量(veh/h);

　　　$AADT$——预测年度的年平均日交通量(veh/d);

　　　　　D——方向不均匀系数(%),宜取 50%~60%,也可根据当地交通量观测资料确定;

　　　　　K——设计小时交通量系数(%),为选定时位的小时交通量与年平均日交通量的比值。

3.3.3 二级公路、三级公路设计小时交通量(DHV)应按式(3.3.3)计算:

$$DHV = AADT \times K \qquad (3.3.3)$$

式中:DHV——设计小时交通量(veh/h);

　　　$AADT$——预测年度的年平均日交通量(veh/d);

　　　　　K——设计小时交通量系数(%),为选定时位的小时交通量与年平均日交通量的比值。

3.3.4 新建公路的设计小时交通量系数可参照公路功能、交通量、地区气候、地形等条件相似的公路观测数据确定,缺乏观测数据地区可参照表 3.3.4 取值。改扩建公路的设计小时交通量系数宜结合既有公路的观测数据综合确定。

表 3.3.4　各地区的设计小时交通量系数

地区		华北 京、津、冀、晋、蒙	东北 辽、吉、黑	华东 沪、苏、浙、皖、闽、赣、鲁	中南 豫、湘、鄂、粤、桂、琼	西南 川、滇、黔、藏、渝	西北 陕、甘、青、宁、新
近郊	高速公路(%)	8.0	9.5	8.5	8.5	9.0	9.5
	一级公路(%)	9.5	11.0	10.0	10.0	10.5	11.0
	二级公路、三级公路(%)	11.5	13.5	12.0	12.5	13.0	13.5
城间	高速公路(%)	12.0	13.5	12.5	12.5	13.0	13.5
	一级公路(%)	13.5	15.0	14.0	14.0	14.5	15.0
	二级公路、三级公路(%)	15.5	17.5	16.0	16.5	17.0	17.5

➤《公路立体交叉设计细则》(JTG/T D21—2014)

4.5.2 在设计阶段,公路立体交叉设计应采用设计小时交通量,并应符合下列规定:
   1 设计小时交通量宜采用年第 30 位小时交通量,也可根据立体交叉功能和当地小时交通量的变化特征采用 20~40 位小时之间最为经济合理时位的小时交通量。设计小时交通量应按式(4.5.2)换算:

$$DDHV = AADT \cdot K \cdot D \qquad (4.5.2)$$

式中:$DDHV$——设计小时交通量(pcu/h);
   $AADT$——年平均日交通量(pcu/d);
   K——设计小时交通量系数,根据交叉公路功能、交通量、地区气候和地形等条件确定;
   D——方向不均匀系数,根据当地交通量观测资料确定,当资料缺乏时,可在 50%~60% 范围内选取。
   2 互通式立体交叉设计应提供节点交通量分布图,明确各方向和各路段的设计小时交通量。

➤《公路沥青路面设计规范》(JTG D50—2017)

6.3.1 各设计指标对应的当量设计轴载累计作用次数,应根据交通参数调查分析结果和设计使用年限,按本规范附录 A 的规定计算确定。

3.4 服务水平

3.4.1 公路服务水平分为六级,见附录 A。

条文说明

　　调研发现:原标准四级服务水平等级划分偏粗、级差偏大,特别是设计采用的二级服务水平,交通流运行质量变化范围大,不能很好地确定改扩建时机。同时,密度作为服务水平的衡量指标,使用上没有饱和度(v/C)方便。本次依据专题研究成果,将服务水平分为六级,同时采用 v/C 作为评价服务水平的主要指标。

第 3.4.1 条对照规范

➤《公路路线设计规范》(JTG D20—2017)

3.2.1 公路设计服务水平应根据公路功能、技术等级、地形条件等合理选用,并不低于表 3.2.1 的规定。承担集散功能的一级公路或路段,设计服务水平可降低一级。公路长隧道及特长隧道路段、非机动车及行人密集路段、条件受限的互通式立体交叉匝道、分合流及交织区段,设计服务水平也可降低一级。

表 3.2.1　各级公路设计服务水平

公路技术等级	高速公路	一级公路	二级公路	三级公路	四级公路
服务水平	三级	三级	四级	四级	—

3.2.2　各级公路的服务水平分级与服务交通量应符合表 3.2.2-1 ~ 表 3.2.2-3 的规定。

表 3.2.2-1　高速公路路段服务水平分级

服务水平	v/C 值	设计速度(km/h)		
		120	100	80
		最大服务交通量 [pcu/(h·ln)]	最大服务交通量 [pcu/(h·ln)]	最大服务交通量 [pcu/(h·ln)]
一	$v/C \leq 0.35$	750	730	700
二	$0.35 < v/C \leq 0.55$	1200	1150	1100
三	$0.55 < v/C \leq 0.75$	1650	1600	1500
四	$0.75 < v/C \leq 0.90$	1980	1850	1800
五	$0.90 < v/C \leq 1.00$	2200	2100	2000
六	$v/C > 1.00$	0 ~ 2200	0 ~ 2100	0 ~ 2000

注:v/C 是在基准条件下,最大服务交通量与基准通行能力之比。基准通行能力是五级服务水平条件下对应的最大服务交通量。

表 3.2.2-2　一级公路路段服务水平分级

服务水平	v/C 值	设计速度(km/h)		
		100	80	60
		最大服务交通量 [pcu/(h·ln)]	最大服务交通量 [pcu/(h·ln)]	最大服务交通量 [pcu/(h·ln)]
一	$v/C \leq 0.3$	600	550	480
二	$0.3 < v/C \leq 0.5$	1000	900	800
三	$0.5 < v/C \leq 0.7$	1400	1250	1100
四	$0.7 < v/C \leq 0.9$	1800	1600	1450
五	$0.9 < v/C \leq 1.0$	2000	1800	1600
六	$v/C > 1.0$	0 ~ 2000	0 ~ 1800	0 ~ 1600

表 3.2.2-3 二级、三级公路路段服务水平分级

服务水平	延误率(%)	设计速度(km/h)										
		80				60				≤40		
		速度(km/h)	v/C			速度(km/h)	v/C			v/C		
			禁止超车区(%)				禁止超车区(%)			禁止超车区(%)		
			<30	30~70	≥70		<30	30~70	≥70	<30	30~70	≥70
一	≤35	≥76	0.15	0.13	0.12	≥58	0.15	0.13	0.11	0.14	0.12	0.10
二	≤50	≥72	0.27	0.24	0.22	≥56	0.26	0.22	0.20	0.25	0.19	0.15
三	≤65	≥67	0.40	0.34	0.31	≥54	0.38	0.32	0.28	0.37	0.25	0.20
四	≤80	≥58	0.64	0.60	0.57	≥48	0.58	0.48	0.43	0.54	0.42	0.35
五	≤90	≥48	1.00	1.00	1.00	≥40	1.00	1.00	1.00	1.00	1.00	1.00
六	>90	<48	—	—	—	<40	—	—	—	—	—	—

注：延误率为车头时距小于或等于5s的车辆数占总交通量的百分比。

> 《公路立体交叉设计细则》(JTG/T D21—2014)

4.5.3 公路立体交叉范围内的交叉公路、匝道、分流区、合流区、交织区和集散道的服务水平分为六级。交叉公路设计服务水平应按相应公路功能及等级选取；匝道、分流区、合流区、交织区和集散道的设计服务水平可比主线低一级，但不应低于四级。

JTG B01—2014

3.4.2 各级公路设计服务水平应不低于表 3.4.2 规定，并应符合下列规定：

1 一级公路用作集散公路时，设计服务水平可降低一级。

2 长隧道及特长隧道路段、非机动车及行人密集路段、互通式立体交叉的分合流区段以及交织区段，设计服务水平可降低一级。

表 3.4.2 各级公路设计服务水平

公路等级	高速公路	一级公路	二级公路	三级公路	四级公路
服务水平	三级	三级	四级	四级	—

条文说明

公路规划设计时，既要保证必要的车辆运行质量，同时又要兼顾公

路建设的投资成本。在服务水平由四级改为六级基础上,高速公路与一级公路以不低于三级服务水平进行设计,既可以保持设计等级与《标准》03版一致,又突出了依据功能选用服务水平的理念,扩大了设计服务水平选用范围,以保证高峰期交通的运行质量及达到预测交通量使用年限。同样,当一、二、三级公路的功能类别高时,应该选用较高的服务水平,功能类别低时,也可降低一级,节约工程投资。

此外,各地由于经济发展水平与地形条件的差异,公路设施设计时也有选用不同设计服务水平的需要。因此,长隧道路段及非机动车与行人密集等路段,土地资源紧缺、工程造价高昂或对环境破坏严重的路段,也可选用低一级服务水平设计。

第3.4.2条对照规范

➢《公路路线设计规范》(JTG D20—2017)

3.2.1 公路设计服务水平应根据公路功能、技术等级、地形条件等合理选用,并不低于表3.2.1的规定。承担集散功能的一级公路或路段,设计服务水平可降低一级。公路长隧道及特长隧道路段、非机动车及行人密集路段、条件受限的互通式立体交叉匝道、分合流及交织区段,设计服务水平也可降低一级。

表3.2.1 各级公路设计服务水平

公路技术等级	高速公路	一级公路	二级公路	三级公路	四级公路
服务水平	三级	三级	四级	四级	—

3.5 速度

3.5.1 各级公路设计速度应符合表3.5.1的规定。设计速度的选用应根据公路的功能与技术等级,结合地形、工程经济、预期的运行速度和沿线土地利用性质等因素综合论证确定,并应符合下列规定:

1 高速公路设计速度不宜低于100km/h,受地形、地质等条件限制时,可以选用80km/h。

2 作为干线的一级公路,设计速度宜采用100km/h;受地形、地质等条件限制,可采用80km/h。作为集散的一级公路,设计速度宜采用

80km/h；受地形、地质等条件限制，可采用60km/h。

3 高速公路和作为干线的一级公路的特殊困难局部路段，且因新建工程可能诱发工程地质病害时，经论证，该局部路段的设计速度可采用60km/h，但长度不宜大于15km，或仅限于相邻两互通式立体交叉之间的路段。

4 作为干线的二级公路，设计速度宜采用80km/h；受地形、地质等条件限制，可采用60km/h。作为集散的二级公路，设计速度宜采用60km/h；受地形、地质等条件限制，可采用40km/h。

5 三级公路设计速度宜采用40km/h；受地形、地质等条件限制，可采用30km/h。

6 四级公路设计速度宜采用30km/h；受地形、地质等条件限制，可采用20km/h。

表3.5.1 设 计 速 度

公路等级	高速公路			一级公路			二级公路		三级公路		四级公路
设计速度(km/h)	120	100	80	100	80	60	80	60	40	30	30	20

条文说明

设计速度是确定公路几何设计指标并使其相互协调的基本要素。一经选定，公路的所有相关要素如平曲线半径、视距、超高、纵坡、竖曲线半径等指标均与其配合以获得均衡设计。目前，基于设计速度的路线设计方法已被所有设计人员所掌握，因此保持《标准》03版的规定。

1 高速公路的设计速度不宜低于100km/h，目的是保证高速公路的安全与舒适。国内外高速公路的运营实践表明：设计速度低与驾驶员的期望差异较大，运行过程中极易诱发交通事故，而且复杂地形条件下的高速公路大多选在一个区域走廊带内，待经济发展需改造时，提升线形指标很困难，故将80km/h作为高速公路设计速度的最低要求。

3 高速公路和作为干线的一级公路的特殊困难局部路段，经论证可以采用60 km/h设计速度，其含义是包括技术、经济、安全、环保和社会等方面的综合比选论证，而非传统意义的技术经济论证。论证通过后,才能作为特殊困难的路段考虑,并且要求小于一个设计路段的长度即小于15km;同时考虑到个别越岭路段地形条件受限时,往往可能大于15km,针对这一特定条件将其放宽到相邻两互通式立体交叉之间的路段,但应注意线形衔接和交通工程设施的配合。

本次修订贯穿了功能类别高的公路优先考虑较高的设计速度,公路类别较低的公路宜选用较低设计速度的理念,即一级公路和二、三级公路应按公路在路网中的交通功能选择设计速度,只有当受地形、地质等条件限制时,才可以降低一档即20km/h。

第3.5.1条对照规范

> 《小交通量农村公路工程技术标准》(JTG 2111—2019)

3.4.1 四级公路(Ⅰ类)、四级公路(Ⅱ类)的设计速度应为15km/h。

> 《公路路线设计规范》(JTG D20—2017)

2.1.4 各级公路的设计速度应符合表2.1.4的规定。

表2.1.4 设 计 速 度

公路技术等级	高速公路			一级公路			二级公路		三级公路		四级公路
设计速度(km/h)	120	100	80	100	80	60	80	60	40	30	30	20

2.2.3 设计速度的选用应根据公路功能与技术等级,结合地形、工程经济、预期运行速度和沿线土地利用性质等因素综合论证确定,并应符合下列规定:

   1 高速公路设计速度不宜低于100km/h,受地形、地质等条件限制时,可选用80km/h。

   2 作为干线的一级公路,设计速度宜采用100km/h;受地形、地质等条件限制时,可采用80km/h。作为集散的一级公路,设计速度宜采用80km/h;受地形、地质等条件限制时,可采用60km/h。

   3 高速公路和作为干线的一级公路的局部特殊困难路段,且因新建工程可能诱发工程地质病害时,经论证,该局部路段的设计速度可采用60km/h,但长度不宜大于15km,或仅限于相邻两互通式立体交叉之间的路段。

   4 作为干线的二级公路,设计速度宜采用80km/h;受地形、地质等条件限制时,可采用60km/h。作为集散的二级公路,设计速度宜采用60km/h;受地形、地质等条件限制时,可采用40km/h。

5 三级公路设计速度宜采用40km/h；受地形、地质等条件限制时，可采用30km/h。

6 四级公路设计速度宜采用30km/h；受地形、地质等条件限制时，可采用20km/h。

～⇨ JTG B01—2014 ⇦～

3.5.2 公路设计应采用运行速度进行检验。相邻路段运行速度之差应小于20km/h，同一路段运行速度与设计速度之差宜小于20km/h。

条文说明

本条对公路设计时采用运行速度检验进行说明。自《标准》03版正式引入运行速度概念和开展安全性评价工作以来，采用运行速度的方法进行检验的理论与方法已基本成熟，而且有了上万公里的工程实践。因此，本次标准修订明确规定公路设计应采用运行速度对线形设计进行检验，保证相邻路段运行速度的协调性和一致性，提高公路运行安全和使用质量。

第3.5.2条对照规范

▷《公路路线设计规范》(JTG D20—2017)

2.2.5 采用运行速度检验时，相邻路段运行速度之差应小于20km/h，同一路段设计速度与运行速度之差宜小于20km/h。

～⇨ JTG B01—2014 ⇦～

3.5.3 公路限制速度应根据设计速度、运行速度及路侧干扰与环境等因素综合论证确定。

条文说明

本条对公路限速进行说明。目前我国公路限速值多采用设计速度，由于限速值确定不合理，影响了公路的运行效率，在社会上也造成了一定负面影响。因此，本次标准修订把限制速度作为公路设计的一个重要环节提出，以便在设计阶段科学合理地确定限速值以及限速方式和方法，在保障车辆安全运行的情况下，充分发挥道路的运输效率。

第3.5.3条对照规范

➤《公路路线设计规范》(JTG D20—2017)

2.2.6 公路限制速度应根据设计速度、运行速度及路侧干扰与环境等因素综合论证确定。

3.6 建筑限界

3.6.1 各级公路的建筑限界应符合图3.6.1的规定，并应符合下列规定：

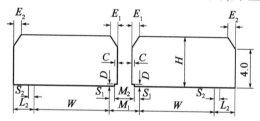

a)高速公路、一级公路(整体式)

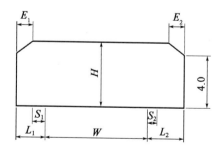

b)高速公路、一级公路(分离式)

图 3.6.1

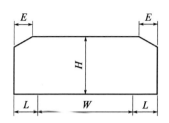

c)二、三、四级公路

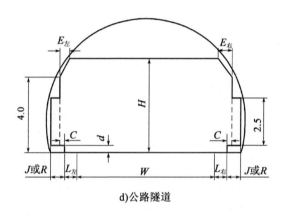

d)公路隧道

图3.6.1 各级公路的建筑限界(尺寸单位:m)

图中:W——行车道宽度;

L_1——左侧硬路肩宽度;

L_2——右侧硬路肩宽度;

S_1——左侧路缘带宽度;

S_2——右侧路缘带宽度;

L——侧向宽度。二级公路的侧向宽度为硬路肩宽度。三、四级公路的侧向宽度为路肩宽度减去0.25m。设置护栏时,应根据护栏需要的宽度加宽路基;

$L_{左}$——隧道内左侧侧向宽度;

$L_{右}$——隧道内右侧侧向宽度;

C——当设计速度大于100km/h时为0.5m,小于或等于100km/h时为0.25m;

D——路缘石高度,小于或等于0.25m。一般情况下,高速公路可不设路缘石;

M_1——中间带宽度;

M_2——中央分隔带宽度;

J——检修道宽度;

R——人行道宽度;

d——检修道或人行道高度;

E——建筑限界顶角宽度,当$L \leqslant 1$m时,$E = L$;当$L > 1$m时,$E = 1$m;

E_1——建筑限界顶角宽度,当$L_1 < 1$m,$E_1 = L_1$,或$S_1 + C < 1$m,$E_1 = S_1 + C$;当$L_1 \geqslant 1$m或$S_1 + C \geqslant 1$m时,$E_1 = 1$m;

E_2——建筑限界顶角宽度,$E_2 = 1$m;

$E_{左}$——建筑限界左顶角宽度,当$L_{左} \leqslant 1$m时,$E_{左} = L_{左}$;当$L_{左} > 1$m时,$E_{左} = 1$m;

$E_{右}$——建筑限界右顶角宽度,当$L_{右} \leqslant 1$m时,$E_{右} = L_{右}$;当$L_{右} > 1$m时,$E_{右} = 1$m;

H——净空高度。

1 设置加(减)速车道、紧急停车带、爬坡车道、错车道、慢车道、车道隔离设施等路段,行车道应包括该部分的宽度。

2 八车道及以上的高速公路(整体式),设置左侧硬路肩时,建筑限界应包括左侧硬路肩宽度。

3 一条公路应采用同一净高。高速公路、一级公路、二级公路的净高应为5.00m;三级公路、四级公路的净高应为4.50m。

4 人行道、自行车道、检修道与行车道分开设置时,其净高应为2.50m。

5 路基、桥梁、隧道相互衔接处,其建筑限界应按过渡段处理。

3 基本规定

条文说明

公路建筑限界仍沿用《标准》03版的规定。但为解决设施侵入限界的问题,细化了一级公路及增设慢车道的二级公路设置分隔设施时计算车道宽度的规定;新增加了隧道入口段设置护栏过渡的建筑限界规定。在我国部分地区,由于受地形、地质或环境因素限制,同一条公路,局部路段降低了技术等级,也就是常说的"不二不三或不三不四",因此规定同一条公路,应采用同一净高,以保证其通过性。

第3.6.1条对照规范

➤ 《小交通量农村公路工程技术标准》(JTG 2111—2019)

3.5.1 四级公路(Ⅰ类)、四级公路(Ⅱ类)的建筑限界应符合图3.5.1的规定,并应符合下列规定:

1 设置错车道路段的行车道宽度应包括车道及错车道部分的宽度。
2 四级公路(Ⅰ类)、四级公路(Ⅱ类)净高应为4.5m。
3 检修道或人行道与行车道分开设置时,其净高应为2.5m。

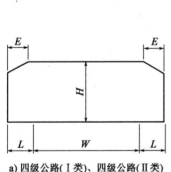
a) 四级公路(Ⅰ类)、四级公路(Ⅱ类)

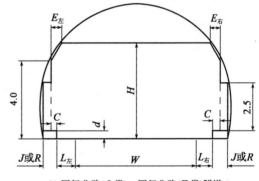
b) 四级公路(Ⅰ类)、四级公路(Ⅱ类)隧道

图3.5.1 四级公路(Ⅰ类)、四级公路(Ⅱ类)建筑限界(尺寸单位:m)

图中:W——行车道宽度;
　　　L——侧向宽度,四级公路(Ⅰ类)、四级公路(Ⅱ类)侧向宽度为路肩宽度减去0.25m,设置护栏时,应根据护栏需要的宽度加宽路基;
　　　$L_{左}$——隧道内左侧侧向宽度;
　　　$L_{右}$——隧道内右侧侧向宽度;

C——余宽;

J——检修道宽度;

R——人行道宽度;

d——检修道或人行道高度;

$E_{左}$——建筑限界左顶角宽度,当$L_{左} \leq 1m$时,$E_{左} = L_{左}$;当$L_{左} > 1m$时, $E_{左} = 1m$;

$E_{右}$——建筑限界右顶角宽度,当$L_{右} \leq 1m$时,$E_{右} = L_{右}$;当$L_{右} > 1m$时, $E_{右} = 1m$;

H——净空高度。

➤ 《公路路线设计规范》(JTG D20—2017)

6.6.1 公路建筑限界范围内不得有任何障碍物侵入。公路标志、护栏、照明灯柱、电杆、管线、绿化、行道树以及跨线桥的梁底、桥台、桥墩等的任何部分也不得侵入公路建筑限界。

6.6.2 各级公路的建筑限界应符合图6.6.2的规定,并应符合下列规定:

1 设置加(减)速车道、紧急停车带、爬坡车道、错车道、慢车道、车道隔离设施等路段,行车道应包括该部分的宽度。

2 八车道及以上的高速公路(整体式),设置左侧硬路肩时,建筑限界应包括相应部分的宽度。

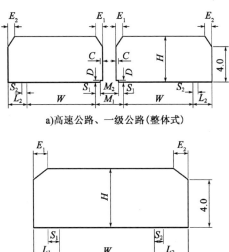

图 6.6.2

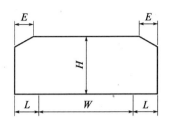

c)二、三、四级公路

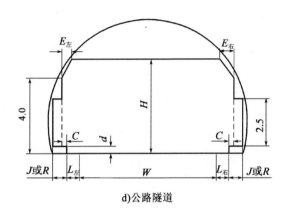

d)公路隧道

图6.6.2 建筑限界(尺寸单位:m)

图中:W——行车道宽度;

L_1——左侧硬路肩宽度;

L_2——右侧硬路肩宽度;

S_1——左侧路缘带宽度;

S_2——右侧路缘带宽度;

L——侧向宽度,二级公路的侧向宽度为硬路肩宽度;三、四级公路的侧向宽度为路肩宽度减去0.25m;设置护栏时,应根据护栏需要的宽度加宽路基;

$L_左$——隧道内左侧侧向宽度;

$L_右$——隧道内右侧侧向宽度;

C——当设计速度大于100km/h时为0.5m,小于或等于100km/h时为0.25m;

D——路缘石高度,小于或等于0.25m;一般情况下,高速公路可不设路缘石;

47

M_1——中间带宽度；

M_2——中央分隔带宽度；

J——检修道宽度；

R——人行道宽度；

d——检修道或人行道高度；

E——建筑限界顶角宽度，当 $L \leqslant 1\mathrm{m}$ 时，$E=L$；当 $L>1\mathrm{m}$ 时，$E=1\mathrm{m}$；

E_1——建筑限界左顶角宽度，当 $L_1<1\mathrm{m}$ 时，$E_1=L_1$；或 $S_1+C<1\mathrm{m}$，$E_1=S_1+C$；当 $L_1 \geqslant 1\mathrm{m}$ 或 $S_1+C \geqslant 1\mathrm{m}$ 时，$E_1=1\mathrm{m}$；

E_2——建筑限界右顶角宽度，$E_2=1\mathrm{m}$；

$E_左$——建筑限界左顶角宽度，当 $L_左 \leqslant 1\mathrm{m}$ 时，$E_左=L_左$；当 $L_左>1\mathrm{m}$ 时，$E_左=1\mathrm{m}$；

$E_右$——建筑限界右顶角宽度，当 $L_右 \leqslant 1\mathrm{m}$ 时，$E_右=L_右$；当 $L_右>1\mathrm{m}$ 时，$E_右=1\mathrm{m}$；

H——净空高度。

3 隧道最小侧向宽度应符合表6.6.2的规定。

表6.6.2 隧道最小侧向宽度

设计速度 （km/h）	高速公路、一级公路				二级公路、三级公路、四级公路				
	120	100	80	60	80	60	40	30	20
左侧侧向宽度 $L_左$（m）	0.75	0.75	0.50	0.50	0.75	0.50	0.25	0.25	0.50
右侧侧向宽度 $L_右$（m）	1.25	1.00	0.75	0.75	0.75	0.50	0.25	0.25	0.50

4 桥梁、隧道设置检修道、人行道时，建筑限界应包括相应部分的宽度。

5 高速公路、一级公路、二级公路的净高应为5.00m；三级公路、四级公路的净高应为4.50m。

6 人行道、自行车道、检修道与行车道分开设置时，其净高应为2.50m。

7 路基、桥梁、隧道相互衔接处，其建筑限界应按过渡段处理。

6.6.3 公路建筑限界的边界应按图6.6.3划定，并应符合下列规定：

1 在不设超高的路段，建筑限界的上缘边界线应为水平线，其两侧边界线应与水平线垂直。

2 在设置超高的路段，建筑限界的上缘边界线应与超高横坡平行，其两侧边界线应与路面超高横坡垂直。

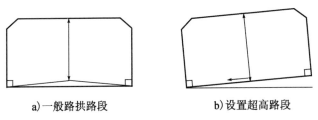

a) 一般路拱路段   b) 设置超高路段

图 6.6.3　建筑限界的边界线划定

6.6.4 公路净空高度应符合下列规定：

　　1　根据公路在路网中的地位与位置，同一公路应采用相同的净空高度。

　　2　三级公路、四级公路的路面采用沥青贯入、沥青碎石、沥青表面处治或砂石路面时，净空高度宜预留 20cm。

　　3　中央分隔带或路肩上设置桥梁墩台、标志立柱时，其前缘除不得侵入公路建筑限界外，且不得紧贴建筑物设置，应留有护栏缓冲变形的余宽。

　　4　凹形竖曲线上方设有跨线构造物时，其净高应满足铰接列车有效净高的要求，如图 6.6.4 所示。

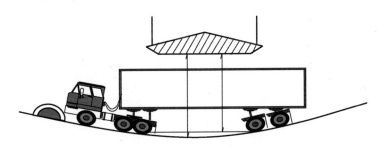

图 6.6.4　凹形竖曲线上方有效净空高度

　　5　公路下穿宽度较宽或斜交角度较大的跨线构造物时，其路面距跨线构造物下缘任一点的净高均应符合相应净空高度的规定。

> 《公路立体交叉设计细则》（JTG/T D21—2014）

4.6.1　交叉公路的建筑限界应符合现行《公路工程技术标准》（JTG B01）的有关规定。

4.6.2　匝道的建筑限界应符合图 4.6.2 及下列规定：

　　1　净空高度不应小于 5.0m。

　　2　顶角宽度应根据硬路肩宽度取值，当硬路肩宽度小于或等于 1.0m 时，顶角宽度应与硬路肩同宽；当硬路肩宽度大于 1.0m 时，顶角宽度应为 1.0m。当仅

49

有路缘带时,硬路肩宽度为路缘带宽度。

3 侧向余宽不应小于0.25m。在侧向余宽0.25m范围内,分隔带、检修道、人行道或其他固定物的高度不应大于0.25m。

4 车道宽度应包含基本车道、附加车道宽度和连接部加宽部分等。

5 隧道路段两侧硬路肩宽度应与隧道外路段的硬路肩宽度保持一致。

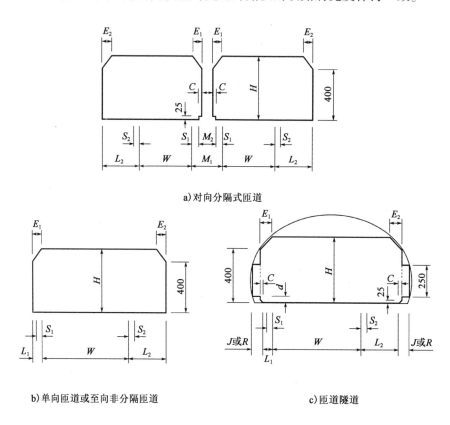

图4.6.2 匝道的建筑限界(尺寸单位:cm)

H-净空高度;E_1-左侧顶角宽度;E_2-右侧顶角宽度;C-侧向余宽;W-车道宽度;S_1-左侧路缘带宽度;S_2-右侧路缘带宽度;L_1-左侧硬路肩宽度;L_2-右侧硬路肩宽度;M_1-中间带宽度;M_2-中央分隔带宽度;J-检修道宽度;R-人行道宽度;d-检修道或人行道高度

4.6.3 建筑限界的边界线划定应符合下列规定:

1 在正常路拱路段,上缘边界线应为水平线,两侧边界线应与水平线垂直[图4.6.3 a)]。

2 在设置超高或单向横坡路段,上缘边界线应与路面横坡平行,两侧边界线应与路面横坡垂直[图4.6.3b)]。

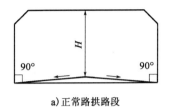

a) 正常路拱路段　　　　　b) 设置超高或单向横坡路段

图4.6.3　建筑限界的边界划定

4.6.4　当跨线构造物位于下穿公路凹形竖曲线上方时,净空高度应按最大设计车辆的有效净空控制(图4.6.4)。

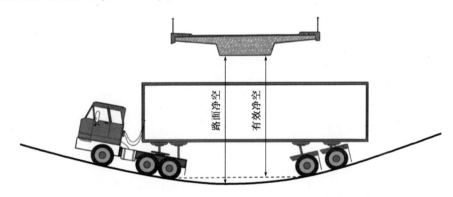

图4.6.4　凹形竖曲线上方有效净空示意图

➤ **《公路桥涵设计通用规范》(JTG D60—2015)**

3.4.1　桥涵净空应符合现行《公路工程技术标准》(JTG B01)中的公路建筑限界规定,并应符合下列规定:

　　1　确定桥面净宽时,应首先考虑与桥梁相连的公路路段的路基宽度,保持桥面净宽与路基宽度相同。

　　2　多车道公路上的特大桥为整体式上部结构时,中央分隔带宽度应根据所采用的护栏形式确定,路肩宽度经论证后可采用现行《公路工程技术标准》(JTG B01)有关规定的"最小值"。

　　3　高速公路和作为干线功能的一级公路上特大桥的右侧路肩宽度小于2.50m且桥长超过1000m时,宜设置紧急停车带和过渡段,紧急停车带宽度包括路肩在内应为3.50m,有效长度不应小于40m,间距不宜大于500m。

　　4　桥上设置的各种安全设施及标志等不得侵入桥涵净空限界。

➤ 《公路隧道设计规范 第一册 土建工程》(JTG 3370.1—2018)

4.4.1 各级公路隧道建筑限界如图 4.4.1 所示,在建筑限界内不得有任何土建工程部件侵入。各级公路两车道隧道建筑限界宽度应不小于表 4.4.1 的基本宽度,并应符合下列规定:

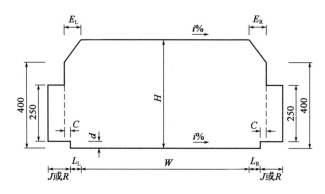

图 4.4.1 公路隧道建筑限界(尺寸单位:cm)

H-建筑限界高度;W-行车道宽度;L_L-左侧侧向宽度;L_R-右侧侧向宽度;C-余宽;J-检修道宽度;R-人行道宽度;d-检修道或人行道的高度;E_L-建筑限界左顶角宽度,包含余宽 C;E_R-建筑限界右顶角宽度,包含余宽 C

注:当 $L_L \leq 1m$ 时,$E_L = L_L$;当 $L_L > 1m$ 时,$E_L = 1m$。

当 $L_R \leq 1m$ 时,$E_R = L_R$;当 $L_R > 1m$ 时,$E_R = 1m$。

表 4.4.1 两车道公路隧道建筑限界横断面组成及基本宽度(m)

公路等级	设计速度(km/h)	车道宽度 W	侧向宽度 左侧 L_L	侧向宽度 右侧 L_R	余宽 C	检修道宽度 J 或人行道宽度 R 左侧	检修道宽度 J 或人行道宽度 R 右侧	建筑限界基本宽度
高速公路一级公路	120	3.75×2	0.75	1.25	0.50	1.00	1.00	11.50
	100	3.75×2	0.75	1.00	0.25	0.75	0.75	10.75
	80	3.75×2	0.50	0.75	0.25	0.75	0.75	10.25
	60	3.50×2	0.50	0.75	0.25	0.75	0.75	9.75
二级公路	80	3.75×2	0.75	0.75	0.25	1.00	1.00	11.00
	60	3.50×2	0.50	0.50	0.25	1.00	1.00	10.00
三级公路	40	3.50×2	0.25	0.25	0.25	0.75	0.75	9.00
	30	3.25×2	0.25	0.25	0.25	0.75	0.75	8.50
四级公路	20	3.00×2	0.50	0.50	0.25			7.50

注:三车道、四车道隧道除增加车道数外,其他宽度同表 4.4.1;增加车道的宽度不应小于 3.5m。

1 建筑限界高度:高速公路、一级公路、二级公路取 5.0m;三、四级公路取 4.5m。

2 设检修道或人行道时,检修道或人行道宜包含余宽;不设置检修道或人行道时,应设不小于 0.25m 的余宽。

3 隧道路面横坡:隧道为单向交通时,应设置为单面坡;隧道为双向交通时,可设置为双面坡;横坡坡率可采用 1.5% ~ 2.0%,宜与洞外路面横坡坡率一致。

4 路面采用单面坡时,建筑限界底边线与路面重合;采用双面坡时,建筑限界底边线应水平置于路面最高处。

5 单车道四级公路的隧道应按双车道四级公路标准修建。

3.7 抗震

3.7.1 抗震设计应符合下列规定:

1 地震动峰值加速度系数小于或等于 0.05 地区的公路工程,除有特殊要求外,可采用简易设防。

2 地震动峰值加速度系数大于 0.05、小于 0.40 地区的公路工程,应进行抗震设计。

3 地震动峰值加速度系数大于或等于 0.40 地区的公路工程,应进行专门的抗震研究和设计。

4 做过地震小区划地区的公路工程,应按主管部门审批的地震动峰值加速度系数进行抗震设计。

条文说明

根据《中国地震动参数区划图》(GB 18306—2001),不再采用地震基本烈度的概念,取之为地震动峰值加速度系数。地震基本烈度与地震动峰值加速度系数之间的关系如表 3-4 所示。

表 3-4 地震基本烈度与地震动峰值加速度系数的对应关系

地震动峰值加速度系数	<0.05	0.05	0.10	0.15	0.20	0.30	≥0.40
地震基本烈度值	< Ⅵ	Ⅵ	Ⅶ	Ⅶ	Ⅷ	Ⅷ	≥ Ⅸ

本标准中规定地震动峰值加速度系数在0.05~0.4范围内地区的公路工程,应进行抗震设计;对地震动峰值加速度系数大于或等于0.40地区的公路工程,应进行专门的抗震研究和设计。这是总结了我国云南、四川、山东、广东、江苏、辽宁等地的部分震害调查资料,并结合国家的抗震防灾的基本要求提出的,与《标准》97版一致。从多年来的应用情况看,一般条件下,公路工程能够经受住地震动峰值加速度系数为0.05的地震的影响。简支梁桥等桥梁结构可通过一些简单的抗震措施(如防止落梁措施等)提高抗震设防能力。

对于地震动峰值加速度系数小于或等于0.05的地区,除有特别规定以外,可不进行专门的抗震设计,而采用简易设防。

<h3 style="text-align:center">第3.7.1条对照规范</h3>

➤《小交通量农村公路工程技术标准》(JTG 2111—2019)

3.6.2 抗震设计应符合下列规定:

1 地震动峰值加速度系数小于或等于0.05地区的公路工程,除有特殊要求外,可简易设防。

2 地震动峰值加速度系数大于0.05、小于0.4地区的公路工程,应进行抗震设计。

3 地震动峰值加速度系数大于或等于0.4地区的公路工程,应进行专门的抗震设计。

4 做过地震小区划的地区,公路工程建设应按主管部门审批的地震动峰值加速度系数进行抗震设计。

➤《公路工程抗震规范》(JTG B02—2013)

1.0.3 公路工程构筑物应进行抗震设计。不需要进行专门工程场地地震安全性评价的公路工程构筑物,应根据现行《中国地震动参数区划图》(GB 18306)规定的地震动参数进行抗震设防。地震动峰值加速度大于或等于$0.40g$地区的公路工程构筑物的抗震设计应专门研究。

3.1.4 桥梁抗震措施设防烈度应按表3.1.4确定。

表 3.1.4　桥梁抗震措施设防烈度

地震基本烈度		6	7		8		9
对应设计基本地震动峰值加速度		≥0.05g	0.10g	0.15g	0.20g	0.30g	≥0.40g
桥梁类别	A 类	7	8	8	9	更高,专门研究	
	B 类	7	8	8	9	9	≥9
	C 类	6	7	7	8	8	9
	D 类	6	7	7	8	8	9

3.5.1　设计基本地震动峰值加速度大于或等于 0.10g 地区的 B 类和 C 类桥梁,应按 E1 地震作用进行弹性抗震设计计算,按 E2 地震作用进行延性抗震设计计算,并应采取相关抗震措施。

3.5.2　设计基本地震动峰值加速度大于或等于 0.10g 地区的 D 类桥梁,应按 E1 地震作用进行弹性抗震设计计算,并宜采取相关抗震措施。

3.5.3　A 类桥梁应在专门研究的基础上,按照本规范的抗震设防规定进行抗震设计。

3.5.4　设计基本地震动峰值加速度大于或等于 0.10g 地区的其他公路工程构筑物,宜按地震基本动峰值加速度进行弹性抗震设计计算,并宜采取相关抗震措施。

3.5.5　设计基本地震动峰值加速度小于 0.10g 地区的 B 类、C 类、D 类桥梁和其他公路工程构筑物,可仅根据抗震措施要求进行抗震设计,不进行抗震设计计算。

➢《公路隧道抗震设计规范》(JTG 2232—2019)

1.0.4　已进行专门的工程场地地震安全性评价的公路隧道,应按经审定的报告所确定的地震动参数和抗震设防烈度进行抗震设防;没有进行工程场地地震安全性评价的公路隧道,应根据现行《中国地震动参数区划图》(GB 18306)规定的地震动参数进行抗震设防。

1.0.5　抗震设防烈度大于Ⅸ度地区或有特殊要求的隧道,其抗震设计应作专门研究,并按有关规定执行。

3.1.1　隧道应根据公路等级及隧道重要性按表 3.1.1 进行抗震设防分类。对经济、国防具有重要意义,或有利于抗震救灾确保生命线畅通的隧道,宜适当提高抗震设防类别。

表3.1.1 隧道抗震设防分类

抗震设防类别	适 用 范 围
A	穿越江、河、湖、海等水域,技术复杂、修复困难的水下隧道
B	1. 高速公路、一级公路隧道 2. 三车道、四车道隧道 3. 连拱隧道、明洞和棚洞 4. 地下风机房
C	1. 二级、三级公路隧道 2. 通风斜井、竖井及风道、平行导洞
D	1. 四级公路隧道 2. 附属洞室

3.1.2 隧道结构的抗震性能要求应根据设防目标分成下列三个等级:

    1 性能要求1:地震后衬砌结构应力低于弹性极限,处于弹性状态;结构无破坏,结构物功能保持震前状态。

    2 性能要求2:地震后衬砌结构应力超过弹性极限,但在屈服强度以内,结构处于弹性向弹塑性过渡状态;结构局部轻微损伤,不需要维修或简单加固后可继续使用。

    3 性能要求3:地震后衬砌结构应力超过屈服强度,未达到结构最大承载力,结构处于弹塑性状态、未失稳;结构产生损伤破坏,但不应出现局部或整体坍塌,通过修复和加固可以恢复结构物功能。

3.1.3 A类、B类和C类隧道宜采用两水准抗震设防,D类隧道宜采用一水准抗震设防。各类隧道的抗震设防目标应符合表3.1.3的规定。

表3.1.3 各类隧道的抗震设防目标

抗震设防类别	设 防 目 标	
	E1 地震作用	E2 地震作用
A、B	性能要求1	性能要求2
C	性能要求1	性能要求3
D	性能要求1	—

3.1.4 各类隧道的抗震设防措施应按表3.1.4确定。

表3.1.4 各类隧道的抗震设防措施等级

抗震设防类别	地震基本烈度					
	Ⅵ	Ⅶ		Ⅷ		Ⅸ
	0.05g	0.10g	0.15g	0.20g	0.30g	0.40g
A	二级	三级		四级		更高,专门研究
B			三级		四级	
C、D	一级	二级			三级	四级

3.2.3 需要根据基本地震动峰值加速度确定相应的抗震设防烈度时,应将其换算为Ⅱ类场地基本地震动峰值加速度,并按表3.2.3确定。

表3.2.3 地震动峰值加速度与抗震设防烈度的对应关系

地震动峰值加速度分区值(g)	0.05	0.10	0.15	0.20	0.30	0.40
Ⅱ类场地基本地震动峰值加速度(g)	[0.04,0.09)	[0.09,0.14)	[0.14,0.19)	[0.19,0.28)	[0.28,0.38)	[0.38,0.75)
抗震设防烈度	Ⅵ	Ⅶ		Ⅷ		Ⅸ

3.3.1 隧道抗震应按下列三类方法进行设计:

1　1类:应进行E1地震作用和E2地震作用下的抗震分析和抗震验算,并应满足抗震措施要求。

2　2类:应进行E1地震作用下的抗震分析和抗震验算,并应满足抗震措施要求。

3　3类:应满足抗震措施要求,可不进行抗震分析和抗震验算。

3.3.2 根据隧道抗震设防分类及抗震设防水平,隧道抗震设计方法宜按表3.3.2选用。

表3.3.2 隧道抗震设计方法

抗震设防类别	设防水平					
	Ⅵ	Ⅶ		Ⅷ		Ⅸ
	0.05g	0.10g	0.15g	0.20g	0.30g	0.40g
A	2类	1类	1类	1类	1类	1类
B	3类	3类	2类	2类	1类	1类
C	3类	3类	3类	2类	2类	1类
D	3类	3类	3类	3类	2类	2类

3.3.3 抗震设计应遵循下列工作流程：

1 根据本规范第3.1.1条确定隧道的抗震设防类别。

2 根据本规范第3.1.3条确定隧道的抗震设防目标及其抗震性能要求。

3 根据隧道的抗震设防类别、抗震性能要求和本规范第3.3.2条等，确定抗震设计内容和抗震设计方法，包括抗震分析与抗震验算、抗震措施设计等。

4 根据现行《中国地震动参数区划图》(GB 18306)或专门的场地地震安全性评价结果，确定隧道的E1地震作用和E2地震作用。

5 隧道抗震设计宜按图3.3.3所示流程进行。

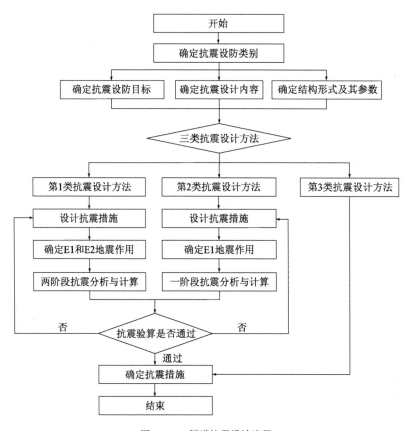

图3.3.3 隧道抗震设计流程

4 路线

4.0.1 一般规定

1 确定路线走廊带应考虑走廊带内各种运输体系及不同层次路网间的分工与配合,据以统筹规划、近远期结合、合理布局,充分发挥和提高公路总体综合效益。

2 公路选线必须由面到带、由带到线,在对地形地貌、地质水文、气候气象、自然保护区等调查与勘察的基础上论证、确定路线方案。

3 路线线位应考虑同农田与水利建设、城市规划的配合,尽可能避让不可移动文物、水源与自然保护区,保护环境且同当地景观相协调。

4 各级公路应做好总体设计,正确处理公路与相关路网、交通节点的关系,合理设置各类出入口、交叉和构造物。各类构造物的选型与布置应合理、实用、经济。

5 路线设计应根据公路功能、技术等级和地形等条件,恰当选取设计速度,合理确定公路断面布置形式,正确运用各类技术指标,注意平纵线形组合、保持线形连续均衡,在确保行驶安全性的前提下,满足舒适、环保与经济等要求。

条文说明

本次修订除对公路路线设计思想、技术方针等做出指导、原则性规定外,主要对影响公路工程技术标准和建设规模的控制性指标进行了规定,其他详细技术指标均移至相关设计规范。其中控制性指标主要是指满足公路基本功能需要和保证公路交通安全的低限指标。

1 当前,我国各层次公路网和综合交通运输体系已具相当规模,本次修订强调在公路项目尤其是高速公路项目建设前期,应加强对项目区域各级路网和综合运输体系的研究,科学分析拟建项目在综合运输体系和规划路网中的功能、作用,并合理处理与其他交通方式的衔接与分工。

2 在公路建设中,经常会遇到滑坡、泥石流、崩塌、溶洞、采空区或软基等不良地质问题,因之必须在勘察设计阶段做好地质灾害评价,加大对不良地质地段的调查与勘察工作的力度,并在此基础上论证路线通过的合理方案以及应采取的工程措施,避免造成地质病害。

3 根据《农业法》及《基本农田保护条例》,国家实行基本农田保护制度。各县级和乡镇土地利用总体规划应当确定基本农田保护区。当国家能源、交通、水利、军事设施等重点建设项目确实无法避开基本农田保护区时,必须依法办理相关征用手续。

根据《城市规划法》,国家规定大、中、小城市是分别以"市区和近郊非农业人口"50万以上、20万~50万和不满20万划定的。规定新建的过境公路应当避开市区;在城市规划区内的建设工程必须符合城市规划。

土地利用是一个非常重要也是个非常敏感的问题,是可持续发展战略的重要方面;早期修建的公路其沿线的街道化情况十分严重,这些路段已变成了交通堵塞的"瓶颈"地段。随着经济的发展和公路运输事业需求的增加,在新建公路工程项目时必须做好这方面的协调工作。因此,本标准中明确规定:在确定公路路线线位时应考虑同农田与水利建设、城市规划的配合。

我国历史悠久,历史文物是我国的宝贵财富,应该认真地进行保护。根据《文物保护法》,古文化遗址、古墓葬、古建筑、石窟寺、石刻、壁画、近代现代重要史迹和代表性建筑等为"不可移动文物",国家根据它们的历史、艺术、科学价值等分别定为全国重点、省级和县级文物保护单位。建设工程应当尽可能避开不可移动文物,因特殊情况不能避开的,对文物保护单位应当尽可能实施原址保护。因而,本标准明确地规定应"尽可能避让不可移动文物"。

4 本次修订强调各级公路均应做好总体设计。总体设计应重点从发挥公路网和本项目功能的角度出发,正确处理好公路与相关路网、交通节点的关系,合理设置各类出入口、交叉和构造物,做到各类构造物选型与布置合理、实用、经济。

5 本次修订提出公路建设技术标准选用的总体原则,即:依据路网规划和公路功能确定公路技术标准和等级;根据公路的功能和地形条件确定设计速度;根据公路功能、交通量和地形条件确定车道数和横断面形式。

第4.0.1条对照规范

> 《小交通量农村公路工程技术标准》(JTG 2111—2019)

3.6.1 四级公路(Ⅰ类)、四级公路(Ⅱ类)灾害防治应遵循预防为主、防治结合的原则。公路线位不宜设在泥石流、滑坡、崩塌、地面沉降、塌陷、地震断裂活动带等自然灾害易发区;当不能避开时,应采取综合处治措施。

4.0.1 路线设计应符合下列规定:

1 选线应结合区域环境、地质、水文条件,合理利用地形,满足使用功能,保证安全。

2 应综合考虑平、纵、横要素,整体均衡,并注重与环境和自然景观的协调。

3 大桥及中长隧道应为路线走向控制点,中小桥、短隧道及一般构造物的设置应服从路线走向。

4 圆曲线半径较小或纵坡较大的路段,应设置速度控制设施。

> 《公路路线设计规范》(JTG D20—2017)

1.0.5 公路设计应根据公路功能、使用任务及其在公路网中的作用,综合考虑铁路、水路、航空、管道等多种运输方式,以及公路同城镇、农田规划的关系,贯彻综合交通发展要求,合理论证并确定路线走向、走廊带。

1.0.6 路线方案应在所选定走廊带与主要控制点的基础上,进行布局和总体设计,合理运用技术指标。应对可行的路线方案进行比选,确定设计方案。当采用不同的设计速度、技术指标或设计方案对运营安全、工程造价、自然环境、社会经济效益等有明显影响时,应进行同等深度的技术经济论证。

1.0.7 路线线位应根据地形、地物条件,对工程地质、水文地质、气象条件、自然灾害、筑路材料、生态环境、自然景观等进行充分调查,结合沿线区域气候特征研究选定,并选择主要平、纵技术指标。

4.3.1 应根据公路网规划和公路功能,综合考虑路线走廊带范围的铁路、水路、航空、管道等综合交通运输体系的布局与规划,城市、工矿企业的现状与发展规划,自然资源开发利用状况等,研究确定路线起终点、主要控制点、路线长度、交叉数量、管理与服务设施配置等,确定建设规模。

4.3.7 路线方案应由面到带、由带到线考虑各类影响因素,通过综合论证确定,并应符合下列要求:

1 应查明沿线地质、水文情况,重大自然灾害、地质病害的分布、范围、状态及其对工程的影响程度。对路线方案选择有重大影响的地质灾害,应进行综合评估,并对绕避、穿越及处治方案进行比选论证。

2 应研究特大桥、特长隧道等布置方案对路线走廊带及线位布局的影响,并进行方案比选论证。一般桥梁和隧道,其布设宜服从路线总体走向和几何线形设计等要求。

3 对于公路路基高填深挖的路段,应进行高填路基与桥梁、深挖路堑与隧道方案的综合比选论证。

4.4.2 应加强路线走廊带、路线方案的综合比选,将土地压占、矿产压覆等资源占用和高边坡开挖、压占河道等环境影响作为方案选择的重要指标,优先选择资源占用少、环境影响小的方案。

5.0.4 公路选线应遵循下列原则:

1 确定路线走廊带应考虑走廊带内各种运输体系及不同层次路网间的分工与配合,按照其功能统筹规划,近远期结合,合理布局。

2 必须由面到带、由带到线,在对地形地貌、地质水文、气候气象、环境敏感区等调查与勘察的基础上论证、确定路线方案。同一起、终点的路段内有多个可行路线方案时,应对各设计方案进行综合比选。

3 应考虑同农田与水利建设、矿产资源开发和城市发展等规划的配合。

4 应充分利用建设用地,严格保护农用耕地;应保护生态环境,并同当地景观相协调。

5 应尽可能避让不可移动文物、水源地和自然保护区。

6 应保持与易燃、易爆等危险源及污染源间的安全距离。

7 公路改扩建工程应注重节约资源,坚持利用与改扩建相结合的原则,合理、充分利用原有工程。

9.1.1 公路线形设计应做好平面、纵断面、横断面三者间的组合,并同自然环境相协调。

9.1.2 线形设计除应符合行驶力学要求外,尚应考虑用路者的视觉、心理与生理方面的要求,提高汽车行驶的安全性、舒适性与经济性。

9.1.3 线形设计的要求与内容应随公路功能和设计速度的不同而各有侧重,并应符合下列要求:

  1 高速公路和承担干线功能的一级、二级公路,应注重立体线形设计,做到线形连续、指标均衡、视觉良好、景观协调、安全舒适。设计速度愈高,线形设计组合所考虑的因素应愈周全。

  2 承担集散功能的一级、二级公路,应根据混合交通情况确定公路横断面布置设计,并注重路线交叉等处的线形设计组合,保障通视良好,行驶通畅、安全。

  3 设计速度小于或等于40km/h的双车道公路,在保证行驶安全的前提下,应正确地运用线形要素的规定值,合理地组合各线形要素,或采取设置相应交通工程设施等技术措施,充分发挥投资效益。

  4 遵循以设计路段确定公路技术等级、设计速度的原则,其设计路段的长度不宜过短,且线形技术指标应保持相对均衡。

  5 不同设计路段相衔接处前后的平、纵、横技术指标,应随设计速度由高向低(或反之)而逐渐由大向小(或反之)变化,使行驶速度自然过渡。相衔接处附近不宜采用该路段设计速度的最小或最大平、纵技术指标值。

9.1.4 路线交叉前后的线形应选用较高的平、纵技术指标,使之具有较好的通视条件。

9.1.5 各级公路均应采用运行速度方法,对平、纵线形组合设计、技术指标的协调性和一致性、视距以及路线视觉连续性等进行检验,依此优化线形设计、调整技术指标、完善交通工程与安全设施。

➤《公路工程项目建设用地指标》(交通运输部2011年)

2.3.2 路线设计应将占用土地数量作为重要因素纳入路线方案比选,充分利用荒山、荒坡地、废弃地、劣质地布线,最大限度减少占地,特别是耕地。

2.3.3 路线设计应合理选用平、纵、横技术指标,特别是直接影响占地的车道数、中间带和硬路肩(紧急停车带)宽度等,避免片面追求高标准。

JTG B01—2014

4.0.2 车道宽度应符合表4.0.2的规定,并应符合下列规定:

表4.0.2 车道宽度

设计速度(km/h)	120	100	80	60	40	30	20
车道宽度(m)	3.75	3.75	3.75	3.50	3.50	3.25	3.00

1 八车道及以上公路在内侧车道(内侧第1、2车道)仅限小客车通行时,其车道宽度可采用3.5m。

2 以通行中、小型客运车辆为主且设计速度为80km/h及以上的公路,经论证车道宽度可采用3.5m。

3 四级公路采用单车道时,车道宽度应采用3.5m。

4 设置慢车道的二级公路,慢车道宽度应采用3.5m。

5 需要设置非机动车道和人行道的公路,非机动车道和人行道等的宽度,宜视实际情况确定。

条文说明

车道是指专为纵向排列、安全顺适地通行车辆为目的而设置的公路带状部分。所谓车道宽度是为了保障车辆安全、顺适通行而研究确定的车道几何宽度(值)。

车道宽度是根据设计车辆的最大宽度,加上错车、超车所必需的余宽确定的。车道宽度应该满足设计车辆正常安全行驶的需要。对于双车道公路,车道宽度应满足错车、超车行驶所必需的余宽。对于四车道及以上公路,车道宽度应满足车辆并列行驶所需的宽度。

车道宽度与公路设计速度相关,速度越高则需要的宽度越大(主要是需要的侧向余宽越大)。据调查,世界各国相同设计速度的车道宽度基本是一致的。对于高速公路,日本等少数国家的车道宽度略窄于我国高速公路的宽度(3.75m)。考虑到我国高速公路货运车辆占比高、车型复杂等实际情况,本标准规定我国高速公路车道宽度仍采用3.75m。

1 根据国内目前已建成的八车道高速公路实际通行管理实践,在采用分车道、分车型通行管理方式时,内侧车道(内侧第1和2车道)仅限小型车辆通行,此时内侧车道宽度可采用3.5m。

2 以中、小型客运车辆为主的公路,如机场专用公路等,其车道宽度可论证采用3.5m。

4 二级公路因非汽车交通需求较大而设置慢车道时,慢车道宽度应采用3.5m。

第4.0.2条对照规范

▶《小交通量农村公路工程技术标准》(JTG 2111—2019)

4.0.2 车道宽度和路肩宽度应符合表4.0.2的规定。对需要设置安全设施的路段,路肩宽度尚应满足安全设施设置所需的宽度。

表4.0.2 车道宽度及路肩宽度

公路等级	四级公路(Ⅰ类)	四级公路(Ⅱ类)
车道数	2	1
车道宽度(m)	3.0	3.5
路肩宽度(m)	0.25	0.50

▶《公路路线设计规范》(JTG D20—2017)

6.2.1 车道宽度应符合表6.2.1的规定,并应符合下列规定:

表6.2.1 车道宽度

设计速度(km/h)	120	100	80	60	40	30	20
车道宽度(m)	3.75	3.75	3.75	3.50	3.50	3.25	3.00

1 八车道及以上公路在内侧车道(内侧第1、2车道)仅限小客车通行时,其车道宽度可采用3.5m。

2 以通行中、小型客运车辆为主且设计速度为80km/h及以上的公路,经论证车道宽度可采用3.5m。

3 四级公路采用单车道时,车道宽度应采用3.5m。

4 设置慢车道的二级公路,慢车道宽度应采用3.5m。

5 需要设置非机动车道和人行道的公路,非机动车道和人行道等的宽度,宜视实际情况确定。

JTG B01—2014

4.0.3 各级公路车道数应符合表4.0.3的规定。高速公路和一级公路各路段车道数应根据设计交通量、设计通行能力确定,当车道数为双车道以上时应按双数增加。

表 4.0.3　各级公路车道数

公路等级	高速、一级公路	二级公路	三级公路	四级公路
车道数	≥4	2	2	2(1)

注：四级公路应采用双车道，交通量小或困难路段可采用单车道。

条文说明

（1）高速公路和一级公路的车道数应依据其交通量和设计通行能力确定。高速公路和一级公路的车道数不应少于四条，增加车道数时，应两侧对称增加。

（2）二、三级公路应采用双向双车道；四级公路应主要采用双向双车道，交通量小或困难路段可采用单车道。

第 4.0.3 条对照规范

➤《公路路线设计规范》(JTG D20—2017)

6.2.2　各级公路的基本车道数应符合表 6.2.2 的规定，并应符合下列规定：

表 6.2.2　各级公路的基本车道数

公路技术等级	高速公路、一级公路	二级公路	三级公路	四级公路
车道数（条）	≥4	2	2	2(1)

1　高速公路和一级公路各路段车道数应根据设计交通量、设计通行能力确定，且应不小于四车道。当车道数增加时，应按双数、两侧对称增加。

2　二级公路、三级公路应为双车道。

3　四级公路一般路段应采用双车道，交通量小或工程特别艰巨的路段可采用单车道。

JTG B01—2014

4.0.4　高速公路和一级公路整体式断面必须设置中间带。中间带由中央分隔带和两条左侧路缘带组成。

1　高速公路和作为干线的一级公路，中央分隔带宽度应根据公路项目中央分隔带功能确定。

2　作为集散的一级公路，中央分隔带宽度应根据中间隔离设施的宽度确定。

3 左侧路缘带宽度不应小于表4.0.4的规定。设计速度为120km/h、100km/h，受地形、地物限制的路段或多车道公路内侧车道仅限小型车辆通行的路段，左侧路缘带可论证采用0.50m。

表4.0.4 左侧路缘带宽度

设计速度(km/h)	120	100	80	60
左侧路缘带宽度(m)	0.75	0.75	0.50	0.50

条文说明

多车道公路的中间带和中央分隔带，在构造上起到分隔对向交通的作用，对提高高速行车安全性和发挥公路项目的功能具有关键性作用。本标准规定，高速公路、一级公路整体式断面必须设置中间带。中间带由中央分隔带和两条左侧路缘带组成，中央分隔带的两侧设置左侧路缘带。中央分隔带由防护设施和两侧对应的余宽C组成。

左侧路缘带和余宽C提供了安全行车所必需的侧向余宽，并能引导驾驶员的视线。侧向余宽是公路通行车辆在高速行车时，行车道两侧需要预留的一定的富余宽度，即车道边线到障碍物之间距离。具体如图4-1所示。

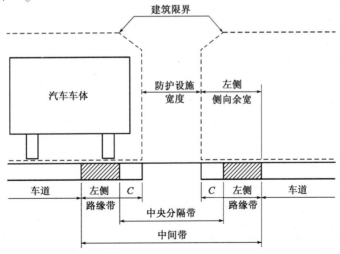

图4-1 中间带示意图

《标准》03版对高速公路和一级公路的中央分隔带的宽度做出了具体的规定,包括一般条件下应采用的"一般值"和条件受限路段可采用的"最小值"。本次标准修订全国调研发现,对中央分隔带宽度指标取用存在较大争议,既有反映原"一般值"过宽的,也有反映"最小值"不足的。其根源在于对中央分隔带功能定位的不同和项目区域建设条件的差异。如早期高速公路多在中央分隔带内考虑预埋通信管线、绿化等需要,后期有项目则主要考虑设置护栏和防眩设施等功能需要。另外,随着新型护栏等设施的不断发展,能够满足中央分隔带基本分隔和安全防护功能的最小宽度指标也逐渐缩减。

本次修订不再指定出中央分隔带宽度推荐值,但强调:中央分隔带宽度应从对向隔离、安全防护的主要功能出发,综合考虑中央分隔带护栏的防护形式和防护能力确定。

1 在高速公路、作为干线的一级公路整体式断面的中央分隔带护栏形式选择和宽度确定时,应着重考虑护栏的防护功能需要,选择可有效防止车辆失控冲过中央分隔带的护栏形式及对应的中央分隔带宽度。

2 对于承担集散功能的一级公路,中央分隔带宽度应根据中间物理隔离措施的宽度确定。这里的中间物理隔离措施是指可不具备安全防护功能、仅具有物理隔离功能的护栏等措施。

3 本次修订,规定多车道公路如通过管理措施,内侧车道仅限于小型车辆通行时,左侧路缘带经论证可采用0.50m。

高速公路、一级公路的一般路基路段和中、小型桥梁构造物路段,通常应尽量避免因采用不同的中央分隔带宽度引起公路线形和车辆行驶轨迹的频繁变化。对于路基与整体式结构的桥梁路段,在采用不同的中央分隔带(宽度)前后,均应设置必要的过渡段,以保持行车轨迹的连续性。

第4.0.4条对照规范

➢ 《公路路线设计规范》(JTG D20—2017)

6.3.1 高速公路、一级公路整体式路基断面必须设置中间带,中间带由两条左侧

路缘带和中央分隔带组成,并应符合下列规定:

1 高速公路和作为干线的一级公路,中央分隔带宽度应根据公路项目中央分隔带功能确定。

2 作为集散的一级公路,中央分隔带宽度应根据中间隔离设施的宽度确定。

3 左侧路缘带宽度不应小于表6.3.1的规定。

表6.3.1 左侧路缘带宽度

设计速度(km/h)		120	100	80	60
左侧路缘带宽度(m)	一般值	0.75	0.75	0.50	0.50
	最小值	0.50	0.50	0.50	0.50

注:1. "一般值"为正常情况下的采用值。
   2. 设计速度为120km/h、100km/h时,受地形、地物限制的路段或多车道公路内侧仅限小型车辆通行的路段,可论证采用"最小值"。

JTG B01—2014

4.0.5 路肩宽度应符合表4.0.5-1的规定,并应符合下列规定:

1 高速公路和一级公路应在右侧硬路肩宽度内设右侧路缘带,其宽度为0.50m。

2 高速公路和一级公路采用分离式断面时,应设置左侧硬路肩,其宽度不应小于表4.0.5-2的规定值。左侧硬路肩宽度包含左侧路缘带宽度。

3 八车道及以上高速公路宜设置左侧硬路肩,其宽度应不小于2.5m。左侧硬路肩宽度包含左侧路缘带宽度。

表4.0.5-1 路肩宽度

公路等级(功能)		高速公路			一级公路(干线功能)	
设计速度(km/h)		120	100	80	100	80
右侧硬路肩宽度(m)	一般值	3.00 (2.50)	3.00 (2.50)	3.00 (2.50)	3.00 (2.50)	3.00 (2.50)
	最小值	1.50	1.50	1.50	1.50	1.50
土路肩宽度(m)	一般值	0.75	0.75	0.75	0.75	0.75
	最小值	0.75	0.75	0.75	0.75	0.75

续上表

公路等级(功能)		一级公路(集散功能)和二级公路		三级公路、四级公路		
设计速度(km/h)		80	60	40	30	20
右侧硬路肩宽度(m)	一般值	1.50	0.75	—	—	—
	最小值	0.75	0.25			
土路肩宽度(m)	一般值	0.75	0.75	0.75	0.50	0.25（双车道）0.50（单车道）
	最小值	0.50	0.50			

注：1. 正常情况下，应采用"一般值"；在设爬坡车道、变速车道及超车道路段，受地形、地物等条件限制路段及多车道公路特大桥，可论证采用"最小值"。
2. 高速公路和作为干线的一级公路以通行小客车为主时，右侧硬路肩宽度可采用括号内数值。

表 4.0.5-2　分离式断面高速公路和一级公路左侧路肩宽度

设计速度(km/h)	120	100	80	60
左侧硬路肩宽度(m)	1.25	1.00	0.75	0.75
左侧土路肩宽度(m)	0.75	0.75	0.75	0.50

条文说明

公路路肩具有保护和支撑路面结构、提供行车道侧向余宽和侧向通视条件、为故障车辆提供临时停靠空间等功能。公路路肩分为硬路肩和土路肩两部分，其中土路肩还具有为各类护栏、标志牌提供设置空间的作用。

根据调查，我国公路货运车型向大型的5轴和6轴车型集中，而此类车型的基本宽度均为（甚至超过）2.50m。为满足大型货运车型临时故障停靠硬路肩的需要，并减少因其停车对相邻车道通行与安全的影响，本次修订高速公路和作为干线一级公路的右侧硬路肩的"一般值"为3.00m，"最小值"为1.50m，主要通行小客车时右侧硬路肩也可采用2.5m。并规定了承担集散功能的一级公路右侧硬路肩和二级公路右侧硬路肩宽度的"一般值"和"最小值"。总体上，公路路肩宽度主要依据项目功能、设计速度确定，条文中表4.0.5-1中的"最小值"是对应技术等级（项目功能）和设计速度条件下，满足行车安全需要和发挥路肩基本功能的最小宽度值。

对于高速公路和一级公路分离式断面,应设置左侧硬路肩,左侧硬路肩内包含左侧路缘带。表4.0.5-2的规定值为满足行车安全需要和发挥路肩基本功能的最小宽度值。

在双向八车道及以上多车道高速公路中,左侧硬路肩可满足内侧车道上的事故车辆临时停车需要,对于保证公路通行能力和行车安全具有实际作用。考虑到我国八车道以上多车道高速公路实践较少,且已建成的八车道高速公路均未设置左侧硬路肩等情况,本次修订规定:八车道及以上的多车道高速公路,有条件时应设置左侧硬路肩。由于多车道高速公路内侧车道上行驶的车辆以小型车为主,要求左侧硬路肩的宽度不应小于2.50m。

第4.0.5条对照规范

▷《公路路线设计规范》(JTG D20—2017)

6.4.1 各级公路右侧路肩宽度应符合表6.4.1的规定,并应符合下列规定:

表6.4.1 右侧路肩宽度

公路技术等级(功能)		高速公路			一级公路(干线功能)	
设计速度(km/h)		120	100	80	100	80
右侧硬路肩宽度(m)	一般值	3.00(2.50)	3.00(2.50)	3.00(2.50)	3.00(2.50)	3.00(2.50)
	最小值	1.50	1.50	1.50	1.50	1.50
土路肩宽度(m)	一般值	0.75	0.75	0.75	0.75	0.75
	最小值	0.75	0.75	0.75	0.75	0.75

公路技术等级(功能)		一级公路(集散功能)和二级公路		三级公路、四级公路		
设计速度(km/h)		80	60	40	30	20
右侧硬路肩宽度(m)	一般值	1.50	0.75	—	—	—
	最小值	0.75	0.25			
土路肩宽度(m)	一般值	0.75	0.75	0.75	0.50	0.25(双车道)
	最小值	0.50	0.50			0.50(单车道)

注:1. 正常情况下,应采用"一般值";在设爬坡车道、变速车道及超车道路段,受地形、地物等条件限制路段及多车道公路特大桥,可论证采用"最小值"。
2. 高速公路和作为干线的一级公路以通行小客车为主时,右侧硬路肩宽度可采用括号内数值。
3. 高速公路局部设计速度采用60km/h的路段,右侧硬路肩宽度不应小于1.5m。

1　高速公路、一级公路应在右侧硬路肩宽度内设右侧路缘带,其宽度为0.50m。

2　二级公路的硬路肩可供非汽车交通使用。非汽车交通量较大的路段,可采用全铺的方式,以充分利用。

3　二级公路、三级公路、四级公路在路肩上设置的标志、防护设施等不得侵入公路建筑限界,必要时应加宽路肩。

6.4.2　高速公路、一级公路的左侧路肩应符合下列规定:

1　高速公路、一级公路的分离式路基,应设置左侧路肩,其宽度规定如表6.4.2所示。左侧硬路肩内含左侧路缘带,左侧路缘带宽度为0.50m。

表6.4.2　高速公路、一级公路分离式路基的左侧路肩宽度

设计速度(km/h)	120	100	80	60
左侧硬路肩宽度(m)	1.25	1.00	0.75	0.75
左侧土路肩宽度(m)	0.75	0.75	0.75	0.50

2　高速公路整体式路基双向八车道及以上路段,宜设置左侧硬路肩,其宽度应不小于2.5m。

3　高速公路分离式路基单幅同向四车道及以上的路段,左侧硬路肩宽度不宜小于2.5m。

JTG B01—2014

4.0.6　高速公路和作为干线的一级公路右侧硬路肩宽度小于2.50m时,应设置紧急停车带。紧急停车带宽度应为3.50m,有效长度不应小于40m,间距不宜大于500m。

条文说明

为满足故障车辆临时停靠的需要,本标准要求在高速公路和作为干线的一级公路右侧硬路肩宽度小于2.50m时,应设置紧急停车带。紧急停车带应与车道平行、在车道外侧设置,为方便车辆驶入,且其两端需要设置一定长度的过渡段。紧急停车带宽度内一般包含硬路肩的宽度。

第4.0.6条对照规范

➤ 《公路路线设计规范》(JTG D20—2017)

6.4.3　紧急停车带的设置应符合下列规定:

1 高速公路和作为干线的一级公路的右侧硬路肩宽度小于2.50m时,应设紧急停车带。紧急停车带宽度应不小于3.50m,有效长度不应小于40m,间距不宜大于500m,并应在其前后设置不短于70m的过渡段。

2 高速公路、一级公路的特大桥、特长隧道,根据需要可设置紧急停车带,其间距不宜大于750m。

3 二级公路根据需要可设置紧急停车带,其间距宜按实际情况确定。

~~ JTG B01—2014 ~~

4.0.7 互通式立体交叉、服务区、停车区、客运汽车停靠站、管理设施等的出入口处,高速公路、一级公路应设置加(减)速车道,二级公路应设置过渡段。

条文说明

由于加(减)速车道分别在不同的地点使用,有不同的特点和要求,本标准对加减速车道仅作一般性规定。

二级公路在条文中述及的各类设施出入口处应设置必要的过渡段,以满足车辆提前驶离车道、安全减速进入的需求。

第4.0.7条对照规范

▶《公路路线设计规范》(JTG D20—2017)

6.2.4 加速车道、减速车道的设置应符合下列规定:

1 高速公路、一级公路的互通式立体交叉、服务区、停车区、客运汽车停靠站、管理与养护设施、观景台等与主线相衔接处,应设置加速车道和减速车道。加、减速车道宽度应为3.5m。

2 二级公路在服务区、停车区、客运汽车停靠站、管理与养护设施、加油站、观景台等的各类出入口处,应设置过渡段。

~~ JTG B01—2014 ~~

4.0.8 高速公路、一级公路以及二级公路的连续上坡路段,当通行能力、运行安全受到影响时,应设置爬坡车道。爬坡车道宽度不应小于3.50m。六车道以上的高速公路,可不设置爬坡车道。

条文说明

实际应用中,应对路段内大型车的爬坡性能和混入率对通行能力及大、小车型速度差等的影响进行分析,以确定是否设置爬坡车道。爬坡车道宽度内不包含右侧硬路肩的宽度。

六车道及以上的公路一般采用分车道行驶,外侧车道行驶的载重汽车对公路整体的通行能力、服务水平影响较小,可不设置爬坡车道。

第4.0.8条对照规范

➢ **《公路路线设计规范》(JTG D20—2017)**

6.2.3 爬坡车道的设置应符合下列规定:

1 高速公路、一级公路以及二级公路在连续上坡路段设置爬坡车道时,其宽度不应小于3.5m,且不大于4.0m。六车道及以上的高速公路、一级公路可不设爬坡车道。

2 高速公路、一级公路的爬坡车道应紧靠车道的外侧设置。条件受限时,爬坡车道路段右侧硬路肩宽度应不小于0.75m。

3 二级公路的爬坡车道应紧靠车道的外侧设置,可利用硬路肩宽度。当需保留原来供非汽车交通行驶的硬路肩时,该部分应移至爬坡车道的外侧。

∼ JTG B01—2014 ∽

4.0.9 连续长、陡下坡路段,应结合交通安全评价论证设置避险车道。

条文说明

本标准要求在连续长、陡下坡路段,为便于制动失效车辆撤离行车道,应结合交通安全评价,论证是否需要设置避险车道以及避险车道的设置位置。

避险车道的设置位置应与主线保持恰当的驶离角度,并应修建在失控车辆不能安全转弯的主线弯道之前以及修建在坡底人口稠密区之前。

第4.0.9条对照规范

➢ **《公路路线设计规范》**（JTG D20—2017）

6.2.6 连续长、陡下坡路段,应结合交通安全性评价论证设置避险车道。避险车道应设置在长、陡下坡路段的右侧视距良好的适当位置,其宽度不应小于4.50m。有条件时,宜在避险车道右侧平行设置救援车道。

JTG B01—2014

4.0.10 二级公路货车比例较高时,可根据需要局部增设超车道。超车道宽度应按相应路段的车道宽度确定。

条文说明

　　二级公路采用中间不分隔的对向行车方式,车辆需要占用对向车道进行超车。在交通量较大且货车比例较高时,由于货车运行速度较低,其后的车辆会出现大量的超车需求,使得利用对向车道进行超车难度增大,对行车安全不利。本条文规定对于货车比例较高的二级公路,可根据需要设置超车道。鉴于我国二级公路中设置超车道的实践较少,从安全角度,设置超车道的路段,需要对应增设必要的交通安全设施,加强交通组织管理。

JTG B01—2014

4.0.11 二级公路慢行车辆较多时,可根据需要采用加宽硬路肩的方式设置慢车道,并应增加必要的交通安全设施,加强交通组织管理。

条文说明

　　二级公路在慢行车辆交通量较大或街道化程度严重时,可论证采取加宽硬路肩的方式增设慢车道,通过划线分快、慢车道进行通行管理,以减少慢行车辆对车道内行驶车辆的纵、横向干扰,但这类公路仍属双车道范畴。考虑到增加慢车道后公路路基宽度增加,可能出现车辆通行速度提升等现象,从行车安全角度,应对应增加必要的交通安全设施,实施速度控制,加强交通组织管理。

JTG B01—2014

4.0.12 四级公路采用单车道时,应设置错车道。设置错车道路段的路基宽度不应小于双车道的路基宽度。

条文说明

四级公路采用单车道路基时,应设置错车道。错车道的间距应根据错车时间、视距、交通量等情况决定。国外有的规定最大错车时间为30s左右,其最大间距应不大于300m。本标准对设置间距未作硬性规定,可结合地形等情况,在适当距离内设置错车道。错车位置至少可以看到相邻两个错车道的情况。

第4.0.12条对照规范

➢《小交通量农村公路工程技术标准》(JTG 2111—2019)

4.0.3 单车道公路应设置错车道。错车道宜保持通视,每公里设置不宜少于3处;对于不通视路段,间距不宜大于200m。错车道路段尺寸宜符合表4.0.3的规定,平面布置如图4.0.3所示。

表4.0.3 错车道路段尺寸

公路等级	四级公路(Ⅱ类)
错车道行车道宽度(m)	6
错车道路肩宽度(m)	0.25
错车道有效长度(m)	10
每端错车道渐变段长度(m)	9

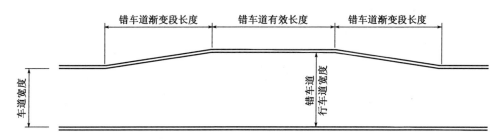

图4.0.3 错车道平面布置图

➤ **《公路路线设计规范》**（JTG D20—2017）

6.2.5 四级公路路基宽度采用单车道时,应在不大于300m的距离内选择有利地点设置错车道,并使驾驶者能看到相邻两错车道之间的车辆。设置错车道路段的路基宽度应不小于6.5m,有效长度应不小于20m。

JTG B01—2014

4.0.13 非机动车、行人密集公路和城市出入口的公路,可根据需要设置侧分隔带、非机动车道和人行道。

条文说明

  在城市出入口和城乡结合区域,公路两侧出现大量的非汽车交通,出现公路承担类似城市道路功能的实际需求。本条文规定对于城市出入口和城乡结合区域承担集散功能的一级公路和二级公路,可根据非汽车交通需求,参考城市道路设计规范论证设置侧分隔带、非机动车道和人行道。

JTG B01—2014

4.0.14 公路路基宽度为车道宽度与路肩宽度之和,当设有中间带、加(减)速车道、爬坡车道、紧急停车带、超车道、错车道、慢车道、侧分隔带、非机动车道、人行道等时,应计入这些部分的宽度。

条文说明

《标准》03版在规定路基断面各部分宽度的同时,对路基总宽度也做出规定。根据本次修订全国调研,这种"双控"规定容易引起理解和执行上的偏差,故本次修订改路基宽度"双控"为"单控"方式,即取消对路基总宽度的指标规定,只规定公路路基横断面中各部分宽度,包括发挥各部分基本功能和与行车安全性密切关联的"最小值"指标,以鼓励根据公路项目综合建设条件,因地制宜选用横断面布置形式和宽度。

同时强调,公路路基横断面中各组成部分宽度应以满足行车安全要求为前提,根据项目交通功能、各组成部分所具备功能、设计交通量以及沿线地形等建设和通行条件综合确定。在具体项目横断面形式选择时,尤其是在各类构造物与路基宽度变化路段,应首先保持与驾驶员安全行车密切相关的行车道、路缘带,包括侧向余宽的连续性。

由于一般公路项目设计和服务的交通量均为双向、等值的,因此,除局部单一方向设置的辅助车道、加(减)速车道、紧急停车带、避险车道、爬坡车道等外,一般公路路基横断面中各部分宽度上、下行方向应对称设置。

公路横断面布置形式一般分为整体式断面形式和分离式断面形式。图4-2为高速公路和一级公路整体式断面形式的示意图。图中,左侧为六车道断面形式,右侧为四车道断面形式。

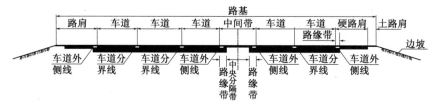

图4-2 高速公路、一级公路整体式断面形式示意图

高速公路和一级公路应根据地形、地貌等实际条件,因地制宜选用(或分段选用)整体式和分离式断面形式。在山岭、丘陵地段或地形受制约地段,采用整体式断面工程量过大时,宜采用分离式断面形式。在沙漠、戈壁和草原等地区,有条件时宜采用分离式断面形式或宽中央分隔带的整体式断面形式。图4-3为高速公路和一级公路分离式断面形式的示意图。

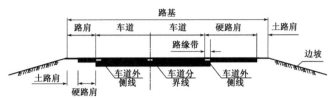

图4-3 高速公路、一级公路分离式断面形式示意图(右幅断面)

根据相关专题研究，多车道公路当双向车道数达到十条及以上时，不宜采用整体式断面，推荐采用内、外幅分离的复合式断面布置形式。图4-4和图4-5为高速公路复合式断面典型形式。

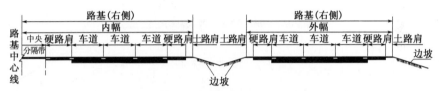

图4-4 高速公路复合式断面形式示意图(内、外幅路基分离)

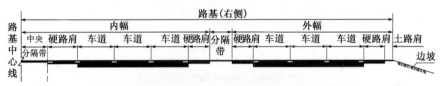

图4-5 高速公路复合式断面形式示意图(内、外幅整体式)

二、三、四级公路为典型的双车道公路(四级公路可能出现单车道的情况)，采用无分隔的双向混合交通组织方式，一般应采用整体式断面形式。图4-6为典型的双车道公路横断面形式。

图4-6 二、三、四级公路典型断面形式示意图

二级公路作为城乡接合部、混合交通量大的集散公路，可根据实际需要加宽右侧硬路肩设置慢车道。设置有慢车道的二级公路，应严格限制车辆运行速度，禁止车辆随意穿越，以避免车辆占用对向车道超车和车辆随意掉头等影响安全的现象。

第4.0.14条对照规范

➤《小交通量农村公路工程技术标准》(JTG 2111—2019)

4.0.4 路基宽度为行车道宽度与路肩宽度之和,典型横断面如图4.0.4-1和图4.0.4-2所示。

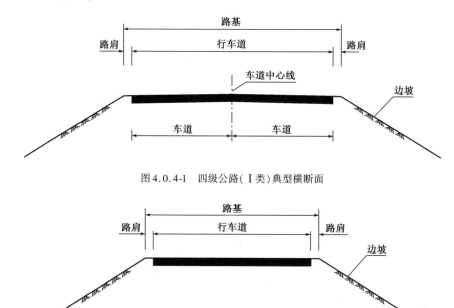

图4.0.4-1 四级公路(Ⅰ类)典型横断面

图4.0.4-2 四级公路(Ⅱ类)典型横断面

➤《公路路线设计规范》(JTG D20—2017)

6.1.3 公路路基横断面中各组成部分宽度应根据公路技术等级、交通量与交通组成、横断面各组成部分的功能综合确定,并应符合下列规定:

1 公路路基宽度为车道宽度与路肩宽度之和。当设有中间带、加(减)速车道、爬坡车道、紧急停车带、错车道、超车道、侧分隔带、非机动车道(或慢车道)和人行道等时,应包括上述部分的宽度。

2 非机动车、行人密集公路和城市出入口的公路,可根据需要设置侧分隔带、非机动车道和人行道。

3 一级公路在慢行车辆较多时,可利用右侧硬路肩(宽度不足时应加宽)设置慢车道,并应在车道与慢车道之间设置隔离设施。

4 二级公路在慢行车辆较多时,可根据需要采用加宽硬路肩的方式设置慢车道,并应增加必要的交通安全设施,加强交通组织管理。

JTG B01—2014

4.0.15 视距应符合下列规定:

1 高速公路、一级公路的停车视距应不小于表4.0.15-1的规定。

表4.0.15-1 高速公路、一级公路停车视距

设计速度(km/h)	120	100	80	60
停车视距(m)	210	160	110	75

2 二、三、四级公路的停车视距、会车视距与超车视距应不小于表4.0.15-2的规定。

表4.0.15-2 二、三、四级公路停车、会车与超车视距

设计速度(km/h)	80	60	40	30	20
停车视距(m)	110	75	40	30	20
会车视距(m)	220	150	80	60	40
超车视距(m)	550	350	200	150	100

3 互通式立交、服务区、停车区、客运汽车停靠站等各类出、入口应满足识别视距要求。

4 双车道公路应间隔设置满足超车视距的路段。

5 高速公路、一级公路以及大型车比例较高的二、三级公路,应采用货车停车视距对相关路段进行检验。货车的停车视距、识别视距应符合附录B的规定。

6 积雪冰冻地区的停车视距宜适当增长。

条文说明

视距(sight distance)是指在车辆正常行驶中,驾驶员从正常驾驶位置能连续看到公路前方行车道范围内路面上一定高度障碍物,或者看到公路前方交通设施、路面标线的最远距离。这里的距离是指沿车道中心线量得的长度(图4-7)。

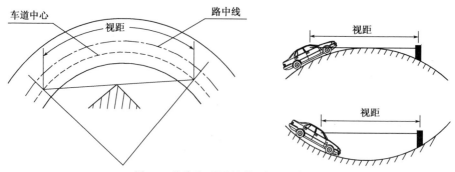

图 4-7　公路平面视距和纵面视距示意图

公路视距主要包括：停车视距、超车视距、会车视距及识别视距等。

停车视距(stopping sight distance)是指车辆以一定速度行驶中,驾驶员自看到前方障碍物时起,至到达障碍物前安全停车止所需要的最短行驶距离。在停车视距检验时,小客车停车视距采用的驾驶员视点高度为 1.2m,载重货车停车视距采用的驾驶员视点高度为 2.0m,视点前方路面上障碍物顶点高度为 0.10m。

由于一些情况下还满足不了货车停车视距的要求,根据"公路货车停车视距专题"研究结果,本标准规定:"高速公路、一级公路以及大型车比例较高的二、三级公路,应采用货车停车视距对相关路段进行检验"。

积雪冰冻路段的停车视距,考虑到在这些路段行驶的车速会有较大幅度的降低,也可不再调增。但对重要干线公路,可根据各地要求的必须保证安全的最低车速适当调增停车视距。

会车视距(intermediate sight distance)是指在同一车道上对向行驶车辆,为避免发生迎面相撞,自车辆在行驶过程中发现对向来车起,至驾驶员采取合理的减速操作后两车安全停止、不发生相撞所需的最短行驶距离。参考国内外的普遍做法,会车视距一般取停车视距的 2 倍。

超车视距(passing sight distance)是指在需要临时占用对向车道完成超车的公路上,后车超越前车过程中,自开始驶离原车道起,至可见对向来车并能超车后安全驶回原车道所需的最短行驶距离。在超车视距检验时,小客车采用的驾驶员视点高度为 1.2m,载重货车采用的驾驶员视点高度为 2.0m,视点前方路面上障碍物顶点高度为 0.60m,即对向车辆(小客车)的前灯高度。

由于高速公路和一级公路采用分向分道行驶,不存在会车和对向超车等需求,因此,高速公路和一级公路应满足停车视距要求。对于二、三、四级公路,由于一般采用双向行驶的交通组织方式,其行车特征是超车时经常要占用对向车道,为保证行车安全,本标准中规定:"双车道公路应间隔设置具有超车视距的路段"。

公路是三维的空间实体,公路视距除受到平、纵、横等几何指标、参数和平纵组合等影响外,还可能受到路侧填挖方边坡、护栏等的遮挡影响。通过对我国部分山区高速公路进行视距检验评价发现:在平、纵等主要几何指标满足对应标准、规范指标要求的情况下,仍可能存在视距不良(不足)的情况。本标准规定对于公路平面和纵断面指标较低、平纵线形组合复杂路段,应进行对应的视距检验。对于视距不良路段或区域,应采取相应的技术措施予以改善。

在公路各类出入口区域,由于驾驶员需要及时辨识出(入)口位置、适时选择转换车道、进行加(减)速驶入(驶出)等操作,存在交通流交织和冲突等现象,公路互通式立交、避险车道、爬坡车道、停车区、服务区等各类出入口区域应满足识别视距要求。

第4.0.15条对照规范

> 《小交通量农村公路工程技术标准》(JTG 2111—2019)

4.0.5 视距应符合下列规定:

1 停车视距、会车视距与超车视距不应小于表4.0.5的规定。

表4.0.5 停车视距、会车视距与超车视距

设计速度(km/h)	15
停车视距(m)	15
会车视距(m)	30
超车视距(m)	75

2 四级公路(Ⅰ类)应间隔设置满足超车视距的路段。
3 积雪冰冻地区的停车视距宜适当增长。

▶《公路路线设计规范》(JTG D20—2017)

7.9.1 高速公路、一级公路的视距应采用停车视距。高速公路、一级公路的一般路段,每条车道的停车视距应不小于表7.9.1的规定。

表7.9.1 高速公路、一级公路停车视距

设计速度(km/h)	120	100	80	60
停车视距(m)	210	160	110	75

7.9.2 二级公路、三级公路、四级公路的视距应采用会车视距。受地形条件或其他特殊情况限制而采取分道行驶措施的路段,可采用停车视距。会车视距与停车视距应不小于表7.9.2的规定。

表7.9.2 二级、三级、四级公路会车视距与停车视距

设计速度(km/h)	80	60	40	30	20
会车视距(m)	220	150	80	60	40
停车视距(m)	110	75	40	30	20

7.9.3 二级公路、三级公路、四级公路双车道公路,应间隔设置满足超车视距的路段。具有干线功能的二级公路宜在3min的行驶时间内,提供一次满足超车视距要求的超车路段。超车视距最小值应符合表7.9.3的规定。

表7.9.3 超车视距最小值

设计速度(km/h)		80	60	40	30	20
超车视距最小值(m)	一般值	550	350	200	150	100
	极限值	350	250	150	100	70

注:"一般值"为正常情况下的采用值;"极限值"为条件受限时可采用的值。

7.9.4 高速公路、一级公路以及大型车比例高的二级公路、三级公路的下坡路段,应采用下坡段货车停车视距对相关路段进行检验。各级公路下坡段货车停车视距应不小于表7.9.4的规定。

表7.9.4 下坡段货车停车视距(m)

设计速度(km/h)		120	100	80	60	40	30	20
纵坡坡度(%)	0	245	180	125	85	50	35	20
	3	265	190	130	89	50	35	20
	4	273	195	132	91	50	35	20
	5	—	200	136	93	50	35	20
	6	—	—	139	95	50	35	20
	7	—	—	—	97	50	35	20
	8	—	—	—	—	—	35	20
	9	—	—	—	—	—	—	20

7.9.5 各级公路的互通式立体交叉、服务区、停车区、客运汽车停靠站等各类出口路段应满足识别视距要求,并应符合下列规定:

1 不同设计速度对应的识别视距宜符合表7.9.5的规定。

表7.9.5 识 别 视 距

设计速度(km/h)	120	100	80	60
识别视距(m)	350(460)	290(380)	230(300)	170(240)

注:括号中为行车环境复杂、路侧出口提示信息较多时应采取的视距值。

2 受地形、地质等条件限制路段,识别视距可采用1.25倍的停车视距,但应进行必要的限速控制和管理措施。

7.9.6 路线设计应对采用较低几何指标、线形组合复杂、中间带设置护栏或防眩设施、路侧设有高边坡或构造物、公路两侧各类出入口、平面交叉、隧道等各种可能存在视距不良的路段和区域,进行视距检验。不符合对应的视距要求时,应采取相应的技术和工程措施予以改善。

➢《公路立体交叉设计细则》(JTG/T D21—2014)

4.4.1 在规定的视距范围内,驾驶人视线不得受到固定物体的遮挡或影响。

4.4.2 交叉公路基本路段的视距应采用相应等级公路规定的停车视距,在分流鼻端之前宜采用表4.4.2规定的识别视距,当条件受限时,识别视距不应小于1.25倍的停车视距。

表4.4.2 识 别 视 距

设计速度(km/h)	120	100	80	60
识别视距(m)	350~460	290~380	230~300	170~240

4.4.3 匝道基本路段的视距应采用停车视距,停车视距不应小于表4.4.3的规定值。

表4.4.3 匝道停车视距

匝道设计速度(km/h)		80	70	60	50	40	35	30
停车视距(m)	一般地区	110	95	75	65	40	35	30
	积雪冰冻地区	135	120	100	70	45	35	30

4.4.4 在交通组成以大型车为主或对载重汽车视距有影响的路段,交叉公路和匝道的视距不应小于表4.4.4规定的货车停车视距。

4.4.5 对下列路段应进行视距的检验:

1 当圆曲线内侧有桥墩、护栏、路堑边坡和植物等有碍通视的物体,且圆曲线半径较小时,对弯道内侧的车道应进行停车视距的检验,对分流鼻端前的路段应进行识别视距的检验。

2 当分隔带有护栏、防眩板和植物等视线遮挡物,且圆曲线半径较小时,对弯道外侧靠近分隔带的车道应进行停车视距的检验。

表4.4.4 货车停车视距(m)

设计速度(km/h)		120	110	100	90	80	70	60	50	40	35	30
纵坡坡度(%)	0	245	210	180	150	125	100	85	65	50	42	35
下坡	3	265	225	190	160	130	105	89	66	50	42	35
	4	273	230	195	161	132	106	91	67	50	42	35
	5	—	236	200	165	136	108	93	68	50	42	35
	6	—	—	—	169	139	110	95	69	50	42	35
	7	—	—	—	—	—	—	—	70	50	42	35
上坡	0	245	210	180	150	125	100	85	65	50	42	35
	3	230	196	168	140	116	94	82	61	44	37	30
	4	226	193	165	138	114	93	80	60	44	37	30
	5	—	189	162	136	112	91	79	60	44	37	30
	6	—	—	—	133	111	90	79	59	43	36	30
	7	—	—	—	—	—	—	—	59	43	36	30

4.4.6 视距检验所采用的相关参数应根据车型和视认对象确定,并应符合下列规定:

1 停车视距:视高1.2m,物高0.1m。
2 货车停车视距:视高2.0m,物高0.1m。
3 识别视距:视高1.2m,物高为0。

> 《公路隧道照明设计细则》(JTG/T D70/2-01—2014)

4.2.3 照明停车视距可按表4.2.3取值。

表4.2.3 照明停车视距 D_s(m)

设计速度 v_t(km/h)	纵坡(%)								
	-4	-3	-2	-1	0	1	2	3	4
120	260	245	232	221	210	202	193	186	179
100	179	173	168	163	158	154	149	145	142
80	112	110	106	103	100	98	95	93	90
60	62	60	58	57	56	55	54	53	52
40	29	28	27	27	26	26	25	25	25
20~30	20	20	20	20	20	20	20	20	20

4.0.16 直线的最大与最小长度应有所限制。

条文说明

直线是公路几何线形的主要组成部分。在公路平面线形中,圆曲线间直线过短,会造成线形组合生硬、视觉上不连续等问题。而直线过长,则会出现公路线形单调,容易诱发驾驶疲劳问题,对行车安全不利。本标准规定:直线的最大与最小长度应有所限制。

根据"西部地区公路运行速度设计方法和安全性评价与检验技术"等相关研究成果,评价公路平曲线中直线段长度的安全性,应主要依据检验直线段与相邻路段的运行速度的协调性。对于不得已采用长直线的路段,应注意采取限速、警示等管理措施。有条件时,视条件增加路侧视线诱导设施。

第4.0.16条对照规范

> **《公路路线设计规范》**(JTG D20—2017)

7.2.1 直线的长度不宜过长。受地形条件或其他特殊情况限制而采用长直线时,应结合沿线具体情况采取相应的技术措施。

7.2.2 两圆曲线间以直线径相连接时,直线的长度不宜过短,并应符合下列规定:

1 设计速度大于或等于60km/h时,同向圆曲线间最小直线长度(以 m 计)以不小于设计速度(以 km/h 计)的6倍为宜;反向圆曲线间的最小直线长度(以 m 计)以不小于设计速度(以 km/h 计)的2倍为宜。

2 设计速度小于或等于40km/h时,可参照上述规定执行。

9.2.2 直线的运用应符合下列要求:

1 直线的运用应注意同地形、环境的协调与配合。采用直线线形时,其长度不宜过长。

2 农田、河渠规整的平坦地区、城镇近郊规划等以直线条为主体时,宜采用直线线形。

3 特长、长隧道或结构特殊的桥梁等构造物所处的路段,以及路线交叉点前后的路段宜采用直线线形。

4 双车道公路为超车所提供的路段宜采用直线线形。

JTG B01—2014

4.0.17 圆曲线最小半径应符合表4.0.17的规定。

表4.0.17 圆曲线最小半径

设计速度(km/h)		120	100	80	60	40	30	20
最大超高	10%	570	360	220	115	—	—	—
	8%	650	400	250	125	60	30	15
	6%	710	440	270	135	60	35	15
	4%	810	500	300	150	65	40	20
不设超高最小半径(m)	路拱≤2.0%	5 500	4 000	2 500	1 500	600	350	150
	路拱>2.0%	7 500	5 250	3 350	1 900	800	450	200

注:"—"为不考虑采用最大超高的情况。

条文说明

4.0.17~4.0.18 本条文主要根据"公路横向力系数"专题项目研究成果编制。

(1)确定圆曲线最小半径的原则

本标准中规定的圆曲线最小半径是以汽车在曲线部分能安全而又顺适地行驶所需要的条件而确定的。圆曲线最小半径的实质是汽车行驶在公路曲线部分时,所产生的离心力等横向力不超过轮胎与路面的摩阻力所允许的界限。根据车辆在弯道上行驶时的受力状况及各种力的几何关系,可推导出如下计算公式:

$$R = \frac{v^2}{127(\mu + i)} \qquad (4\text{-}1)$$

式中:R——曲线半径(m);

v——车辆速度(km/h);

μ——横向力系数,极限值为路面与轮胎之间的横向摩阻系数;

i——路面的横向坡度。

本次修订,标准给出了直接影响行车安全性的圆曲线最小半径的两种值:即"最小值"和"不设超高最小半径"。公路线形设计时,应根据沿线地形等情况,合理选用不小于"最小值"圆曲线半径。在不得已情况下,方可使用"最小值"。

选用曲线半径时,既要适应沿线地形地物条件变化,同时应注意前后线形协调,不应突然采用小半径曲线。长直线或大半径圆曲线路段,不能采用最小圆曲线半径。从地形条件好的区段进入地形条件较差区段时,线形技术指标应逐渐过渡,防止突变。

(2)圆曲线最小半径"极限值"的确定

按式(4-1)计算最小圆曲线半径时,式中的 v 采用各级公路相应的设计速度,因此,确定圆曲线最小半径的关键参数是横向力系数和超高横坡。

横向力系数的大小直接影响乘车人的舒适感。根据测试获得的小客车、大客车、大中型货车在43个观测路段上运行时乘车人的舒适度感受数据,运用心理学方法和统计方法分析,整理得出各种车型在不同行驶速度下对应的横向力系数阈值(图4-8)。

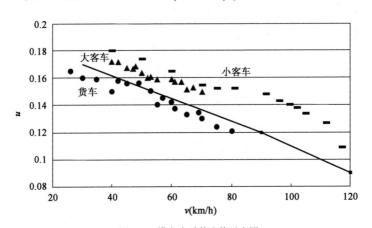

图4-8　横向力系数取值示意图

车辆在曲线上稳定行驶的必要条件是横向力系数不能超过路面与轮胎之间的横向摩阻系数。所以,为了确定横向力系数的设计值,既要通过实测路面与轮胎之间的摩擦系数范围,还要考虑驾乘人员在行驶中所能忍受的横向力的大小和舒适感,综合平衡二者后才能确定。

经过对43个观测点极限摩阻系数的测试,样本路段的极限横向摩阻系数均在0.3以上,设计用的横向力系数(0.10~0.17),占极限横向摩阻系数的比例较小,安全度较高,基本上可以避免横向滑移的危险。根据以上分析,本标准在计算最小圆曲线半径时采用了表4-1所列横向力系数及超高值。

表4-1　圆曲线最小半径的横向系数及超高值

设计速度(km/h)	120	100	80	60	40	30	20
横向力系数	0.10	0.12	0.13	0.15	0.15	0.16	0.17
超高值(%)	6	6	6	6	6	6	6
	8	8	8	8	8	8	8
	10	10	10	10	10	10	10

本标准规定的超高值变化范围在10%~6%之间。计算圆曲线最小半径时,分别用6%、8%和10%的超高值代入计算,将计算结果取整,即得出本标准规定的圆曲线最小半径"极限值",如表4-2。

表4-2　圆曲线最小半径极限值(m)

设计速度(km/h)	120	100	80	60	40	30	20
$i=10\%$	570	360	220	115	50	30	15
$i=8\%$	650	400	250	125	55	30	15
$i=6\%$	710	440	270	135	60	35	15

(3)不设超高的圆曲线最小半径的确定

圆曲线半径大于一定数值时,可以不设置超高,而允许设置等于直线路段路拱的反超高。从行驶的舒适性考虑,必须把横向力系数控制到最小值。《标准》97版规定不设超高的圆曲线最小半径,是取用了$\mu=0.035, i=-0.015$,按各级公路设计速度代入公式进行计算并整理得出的结果。本次修订,如横向力系数在计算不设超高的圆曲线最小半径时仍采用0.035,则在目前路拱坡度最小采用2%的情况下,会得出较大的一组不设超高的最小半径值。考虑到这一实际情况,拟将横向力系数的采用以一个幅度的值来表示。在本次修订中,将横向力系数按0.035~0.040取用,并规定当路拱横坡为1.5%时,横向力系数采用

0.035;当路拱横坡为2%时,横向力系数采用0.040。这样代入公式后进行计算并整理得出的结果,仍为《标准》97版中的一组不设超高最小半径值。同时还应考虑到现实的路拱横坡在高速公路,一、二、三级公路上还有大于2.0%的情况,如仅采用原来的一组不设超高最小半径值,会得出按公式推算的横向力系数过大。本次修订将原先所列 $\mu = 0.035$, $i = -0.015$ 代入公式进行计算整理得出的一组不设超高最小半径值作为路拱大于2.0%的情况下使用。这样,当路拱横坡为2.5%时,横向力系数采用0.040;当路拱横坡为3.0%时,横向力系数采用0.045;当路拱横坡为3.5%时,横向力系数采用0.050;横向力系数在路拱横坡大于2.0%的情况下采用0.040~0.050的幅度来计算不设超高最小半径值。不设超高圆曲线最小半径如表4-3。

表4-3 不设超高的圆曲线最小半径(m)

设计速度(km/h)	120	100	80	60	40	30	20
i 路拱≤2.0% $\mu = 0.035 \sim 0.040$	5 500	4 000	2 500	1 500	600	350	150
i 路拱>2.0% $\mu = 0.040 \sim 0.050$	7 550	5 250	3 350	1 900	850	450	200

(4)公路圆曲线最大超高

公路项目采用的最大超高值不同,同一设计速度下,圆曲线最小半径应是不相同的。公路项目拟采用的最大超高(值)主要根据交通量、交通组成和公路行车环境等条件确定。大型货运车辆占比较高的公路,宜采用较小的最大超高(值)。对于存在积雪冰冻情况的地区,公路项目最大超高不应大于6%。城市区域考虑到非机动车等通行特点,公路项目最大超高不宜大于4%。

第4.0.17条对照规范

➤ 《小交通量农村公路工程技术标准》(JTG 2111—2019)

4.0.6 圆曲线最小半径应符合表4.0.6的规定。

表 4.0.6　圆曲线最小半径

设计速度(km/h)		15
极限最小半径(m)	双车道	15
	单车道	12(10)
一般最小半径(m)		20
不设超高最小半径(m)	路拱≤2%	90
	路拱>2%	120

注:1. 当交通组成中无中型载重汽车和中型客车时,单车道极限最小半径可采用括号内数值。
　　2. 一般最小半径为正常情况下采用值,极限最小半径为条件受限时可采用的值。

▶《公路路线设计规范》(JTG D20—2017)

7.3.1　各级公路平面不论转角大小,均应设置圆曲线。在选用圆曲线半径时,应与设计速度相适应。

7.3.2　圆曲线最小半径应根据设计速度,按表 7.3.2 确定。

表 7.3.2　圆曲线最小半径

设计速度(km/h)		120	100	80	60	40	30	20
圆曲线最小半径(一般值)(m)		1 000	700	400	200	100	65	30
圆曲线最小半径（极限值）(m)	$i_{max}=4\%$	810	500	300	150	65	40	20
	$i_{max}=6\%$	710	440	270	135	60	35	15
	$i_{max}=8\%$	650	400	250	125	60	30	15
	$i_{max}=10\%$	570	360	220	115	—	—	—

注:"一般值"为正常情况下的采用值;"极限值"为条件受限制时可采用的值;"i_{max}"为采用的最大超高值;"—"为不考虑采用对应最大超高值的情况。

7.3.3　圆曲线最大半径值不宜超过 10 000m。

9.2.3　圆曲线的运用应符合下列要求:

　　1　设置圆曲线时应与地形相适应,宜采用超高为 2%~4% 对应的圆曲线半径。

　　2　条件受限制时,可采用大于或接近于圆曲线最小半径的"一般值";地形条件特殊困难而不得已时,方可采用圆曲线最小半径的"极限值",并应采取措施保证视距的要求。

　　3　设置圆曲线时,应同相衔接路段的平、纵线形要素相协调,使之构成连续、均衡的曲线线形,避免小半径圆曲线与陡坡相重合的线形。

　　4　当交点转角不得已小于 7°时,应按规定设置足够长的曲线。

▶《公路隧道设计规范 第一册 土建工程》(JTG 3370.1—2018)

4.3.1 应根据地质、地形、路线走向、通风等因素确定隧道平面线形。设曲线时，不宜采用设超高和加宽的圆曲线。隧道不设超高的圆曲线最小半径应符合表4.3.1的规定。隧道平面线形需采用设超高的圆曲线时，其超高值不宜大于4.0%。当设计速度为20km/h时，圆曲线半径不宜小于250m。隧道内每条车道的视距均应符合现行《公路路线设计规范》(JTG D20)的视距要求。

表4.3.1 隧道不设超高的圆曲线最小半径(m)

路拱	设计速度(km/h)					
	120	100	80	60	40	30
≤2.0%	5 500	4 000	2 500	1 500	600	350
>2.0%	7 500	5 250	3 350	1 900	800	450

JTG B01—2014

4.0.18 公路圆曲线半径小于表4.0.17"不设超高最小半径"时，应设置圆曲线超高。最大超高应符合下列规定：

1 一般地区，圆曲线最大超高应采用8%。

2 积雪冰冻地区，最大超高值应采取6%。

3 以通行中、小型客车为主的高速公路和一级公路，最大超高可采用10%。

4 城镇区域公路，最大超高值可采取4%。

第4.0.18条对照规范

▶《小交通量农村公路工程技术标准》(JTG 2111—2019)

4.0.7 圆曲线半径小于表4.0.6"不设超高最小半径"时，应设置圆曲线超高。圆曲线最大超高应采用4%。

▶《公路路线设计规范》(JTG D20—2017)

7.5.1 圆曲线半径小于表7.4.1规定的不设超高圆曲线最小半径时，应在曲线上设置超高，并符合下列规定：

1 各级公路圆曲线部分的最大超高值应符合表 7.5.1 规定。
2 各级公路圆曲线部分的最小超高值应与该公路直线部分的正常路拱横坡度值一致。

表 7.5.1 各级公路圆曲线最大超高值

公路技术等级	高速公路、一级公路	二级公路、三级公路、四级公路
一般地区(%)	8 或 10	8
积雪冰冻地区(%)	6	
城镇区域(%)	4	

注:一般地区公路,圆曲线最大超高应采用8%;以通行中、小型客车为主的高速公路和一级公路,最大超高可采用10%。

7.5.2 二级公路、三级公路、四级公路接近城镇且混合交通量较大的路段,车速受到限制时,其最大超高值可按表 7.5.2 采用。

表 7.5.2 车速受限制时最大超高值

设计速度(km/h)	80	60	40	30	20
超高值(%)	6	4	2		

7.5.3 各圆曲线半径所设置的超高值应根据设计速度、圆曲线半径、公路条件、自然条件等经计算确定,必要时应按运行速度验算。

7.5.4 当路拱横坡度发生变化时,必须设置超高过渡段。其超高渐变率应根据旋转轴的位置按表 7.5.4 确定。

表 7.5.4 超高渐变率

| 设计速度(km/h) | 超高旋转轴位置 | |
	中线	边线
120	1/250	1/200
100	1/225	1/175
80	1/200	1/150
60	1/175	1/125
40	1/150	1/100
30	1/125	1/75
20	1/100	1/50

7.5.5 超高过渡方式应符合下列规定:
1 对于无中间带的公路,当超高横坡度等于路拱坡度时,将外侧车道绕路中

线旋转,直至超高横坡度;当超高横坡度大于路拱坡度时,应采用绕内侧车道边缘旋转、绕路中线旋转或绕外侧车道边缘旋转的方式。设计中应视情况确定:

　　1)新建工程宜采用绕内侧车道边缘旋转的方式;

　　2)改建工程可采用绕路中线旋转的方式;

　　3)路基外缘高程受限或路容美观有特殊要求时,可采用绕外侧车道边缘旋转的方式。

　　2 对于有中间带的公路,应采用绕中间带的中心线旋转、绕中央分隔带边缘旋转或分别绕行车道中线旋转的方式,设计中应视情况确定:

　　1)有中间带的公路均可采用绕中央分隔带边缘旋转的方式;

　　2)中间带宽度较小的公路还可采用绕中间带中心线旋转的方式;

　　3)车道数大于4条的公路可采用分别绕行车道中线旋转的方式。

　　3 采用分离式路基断面的公路,其超高过渡方式宜按无中间带公路分别予以过渡。

7.5.6 超高过渡宜在回旋线全长范围内进行。当回旋线较长时,其超高过渡段应设在回旋线的某一区段范围内,超高过渡段的纵向渐变率不得小于1/330,全超高断面宜设在缓圆点或圆缓点处。

7.5.7 超高过渡宜采用线性过渡方式。

7.5.8 双向六车道及以上车道数的公路宜增设路拱线。

7.5.9 高速公路、一级公路整体式路基的纵坡较大处,其上、下行车道可采用不同的超高值。

7.5.10 硬路肩超高方式应符合下列规定:

　　1 硬路肩超高值与相邻车道超高值相同时,其超高过渡段应与车道相同,且采用与车道相同的超高渐变率。

　　2 硬路肩超高值比相邻车道超高值小时,应先将硬路肩横坡过渡到与车道路拱坡度相同,再与车道一起过渡,直至硬路肩达到其最大超高横坡度。

JTG B01—2014

4.0.19 直线与小于表4.0.17不设超高最小半径的圆曲线相衔接处,应设置缓和曲线。缓和曲线采用回旋线,应符合下列规定:

　　1 缓和曲线参数及其长度应根据线形设计以及对安全、视觉、景观等的要求,选用较大的数值。

2 四级公路直线与小于不设超高最小半径的圆曲线相衔接处,可不设置缓和曲线,用超高、加宽缓和段径相连接。

条文说明

为使公路平曲线中直线与圆曲线之间实现顺适的衔接过渡,本标准规定高速公路,一、二、三级公路的直线与不设置超高的圆曲线(半径)相衔接处,应设置缓和曲线进行连接。由于回旋线的特性接近公路行驶车辆在弯道上的行驶轨迹,本标准规定公路缓和曲线采用回旋线。回旋线的基本公式为:

$$r \times l = A^2 \tag{4-2}$$

式中:r——回旋线上某点的曲线半径(m);

l——回旋线上某点到原点的曲线长(m);

A^2——回旋线参数(m)。

缓和段一般包括下列内容:①曲率变化缓和段(从直线向曲线或从大半径曲线向小半径曲线变化);②横向坡度变化的缓和段(直线段的路拱横坡度渐变至弯道超高横坡度的过渡或曲线部分不同的横坡度的过渡);③加宽缓和段(直线段的标准宽度向曲线部分加宽宽度之间的渐变)。

条文规定:"回旋线参数及其长度应根据线形设计以及对安全、视觉、景观等的要求,选用较大的数值"。回旋线最小长度系曲率变化需要的最小长度。沿双车道中线轴旋转的超高缓和长度基本上可以概括并适用一般情况。但是,有时以行车道边缘线为旋转轴,或者车道数较多或较宽的,则可能超高所需缓和段长度大于曲率变化的缓和段长度,因此应视这两个缓和段长度的计算结果采用其中较大的一个。缓和段长度一经确定,就应在其中同时进行各种需要的渐变。

本条文中的规定是以超高缓和段的需要考虑的,技术等级较高的公路同时需要设置超高缓和段和回旋曲线时,应以较大值包含较小值。所以,条文规定:"直线与小于表 4.0.17 不设超高最小半径的圆曲线相衔接处,应设置缓和曲线。"

第4.0.19条对照规范

▶《小交通量农村公路工程技术标准》(JTG 2111—2019)

4.0.8 圆曲线半径小于或等于250m时,应在平曲线内侧加宽,加宽值应符合表4.0.8的规定。

表4.0.8 平曲线加宽值(m)

曲线半径	250~≥200	<200~≥150	<150~≥100	<100~≥70	<70~≥50	<50~≥30	<30~≥25	<25~≥20	<20~≥15	<15~≥10
四级公路(Ⅰ类)	0.40	0.50	0.70	0.90	1.20	1.80	2.00	2.60	3.20	—
四级公路(Ⅱ类)	0.20	0.25	0.35	0.45	0.60	0.90	1.00	1.30	1.60	2.30

▶《公路路线设计规范》(JTG D20—2017)

7.4.1 高速公路、一级公路、二级公路、三级公路的直线同小于表7.4.1不设超高的圆曲线最小半径径相连接处,应设置回旋线。四级公路的直线同小于表7.4.1不设超高的圆曲线最小半径径相连接处,可不设置回旋线,但应设置超高、加宽过渡段。

表7.4.1 不设超高的圆曲线最小半径

设计速度(km/h)		120	100	80	60	40	30	20
不设超高圆曲线最小半径(m)	路拱≤2%	5 500	4 000	2 500	1 500	600	350	150
	路拱>2%	7 500	5 250	3 350	1 900	800	450	200

7.4.2 半径不同的同向圆曲线径相连接处,应设置回旋线。但符合下列条件可不设回旋线:

1 小圆半径大于表7.4.1规定时。
2 小圆半径大于表7.4.2规定,且符合下列条件之一者:

1)小圆按最小回旋线长度设回旋线时,大圆与小圆的内移值之差小于0.10m时;
2)设计速度大于或等于80km/h,大圆半径(R_1)与小圆半径(R_2)之比小于1.5时;
3)设计速度小于80km/h,大圆半径(R_1)与小圆半径(R_2)之比小于2.0时。

表 7.4.2　复曲线中小圆临界圆曲线半径

设计速度(km/h)	120	100	80	60	40	30
临界圆曲线半径(m)	2 100	1 500	900	500	250	130

7.4.3 回旋线长度应符合下列规定：

1　回旋线长度应随圆曲线半径的增大而增长。

2　圆曲线按规定需设置超高时，回旋线长度应不小于超高过渡段长度。

3　回旋线最小长度应符合表 7.4.3 的规定。

表 7.4.3　回旋线最小长度

设计速度(km/h)	120	100	80	60	40	30	20
回旋线最小长度(m)	100	85	70	50	35	25	20

注：四级公路为超高、加宽过渡段长度。

9.2.4 回旋线的运用应符合下列要求：

1　设计速度大于或等于 60km/h 时，回旋线应作为线形要素之一加以运用。回旋线—圆曲线—回旋线的长度以大致接近为宜。两个回旋线的参数值亦可以根据地形条件设计成非对称的曲线，但 $A_1:A_2$ 不应大于 2.0。

2　回旋线参数宜依据地形条件及线形要求确定，并与圆曲线半径相协调。在确定回旋线参数时，宜在下述范围内选定：$R/3 \leq A \leq R$，但：

1）当 R 小于 100m 时，A 宜大于或等于 R。

2）当 R 接近于 100m 时，A 宜等于 R。

3）当 R 较大或接近于 3 000m 时，A 宜等于 $R/3$。

4）当 R 大于 3 000m 时，A 宜小于 $R/3$。

3　两反向圆曲线径相衔接或插入的直线长度不足时，可用回旋线将两反向圆曲线连接组合为 S 形曲线。

1）S 形曲线的两回旋线参数 A_1 与 A_2 宜相等。

2）当采用不同的回旋线参数时，A_1 与 A_2 之比应小于 2.0，有条件时以小于 1.5 为宜。当 $A_2 \leq 200$ 时，A_1 与 A_2 之比应小于 1.5。

3）两圆曲线半径之比不宜过大，以 $R_1/R_2 \leq 2$ 为宜（R_1 为大圆曲线半径，R_2 为小圆曲线半径）。

4　两同向圆曲线径相衔接或插入的直线长度不足时，可用回旋线将两同向圆曲线连接组合为卵形曲线。

1）卵形曲线的回旋线参数宜选 $R_2/2 \leq A \leq R_2$（R_2 为小圆曲线半径）。

2）两圆曲线半径之比，以 $R_2/R_1 = 0.2 \sim 0.8$ 为宜。

3)两圆曲线的间距,以 $D/R_2 = 0.003 \sim 0.03$ 为宜(D 为两圆曲线间的最小间距)。

5 受地形条件限制时,可将两同向回旋线在曲率相同处径相衔接而组合为凸形曲线。凸形曲线只有在路线严格受地形限制,且对接点的曲率半径相当大时方可采用。

1)凸形曲线的回旋线参数及其对接点的曲率半径,应分别符合容许最小回旋线参数和圆曲线最小半径的规定。

2)对接点附近的 $0.3v$(以 m 计;其中 v 为设计速度,按 km/h 计)长度范围内,应保持以对接点的曲率半径确定的路拱横坡度。

6 受地形条件或其他特殊情况限制时,可将两同向圆曲线的回旋线曲率为零处径相衔接而组合为 C 形曲线。C 形曲线仅限于地形条件特殊困难,路线严格受限制时方可采用。

7 受地形条件限制时,大半径圆曲线与小半径圆曲线相衔接处,可采用两个或两个以上同向回旋线在曲率相同处径相连接而组合为复合曲线。复合曲线的两个回旋线参数之比以小于 1.5 为宜。复合曲线在受地形条件限制,或互通式立体交叉的匝道设计中可采用。

JTG B01—2014

4.0.20 最大纵坡应符合表 4.0.20 的规定,并应符合下列规定:

表 4.0.20 最 大 纵 坡

设计速度(km/h)	120	100	80	60	40	30	20
最大纵坡(%)	3	4	5	6	7	8	9

1 设计速度为 120km/h、100km/h、80km/h 的高速公路受地形条件或其他特殊情况限制时,经技术经济论证,最大纵坡值可增加 1%。

2 公路改扩建中,设计速度为 40km/h、30km/h、20km/h 的利用原有公路的路段,经技术经济论证,最大纵坡值可增加 1%。

3 二级及二级以下公路的越岭路线连续上坡(或下坡)路段,相对高差为 200~500m 时,平均纵坡不应大于 5.5%;相对高差大于 500m 时,平均纵坡不应大于 5%。任意连续 3km 路段的平均纵坡不应大于 5.5%。

4 高速公路、一级公路应论证采用合理的平均纵坡。对存在连续长、陡纵坡的路段应进行安全性评价。

条文说明

本条文主要依据标准修订支撑专题和相关课题的研究成果结论修订。

(1) 各级公路纵坡的适应性

高速公路设计速度为120km/h的最大纵坡规定为3%,因为小客车在3%的坡道上行驶,同在水平路段上行驶相比较,只是在保持自由速度方面有轻微的影响。在较陡的坡道上,其速度则随着上坡坡度的增大而逐步降低。在下坡道上,小客车的速度略高于水平路段的速度,但也要受各种条件的限制。

3%、4%的最大纵坡适合于高速公路和一级公路以较高行车速度行驶,当高速公路受地形条件或其他特殊情况限制时,经技术经济论证,最大纵坡可增加1%;8%、9%的最大纵坡适合于设计速度为30km/h的三级公路以及设计速度为20km/h的四级公路上低速行驶;5%、6%、7%的最大纵坡适合于80km/h、60km/h、40km/h的设计速度。

(2) 纵坡控制指标

近年来,我国山区高速公路长大纵坡路段交通事故较为集中,受到各方面的高度关注。"国家道路安全行动计划"等项目对大量事故的深入剖析表明:长大下坡事故致因主要在于"人"和"车"的因素(如:违章驾驶、超速、超载、超限等),直接由于道路因素导致的交通事故占比极低(由公路几何线形、路面和维养状况等道路因素直接引发事故的比例低于1%)。并且相关研究均不能揭示事故与公路纵坡坡度、长度之间的直接关系。显然,在车辆正常配载、行车制动系统工作完好、驾驶员操作正确的情况下,按照现行标准纵坡控制指标设计建设的高速公路是能够保证行车安全的。同时,通过国外高速公路相关调研和国内外公路技术标准的纵坡设计指标对比发现:我国纵坡控制指标(不同设计速度对应的最大纵坡坡度指标)与各国基本一致,甚至总体控制指标小于部分欧洲国家的纵坡控制指标,偏于安全。综合考虑,本期标准修订未对各级公路(不同设计速度对应的)最大纵坡指标进行修订。

本条文第 3 款是指导二级、三级和四级公路越岭线纵坡设计的平均纵坡控制指标。对于一条公路项目，"相对高差指标"的要求和"任意连续 3km 路段"的要求应同时满足。

尽管在全国调研中，高速公路长大纵坡控制指标是大家关注的焦点性问题，且目前部分在建的山区高速公路项目纵坡设计有明显的采用平缓纵坡方案的趋向，但经分析论证，单纯通过修订降低公路纵坡控制指标，采用更趋于平缓的平均纵坡设计方案，不仅会直接导致公路建设里程、用地、建设规模、造价和运营成本等的显著增加，而且目前相关研究尚不能得出"采用平缓纵坡的方案就能有效提高对应长大纵坡路段的行车安全性"的明确结论，因此本次修订仅提出：高速公路、一级公路应采用合理的平均纵坡，以提高纵坡路段的通行能力和运行安全。这是对今后设计的原则性要求。具体项目中，对于可能存在连续纵坡的路段，均应进行安全性评价，基于运行速度等方法对各类指标、速度变化、安全设施等进行检验分析，进而通过优化线形设计、完善安全设施、实施速度管理等综合措施，提升公路的本质安全性。

第 4.0.20 条对照规范

> 《小交通量农村公路工程技术标准》(JTG 2111—2019)

4.0.9 最大纵坡应符合下列规定：

1 一般路段最大纵坡不应大于 12%。对交通组成中无中型载重汽车和中型客车的四级公路(Ⅱ类)，经论证并在保证安全的前提下，最大纵坡可增加 2 个百分点。

2 积雪冰冻地区最大纵坡不应大于 8%。

3 回头曲线纵坡不应大于 6%。

4 村镇路段纵坡不宜大于 5%。

5 应避免小半径圆曲线与大纵坡相重合的线形。

4.0.11 在海拔 3 000m 以上的高原地区，最大纵坡值应按表 4.0.11 的规定折减。

表 4.0.11 高原纵坡折减值

海拔(m)	3 000~4 000	4 000~5 000	5 000 以上
折减值(%)	1	2	3

➤ **《公路路线设计规范》(JTG D20—2017)**

8.2.1 公路的最大纵坡应不大于表8.2.1的规定,并应符合下列规定:

表8.2.1 最 大 纵 坡

设计速度(km/h)	120	100	80	60	40	30	20
最大纵坡(%)	3	4	5	6	7	8	9

1 设计速度为120km/h、100km/h、80km/h的高速公路,受地形条件或其他特殊情况限制时,经技术经济论证,最大纵坡可增加1%。

2 改扩建公路设计速度为40km/h、30km/h、20km/h的利用原有公路的路段,经技术经济论证,最大纵坡可增加1%。

3 四级公路位于海拔2 000m以上或积雪冰冻地区的路段,最大纵坡不应大于8%。

8.2.2 设计速度小于或等于80km/h位于海拔3 000m以上高原地区的公路,最大纵坡应按表8.2.2的规定予以折减。最大纵坡折减后小于4%时应采用4%。

表8.2.2 高原纵坡折减值

海拔(m)	3 000~4 000	4 000~5 000	5 000以上
纵坡折减(%)	1	2	3

8.2.3 公路纵坡不宜小于0.3%。横向排水不畅的路段或长路堑路段,采用平坡(0%)或小于0.3%的纵坡时,其边沟应进行纵向排水设计。

8.2.4 桥上及桥头路线的纵坡应符合下列规定:

1 小桥处的纵坡应随路线纵坡设计。

2 桥梁及其引道的平、纵、横技术指标应与路线总体布设相协调,各项技术指标应符合路线布设的规定。大、中桥上的纵坡不宜大于4%,桥头引道纵坡不宜大于5%,引道紧接桥头部分的线形应与桥上线形相配合。

3 易结冰、积雪的桥梁,桥上纵坡宜适当减小。

4 位于城镇混合交通繁忙处的桥梁,桥上及桥头引道纵坡均不得大于3%。

8.2.5 隧道及其洞口两端路线的纵坡应符合下列规定:

1 隧道内的纵坡应大于0.3%并小于3%,但短于100m的隧道不受此限。

2 高速公路、一级公路的中、短隧道,当条件受限制时,经技术经济论证后,最大纵坡可适当加大,但不宜大于4%。

3 隧道内的纵坡宜设置成单向坡;地下水发育的隧道及特长、长隧道宜采用人字坡。

8.2.6 位于城镇附近且非汽车交通量较大的路段,其纵坡可根据具体情况适当放缓。

JTG B01—2014

4.0.21 不同纵坡的最大坡长应符合表 4.0.21 的规定。

表 4.0.21 不同纵坡的最大坡长(m)

纵坡坡度(%)	设计速度(km/h)						
	120	100	80	60	40	30	20
3	900	1 000	1 100	1 200	—	—	—
4	700	800	900	1 000	1 100	1 100	1 200
5	—	600	700	800	900	900	1 000
6	—	—	500	600	700	700	800
7	—	—	—	—	500	500	600
8	—	—	—	—	300	300	400
9	—	—	—	—	—	200	300
10	—	—	—	—	—	—	200

条文说明

这里的最大坡长是针对采用同一坡度值的单一坡段而言的。当单一纵坡的长度超过表中规定值,或者路段平均纵坡较大时,应通过通行能力验算,论证设置供大型车辆上坡的爬坡车道。

相关研究表明,在长陡纵坡中间设置缓坡,不利于下坡方向车辆减速,可能会给驾驶员造成进入平坡或反坡的错觉,本次修订取消关于长陡纵坡中间设置缓和坡段的规定。

第 4.0.21 条对照规范

➤ 《小交通量农村公路工程技术标准》(JTG 2111—2019)

4.0.12 不同纵坡的最大坡长应符合表 4.0.12 的规定。

表 4.0.12 不同纵坡的最大坡长

坡度(%)	5	6	7	8	9	10	11	12	13	14
坡长(m)	1 100	900	700	500	400	300	250	200	150	100

▶ **《公路路线设计规范》**（JTG D20—2017）

8.3.2 各级公路的最大坡长应符合表 8.3.2 的规定。

表 8.3.2 不同纵坡的最大坡长(m)

设计速度(km/h)		120	100	80	60	40	30	20
纵坡坡度(%)	3	900	1 000	1 100	1 200	—	—	—
	4	700	800	900	1 000	1 100	1 100	1 200
	5	—	600	700	800	900	900	1 000
	6	—	—	500	600	700	700	800
	7	—	—	—	—	500	500	600
	8	—	—	—	—	300	300	400
	9	—	—	—	—	—	200	300
	10	—	—	—	—	—	—	200

8.3.5 高速公路、一级公路连续长、陡下坡路段的平均坡度与连续坡长不宜超过表 8.3.5 的规定；超过时，应进行交通安全性评价，提出路段速度控制和通行管理方案，完善交通工程和安全设施，并论证增设货车强制停车区。

表 8.3.5 连续长、陡下坡的平均坡度与连续坡长

平均坡度(%)	<2.5	2.5	3.0	3.5	4.0	4.5	5.0	5.5	6.0
连续坡长(km)	不限	20.0	14.8	9.3	6.8	5.4	4.4	3.8	3.3
相对高差(m)	不限	500	450	330	270	240	220	210	200

JTG B01—2014

4.0.22 公路纵坡变更处应设置竖曲线。竖曲线最小半径和最小长度不应小于表 4.0.22 的规定值。

表 4.0.22 竖曲线最小半径和最小长度

设计速度(km/h)	120	100	80	60	40	30	20
凸形竖曲线最小半径(m)	11 000	6 500	3 000	1 400	450	250	100
凹型竖曲线最小半径(m)	4 000	3 000	2 000	1 000	450	250	100
竖曲线最小长度(m)	100	85	70	50	35	25	20

条文说明

竖曲线最小半径分为"一般值"和"极限值"。按照本次技术标准修

订原则,在本项条文修订保留了对竖曲线最小半径和最小长度"极限值"的规定,把部分影响行车舒适性的指标包括竖曲线半径和最小长度的"一般值"移至相关专业规范中。

竖曲线最小半径的"极限值"是汽车在纵坡变更处行驶时,为了缓和冲击和保证视距所需的最小半径的计算值,该值在受地形等特殊情况约束时方可采用。竖曲线半径"一般值"是竖曲线最小半径"极限值"的 $1.5\sim2.0$ 倍。竖曲线最小半径"极限值"的计算及整理如表4-4和表4-5所示。

表4-4 凸形竖曲线最小半径"极限值"的计算

设计速度 (km/h)	停车视距 D(m)	缓冲冲击所要求的曲线长度(m) $L_{v1}=\dfrac{v^2\Delta}{360}$	视距所要求的曲线长度(m) $L_{v2}=\dfrac{D^2\Delta}{400}$	采用值 L_t (m)	极限最小半径(m) $R=\dfrac{100L_t}{\Delta}$
120	210	40.0Δ	111.0Δ	110Δ	11 000
100	160	27.8Δ	64.5Δ	65Δ	6 500
80	110	17.8Δ	30.2Δ	30Δ	3 000
60	75	10.0Δ	14.1Δ	14Δ	1 400
40	40	4.4Δ	4.1Δ	4.5Δ	450
30	30	2.5Δ	2.3Δ	2.5Δ	250
20	20	1.1Δ	1.0Δ	1.0Δ	100

注:v——行车速度(计算时采用计算行车速度)(km/h);
　　D——视距(计算时采用停车视距)(m);
　　L_t——采用的竖曲线长度(m);
　　Δ——坡度差(%);
　　R——极限最小半径(m)。

表4-5 凹形竖曲线最小半径"极限值"的计算

设计速度 (km/h)	停车视距 D(m)	缓冲冲击所要求的曲线长度(m) $L_{v1}=\dfrac{v^2\Delta}{360}$	前灯光束距离所要求的曲线长度(m) $L_{v2}=\dfrac{D^2\Delta}{150+5.24D}$	跨线桥下视距所要求的曲线长度(m) $L_{v3}=\dfrac{D^2\Delta}{2\ 692}$	采用值 L_t (m)	极限最小半径(m) $R=\dfrac{100L_t}{\Delta}$
120	210	40.0Δ	35.3Δ	16.4Δ	40Δ	4 000
100	160	27.8Δ	25.9Δ	9.5Δ	30Δ	3 000
80	110	17.8Δ	16.7Δ	4.4Δ	20Δ	2 000

续上表

设计速度 (km/h)	停车视距 D(m)	缓冲冲击所要求的曲线长度(m) $L_{v1}=\dfrac{v^2\Delta}{360}$	前灯光束距离所要求的曲线长度 (m) $L_{v2}=\dfrac{D^2\Delta}{150+5.24D}$	跨线桥下视距所要求的曲线长度 (m) $L_{v3}=\dfrac{D^2\Delta}{2\,692}$	采用值 L_t (m)	极限最小半径 (m) $R=\dfrac{100L_t}{\Delta}$
60	75	10.0Δ	10.4Δ	2.1Δ	10Δ	1 000
40	40	4.4Δ	4.4Δ	0.6Δ	4.5Δ	450
30	30	2.5Δ	2.9Δ	0.3Δ	2.5Δ	250
20	20	1.1Δ	1.6Δ	0.2Δ	1.0Δ	100

竖曲线长度过短,给驾驶员在纵面上一个很急促折曲的感觉,影响行车的舒适性。条文中规定的最小竖曲线长度按3s设计速度行程长度而确定。

第4.0.22条对照规范

➤ 《小交通量农村公路工程技术标准》(JTG 2111—2019)

4.0.15 公路纵坡变化处应设竖曲线,竖曲线最小半径和最小长度应符合表4.0.15的规定。

表4.0.15　竖曲线最小半径和最小长度

设计速度(km/h)	15
凸形竖曲线最小半径(m)	75
凹形竖曲线最小半径(m)	75
竖曲线最小长度(m)	15

➤ 《公路路线设计规范》(JTG D20—2017)

8.6.1 公路纵坡变更处应设置竖曲线,竖曲线可采用圆曲线或抛物线,其竖曲线最小半径与竖曲线长度应符合表8.6.1的规定。

表8.6.1　竖曲线最小半径与竖曲线长度

设计速度(km/h)		120	100	80	60	40	30	20
凸形竖曲线半径 (m)	一般值	17 000	10 000	4 500	2 000	700	400	200
	极限值	11 000	6 500	3 000	1 400	450	250	100
凹形竖曲线半径 (m)	一般值	6 000	4 500	3 000	1 500	700	400	200
	极限值	4 000	3 000	2 000	1 000	450	250	100

续上表

设计速度(km/h)		120	100	80	60	40	30	20
竖曲线长度(m)	一般值	250	210	170	120	90	60	50
	极限值	100	85	70	50	35	25	20

注：表中所列"一般值"为正常情况下的采用值；"极限值"为条件受限制时，经技术经济论证后的采用值。

9.3.4 竖曲线设计应符合下列要求：

1 设计速度大于或等于60km/h的公路，竖曲线设计宜采用长的竖曲线和长直线坡段的组合。有条件时宜采用大于或等于表9.3.4所列视觉所需要的竖曲线半径值。

表9.3.4 视觉所需要的最小竖曲线半径值

设计速度(km/h)	竖曲线半径(m)	
	凸形	凹形
120	20 000	12 000
100	16 000	10 000
80	12 000	8 000
60	9 000	6 000

2 竖曲线应选用较大的半径。当条件受限制时，宜采用大于或接近于竖曲线最小半径的"一般值"；地形条件特殊困难而不得已时，方可采用竖曲线最小半径的"极限值"。

3 同向竖曲线间，特别是同向凹形竖曲线之间，直线坡段接近或达到最小坡长时，宜合并设置为单曲线或复曲线。

4 双车道公路在有超车需求的路段，应考虑超车视距要求，采用较大的凸形竖曲线半径或设置必要的标志、标线等设施。

▶《公路隧道设计规范 第一册 土建工程》(JTG 3370.1—2018)

4.3.4 隧道纵坡形式，宜采用单向坡，地下水发育的长隧道、特长隧道可采用双向坡。隧道内竖曲线最小半径和最小长度应符合表4.3.4的规定。

表4.3.4 竖曲线最小半径和最小长度(m)

设计速度(km/h)	120	100	80	60	40	30	20
凸形竖曲线最小半径	17 000	10 000	4 500	2 000	700	400	200
凹形竖曲线最小半径	6 000	4 500	3 000	1 500	700	400	200
竖曲线最小长度	100	85	70	50	35	25	20

5 路基路面

5.0.1 一般规定

1 路基路面应根据公路功能、技术等级、交通量,结合沿线地形、地质及路用材料、气候等自然条件进行设计,保证其具有足够的强度、稳定性和耐久性。路面面层应满足平整和抗滑的要求。

2 路基应设置排水设施与防护设施,取土、弃土应进行专门设计,防止水土流失、堵塞河道和诱发路基病害;应进行路基表土综合利用方案设计,充分利用资源。

3 应因地制宜、统筹考虑安全、环境、土地、经济等因素,选择合理的路基断面形式。

4 通过特殊地质和水文条件的路段,必须查明其规模及其对公路的危害程度,采取综合治理措施,增强公路防灾、抗灾能力。

5 路基路面结构应遵循整体化设计原则。路基设计应根据可用填料、施工条件和当地成功经验,提出路基结构的设计要求与设计指标;路面结构设计应结合路基结构设计要求与设计指标进行综合设计,以满足路面结构耐久性要求。

6 公路改扩建项目的新建路面和原路面利用均应按现行标准进行设计,并应加强路基、路面的拼接设计;应对路面材料再生循环利用进行论证,充分利用废旧材料。

条文说明

1 路基路面的损坏不仅与其结构形式、路基路面材料、交通量与交通荷载大小有关,而且与路线线位、路基路面排水系统、路基稳定性等因素直接相关。本次修订仍维持《标准》03版的要求,强调路基路面应结合沿线地形、地质及材料等自然条件进行设计,应重视排水设施与边坡防护设施的设计,从而保证路基路面应具有足够的强度、稳定性和耐久性,以及路面面层满足抗滑和平整的要求。但近年来,极端气候现象的频繁出现,对路面的使用性能和耐久性造成了非常严重的不利影响,因此在路面设计和施工中,应加强对气候条件的适应性。本次修订强调了对气候因素的要求。

2 《标准》03版对路基排水、取土和弃土、水土保持、河道保护以及能诱发路基病害的内容提出了要求,这些原则性要求满足了我国公路建设的需求。但在在实际工程建设过程中,在原地面处理时对路基表土的利用重视不够,路基表土有的被弃掉,浪费资源;有的不作处理就又作为路基填料回填,对路基的稳定造成不良后果。因此,本次修订提出了对路基地表土进行综合利用的要求,以充分利用资源。

3 本次修订,在总结我国公路路基路面设计经验与教训的基础上,充分借鉴发达国家经验,针对路基设计与路面设计脱节的突出问题,提出了应重视路基路面一体化综合设计的原则,通过路基路面的综合设计,提高路基路面的耐久性。

4 为了适应我国公路改扩建项目快速发展的需求,本次修订对路基路面改扩建标准选用的原则、路基路面拼接设计要求以及路面材料循环利用等提出了相关要求。根据高速公路改扩建技术政策研究成果以及高速公路改扩建设计细则的相关研究成果,本次修订增加了关于改扩建公路新建工程的路面结构和原路利用工程的路面结构均应按现行标准进行设计的要求,统一了改扩建公路工程路面设计标准。

第5.0.1条对照规范

> 《小交通量农村公路工程技术标准》(JTG 2111—2019)

5.0.1 路基设计应符合下列规定:
1 路基应具有足够的强度、稳定性和耐久性。
2 路基应设置排水设施与防护设施。
3 路基应根据当地自然条件和工程地质条件,因地制宜,统筹考虑安全、环境、土地、经济等因素,选择合理的断面形式和边坡坡度。

4 路基通过特殊地质和水文条件的路段,应结合当地实践经验,采取综合治理措施,增强公路防灾、抗灾能力。

5 路基设计洪水频率应参考当地水文要素,结合村镇发展规划、排洪、泄洪等情况综合确定,不宜低于1/15。过水路面设计洪水频率应根据容许阻断交通的时间长短和对上下游农田、乡镇、村庄的影响确定。

第5.0.1条第1款对照规范

> **《公路路基设计规范》**(JTG D30—2015)

1.0.3 路基应具有足够的强度、稳定性和耐久性。

1.0.5 路基设计应根据公路的功能和等级,遵循因地制宜、就地取材、节约土地、保护环境的原则,通过技术经济综合比选,合理确定路基方案,做好综合设计。

> **《公路水泥混凝土路面设计规范》**(JTG D40—2011)

4.2.1 路基应稳定、密实、均质,对路面结构提供均匀的支承。

4.2.2 路床顶面的综合回弹模量值,轻交通荷载等级时不得低于40MPa,中等或重交通荷载等级时不得低于60MPa,特重或极重交通荷载等级时不得低于80MPa。

4.5.1 水泥混凝土面层应具有足够的强度和耐久性,表面应抗滑、耐磨、平整。

> **《公路沥青路面设计规范》**(JTG D50—2017)

1.0.3 应根据公路等级、路面使用性能要求和所需承担的交通荷载,结合当地气候、水文、地质、材料、建设和养护条件、工程实践经验以及环境保护要求等,进行结构组合、材料设计和厚度设计,通过技术经济分析选定设计方案。

第5.0.1条第2款对照规范

> **《公路环境保护设计规范》**(JTG B04—2010)

3.2.4 路基路面设计应结合工程地质条件,因地制宜,就地取材,综合考虑下列因素:

1 合理选择路基高度,有条件时宜采用低路堤和浅路堑方案,路基边坡顺应自然;

2 重视路基及取弃土场范围内的表土保护与利用;

3 充分利用现有料场,新设料场应考虑其位置、开采方式、数量等对坡面植被、河水流向和水土保持等的影响；

  4 弃方应集中堆弃,重视弃方的位置、数量等对自然环境的影响；

  5 路基路面综合排水工程设施应自成体系,不得与当地排灌系统相互干扰；

  6 路基防护形式应根据当地的自然条件合理选用,有条件时宜采用植物防护；水土流失严重或边坡稳定条件较差时,宜采用工程防护与植物防护相结合的方法,并重视表面植被防护。

4.2.5 公路工程应结合土地利用规划,重视土石方调配,在技术经济比较的基础上,合理选择取、弃土场位置及取、弃土方式；减少施工和取土坑、弃土场用地；严禁占用基本农田取、弃土。

4.2.6 有条件时宜利用弃方造地以备复垦,或利用弃方造地供作工程设施用地。

5.2.3 公路经过草原草甸时应注意保护腐殖土和地表植被,限制路侧取土；取、弃土场宜选择在地表植被生长差的地方并集中设置,一般宜设置在公路用地界400m以外。

7.2.8 取、弃土场的绿化应结合区域自然环境,与当地自然地形相协调,与水土保持设计综合考虑,有条件时优先进行复耕。其要求如下：

  1 公路视线之内的取、弃土场绿化,宜在防治水土流失的基础上,结合景观设计要求,选择相应的物种进行立体绿化；

  2 公路视线之外的取、弃土场绿化设计,可选用与周围环境相协调的物种进行绿化,重点防治水土流失。

8.1.4 应重视公路工程取、弃土场的绿化和复垦,弃土场应先挡后弃。

8.2.2 应重视取、弃土场位置的选择。当取、弃土破坏了原有地表植被或改变了原地表自然坡度而形成裸露坡面时,应进行绿化或复垦。其要求如下：

  1 取土场宜选择在植被稀疏的丘陵、山包等荒地、荒坡,并应与当地政府协商,确定取土范围和深度；弃土场宜选择在储量大、地形低的洼地,或不易受水流冲刷的荒沟、荒地或低产田地,并分级填筑弃土；

  2 取土场宜远离建筑物、管线等生活生产设施,不应影响其安全；取土场可能蓄水或集水时,其位置不应影响路基及周围坡体稳定；

  3 不应在基本农田区、林地,以及可能导致地质灾害或路基病害的区域设置取、弃土场；严禁在泥石流沟、滑坡体上缘等位置设置弃土场；

  4 取土场不宜设置在桥头引道两侧。

8.2.3 应合理确定取土场的防护措施。对于取土场形成的裸露边坡,应结合工程防护恢复植被；取土场坡脚易受水流冲刷的地方,应采用工程护坡；当取土场边坡高度大于 4m,坡度大于 1:1.5 时,宜采取削坡开级措施。

8.2.4 取土场的排水工程宜结合取土情况及时布设。其要求如下:

  1 当取土场裸露坡面易受到上游水流冲刷时,应在取土场坡顶以外设挡水土埂或截水沟,拦截来水;

  2 受坡面集水冲刷的取土场,应根据地形在距最终开采边界以外设置截水沟,拦截坡顶以上集水;

  3 位于山坡地的取土场,应在取土场中间平台和坡脚设排水沟,排除坡面径流;

  4 施工期应在取土场下游排水沟外侧设置临时拦渣带。

8.2.5 取、弃土结束后,宜及时绿化、覆土造田或考虑其他综合利用。其整治要求如下:

  1 取、弃土前,应先将表土集中堆存,待取、弃土结束后,再将表土予以利用;

  2 整治或复垦后的取、弃土场,宜根据其土地质量、灌溉条件、气候特征、生产功能及规划情况等合理确定利用方向;农业用地一般覆土 30~55cm,林业用地 20~45cm,牧业用地 15~25cm。

8.2.6 弃土场的拦渣及护坡工程,应根据弃土堆放位置、弃土性质、预计弃土高度等因素合理确定。其要求如下:

  1 弃土场坡面防护宜以植物防护为主;

  2 在沟道中堆置弃土、弃石、弃渣时,应修建拦渣坝;

  3 弃土、弃石、弃渣等堆置物易发生滑塌,或堆置在坡顶及斜坡面时,应修建挡渣墙。

8.2.7 弃土场排水系统应根据弃土场的地形、地质及水文条件,结合沟渠、农田灌溉等设施综合考虑设置,避免水流冲刷土体或改变地面径流条件引起农田、坡地的冲刷。位于沟谷、坡地的弃土场,必须设置完善的排水设施;当弃土场周围有汇流条件时,可采取截、排水措施,将水流引出排泄。

8.2.8 临时工程水土保持措施宜根据当地的自然条件,长远结合、综合考虑。其重点如下:

  1 公路施工临时占用的土地,应将表土收集存放,待施工完成后,再将表土回覆原场地表层,进行复垦或绿化;生态环境脆弱或植被恢复困难地区,宜将原地表表层覆盖的植被加以保护和利用。

➤ 《公路工程项目建设用地指标》(交通运输部2011年)

2.3.6 路基填挖方应认真勘察、精细计算、合理调配,力求自身利用平衡,减少设置取、弃土场;必须设置取、弃土场时,应与改田、造地、复垦相结合。

2.3.7 需借土填筑路堤时,应在技术、经济可行的条件下,考虑利用符合技术要求的工业废渣及其他建设工程(如河道整治、水库开挖、鱼塘建设等)的废弃土方。

➤ 《公路勘测规范》(JTG C10—2007)

8.6.4 应对取弃土场的位置与条件进行勘测与调查。

8.6.5 应对防护工程的设置位置及条件进行勘测与调查,地质条件特别复杂、防护工程规模较大的工点,应进行控制测量并测绘1:500~1:2 000的地形图。

➤ 《公路路基设计规范》(JTG D30—2015)

3.1.4 路基设计应根据当地自然条件和工程地质条件,选择适当的路基横断面形式和边坡坡度。沿河路基不宜侵占河道,应根据冲刷情况,设置必要的防护支挡工程,并妥善处理路基废方,避免河床堵塞、河流改道或冲毁沿线构造物、农田、房屋等。

3.1.5 路基填料应满足路基强度和回弹模量的要求。土石方调配设计应对移挖作填、集中取(弃)土、填料改良处理等方案进行技术经济比较,充分利用挖方材料,节约土地。

3.1.7 路基设计应考虑水和冰冻对路基性能的影响,设置完善的防排水系统或防冻害设施,以及必要的路基防护工程。

第5.0.1条第3款对照规范

➤ 《公路工程抗震规范》(JTG B02—2013)

8.1.1 应根据公路等级、场区设计基本地震动峰值加速度、地形地质条件,合理选择填料,确定路基高度和断面形式,并采取必要的防护措施,保证路基安全。

➤ 《公路环境保护设计规范》(JTG B04—2010)

4.2.3 公路设计应合理选用技术指标,降低路基高度,农田地区宜设置挡墙、护坡、护脚等防护设施,节约用地。

  1 公路工程可行性研究阶段走廊带的选择应调查统计高路堤、深路堑路段和支挡防护设施的数量；

  2 初步设计阶段应对采用高路堤、深路堑路段和支挡防护设施与路基进行多方案比选，把节约土地作为方案取舍的重要指标；当路堤高度大于 20m 时，宜采用桥梁方案；当挖方路中深度大于 30m 或挖方边坡高度大于 1.6 倍的路基宽度值时，宜采用隧道方案；

  3 施工图设计阶段应进行路线线位优化，确定公路防护工程的结构类型和尺寸，计算统计为少占土地而增设的支挡防护工程的数量。

4.2.4 路基断面形式和防护设施应结合自然地形、土地状况和工程地质特点合理选择，科学确定公路用地规模，合理利用土地，切实保护耕地。

  1 应论证确定公路路基横断面、中央分隔带、硬路肩、护坡道的宽度；

  2 应论证确定公路缓边坡的设置条件及边坡坡率，并统计放缓边坡占用的土地。

9.2.3 路基边坡宜以自然流畅的缓坡为主，边沟宜选择浅碟式。

➢ 《公路工程项目建设用地指标》（交通运输部 2011 年）

2.3.4 路基设计应严格控制高填深挖路基。当挖方深度大于 30m、填方高度大于 20m 时，应结合占用土地情况进行路桥（隧）方案技术经济比选，以确定合理的方案。

2.3.5 对必须通过耕地的路段，路基设计应通过技术、经济比较，采取设置边坡挡土墙、采用节地型排水沟和压缩护坡道、碎落台宽度等可行措施，以减少占地。

2.3.9 在技术、经济条件允许的情况下，应适度提高桥隧比例，以有效减少公路用地。

第 5.0.1 条第 4 款对照规范

➢ 《公路工程抗震规范》（JTG B02—2013）

1.0.3 公路工程构筑物应进行抗震设计。不需要进行专门工程场地地震安全性评价的公路工程构筑物，应根据现行《中国地震动参数区划图》（GB 18306）规定的地震动参数进行抗震设防。地震动峰值加速度大于或等于 $0.40g$ 地区的公路工程构筑物的抗震设计应专门研究。

4.3.5 未经处理的液化土层不宜作为天然地基持力层。地基的抗液化措施应满足表 4.3.5 的要求。

5 路基路面

表 4.3.5 地基抗液化措施要求

构筑物	地基的液化等级		
	轻微	中等	严重
1. 高速公路、一级公路、二级公路上高度大于5m的挡土墙； 2. 各级公路上的隧道工程； 3. A、B类桥梁	应部分消除液化沉降，或对基础和上部结构采取减轻液化沉降影响的措施	宜全部消除液化沉降；也可部分消除液化沉降，并对基础和上部结构采取减轻液化沉降影响的措施	应全部消除液化沉降
1. 高速公路、一级公路、二级公路上高度小于或等于5m的挡土墙； 2. 三级公路上的挡土墙； 3. 四级公路上高度大于5m的挡土墙； 4. 高速公路和一级公路路基； 5. C类桥梁	宜对基础和上部结构采取减轻液化沉降影响的措施；结构物自身抵抗液化沉降影响能力较强时，也可不采取措施	应对基础和上部结构采取减轻液化沉降影响的措施；结构物对液化沉降敏感时，应采取更高要求的措施	宜全部消除液化沉降；也可部分消除液化沉降，且对基础和上部结构采取减轻液化沉降影响的措施
1. 四级公路上高度小于或等于5m的挡土墙； 2. 二级公路路基； 3. D类桥梁	可不采取措施	可不采取措施	宜对基础和上部结构采取减轻液化沉降影响的措施，也可采取其他经济合理的措施

8.1.2 路线经过规模较大、性质复杂的滑坡、崩塌、岩溶等不良地质地段时，应采用排、挡及改善软弱层带的工程性质等措施进行综合治理，减轻地震诱发的地质灾害对路基的危害。

8.3.1 路堤填料的选择应符合下列规定：

1 路堤填方宜采用抗震稳定性较好的碎石土、黏性土、卵石土和不易风化的石块等材料，当采用砂类土填筑路基时，应对边坡坡面采取适当防护措施。

2 路堤浸水部分的填料，宜选用抗震稳定性较好的渗水性土。

3 位于设计基本地震动峰值加速度大于或等于0.20g地区的高速公路和一级公路，采用粉砂、细砂作填料时，应采取防止液化的措施。

8.3.2 公路路堤或路堑的高度大于表8.3.2规定时，应采取放缓边坡或加固等措施。

表 8.3.2 路基高度限值(m)

填土类别	设计基本地震动峰值加速度				
	高速公路、一级公路		二级公路	三级公路、四级公路	
	0.20g(0.30g)	0.40g	0.40g	0.30g	0.40g
岩块和细粒土(粉土和有机质土除外)路基	15	10	15	—	
粗粒土(细砂、极细砂除外)路基	6	3	6	—	
黏性土路堑	15	15	10	15	20

8.3.3 对于设计基本地震动峰值加速度大于或等于 0.20g 地区的高速公路和一级、二级公路,在自然坡度大于 1:5 的稳定斜坡上填筑路堤时,应在原地面挖台阶,台阶宽度不宜小于 2m,坡脚处应采取设置支挡构筑物等防滑措施。

8.3.6 高速公路和一级公路的路基地基为液化土层,不满足本规范第 8.3.5 条规定时,应按本规范第 4.3.5 条的规定采取抗液化措施。

8.3.7 筑于软土地基且高度大于 6m 的路堤,可根据具体情况适当采取下列措施,提高路基的抗震稳定性:

1 降低填土高度,置换软土设置反压护道。
2 取土坑和边沟浅挖、远离路基。
3 保护路基与取土坑之间的地表植被或采取地基加固措施。

8.3.8 软土地基上的高速公路和一级公路,地表设置垫层时,垫层材料应采用碎、卵石或粗砂夹碎石(卵石),不得采用细砂。

8.3.9 边坡高度超过 10m 的岩石路堑,边坡坡度宜参考表 8.3.9 的规定确定。边坡岩体石质破碎或有危石的岩石路堑,上覆层受震易坍塌时,应采取支挡措施;对于高速公路和一级公路,宜采用明洞或隧道方案通过。

表 8.3.9 边坡高度超过 10m 的岩石路堑参考边坡坡度

岩石种类	设计基本地震动峰值加速度	
	0.20g(0.30g)	0.40g
风化岩石	1:0.6~1:1.5	1:0.75~1:1.5
一般岩石	1:0.1~1:0.5	1:0.2~1:0.6
坚石	1:0.1~直立	1:0.1~直立

8.3.10 路基通过发震断裂,按本规范第 3.6.11 条判定,需要考虑发震断裂错动对路基影响时,高速公路、一级公路和二级公路,距发震断裂带边缘 100m 范围内,

路堤高度和路堑边坡高度宜小于3m,三级公路和四级公路宜小于4m。

➢ **《公路勘测规范》**(JTG C10—2007)

8.6.1 应对影响路基、路面及排水设计的相关因素和条件进行调查,内容包括沿线的气象、水文、水系、地质、土质、植被、水利设施的现状与规划等。

8.6.2 应对沿线地质情况以及特殊地质、不良地质的位置、特征,地形地貌的成因、性质、发展规律,对路基、路面的影响进行调查。

➢ **《公路路基设计规范》**(JTG D30—2015)

7.1.1 路线通过特殊土(岩)、不良地质以及特殊气候和水文条件路段时,应采取综合地质勘察,查明特殊地质体的性质、成因类型、规模、稳定状况及发展趋势;特殊路基设计所需要的物理力学参数,应结合室内试验和原位测试资料经综合分析确定。

7.1.2 应做好工程地质选线工作,路线应绕避规模大、性质复杂、处理困难的不良地质和特殊土(岩)地段,并避免高填深挖路基。

7.1.3 特殊路基设计应考虑气候环境、水和地质等因素对路基长期性能的影响,对可能造成的路基病害,应遵循预防为主、防治结合的原则,通过综合技术经济比较,因地制宜,采取有效的工程处理措施,保证路基稳定。分期整治时,应保证在各种因素的变化过程中不降低路基的安全度。

第5.0.1条第5款对照规范

➢ **《公路沥青路面设计规范》**(JTG D50—2017)

1.0.4 路基应满足最低回弹模量要求,并应具有合适的干湿类型。应在调查掌握沿线路基土质和干湿类型的基础上,进行路基路面综合设计。

第5.0.1条第6款对照规范

➢ **《公路路基设计规范》**(JTG D30—2015)

6.1.4 公路路基拓宽改建设计,应做好路基路面综合设计。拓宽部分的路基应与既有路基之间保持良好的衔接,并采取必要的工程措施减小新老路基之间的差异沉降,防止产生纵向裂缝。

➢ **《公路水泥混凝土路面设计规范》**(JTG D40—2011)

4.2.8 填挖交界或新老路基结合路段,应采取防止差异沉降的技术措施。

8.1.4 废旧路面材料应充分利用,减少对环境的不利影响。

➢ 《公路沥青路面设计规范》(JTG D50—2017)

7.1.3 确定改建设计方案时,应充分利用既有路面结构性能,减少废弃材料,并积极、稳妥地再生利用既有路面材料。

➢ 《高速公路改扩建设计细则》(JTG/T L11—2014)

3.0.7 既有公路为整体式断面,单侧拼宽或单侧分离增建后,双向行驶改为单向行驶,既有中央分隔带保留的路段设置同向车道分隔带,改造为路面的路段设置车道转换带,如图3.0.7-1所示,其建筑限界应符合图3.0.7-2的规定。

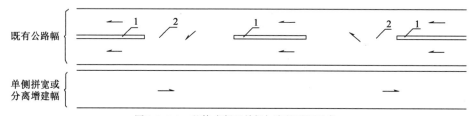

图 3.0.7-1　整体式断面单侧加宽的平面示意

1-同向车道分隔带;2-车道转换带

注:图中箭头表示行车方向。

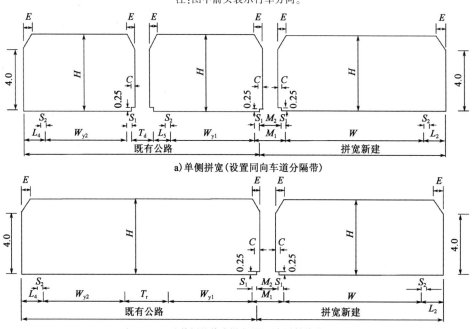

图　3.0.7-2

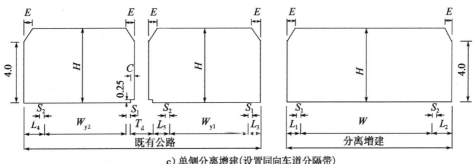

c) 单侧分离增建(设置同向车道分隔带)

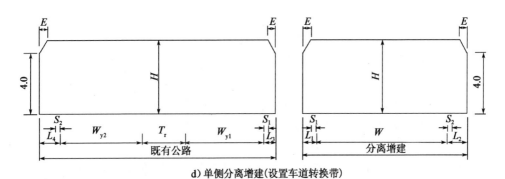

d) 单侧分离增建(设置车道转换带)

图 3.0.7-2 整体式断面单侧加宽的建筑限界(尺寸单位:m)

图中:

W、W_{y1}、W_{y2}——行车道宽度;

L_1、L_3——左侧硬路肩宽度,L_3 可按既有公路设计标准取用;

L_2、L_4、L_5——右侧硬路肩宽度,L_4、L_5 可按既有公路设计标准取用;

S_1——左侧路缘带宽度;

S_2——右侧路缘带宽度;

C——设计速度大于 100km/h 时为 0.5m,小于或等于 100km/h 时为 0.25m;

M_1——中间带宽度;

M_2——中央分隔带宽度;

T_d——同向车道分隔带宽度;

T_r——车道转换带宽度,$T_r = T_d + L_5 + S_1$;

E——建筑限界顶角宽度:当硬路肩宽度小于或等于1m 时,取硬路肩宽度；当硬路肩宽度大于1m时，取1m；

H——净空高度。

3.0.14 利用或再生利用既有资源、防治污染、处治废弃物时，应满足环境协调与生态保护要求。

7.1.1 改扩建路基设计，应对既有路基进行充分调查、合理评价，在此基础上分析拼宽部分路基、分离增建路基对既有路基变形、稳定性及防护和排水设施功能的影响，采取合理的技术方案，保证改扩建公路路基的强度和稳定性，并满足使用功能。

7.1.2 拼宽部分路基、分离增建路基的回弹模量应满足现行《公路路基设计规范》(JTG D30)的要求，且拼宽新建部分路基回弹模量不应小于既有公路设计时要求的值。

7.1.3 应采取必要的工程措施，控制拼宽部分和既有路基之间的差异沉降并保持有效结合。

7.1.4 应对既有路基病害和隐患进行处治，满足拼接要求及使用要求。

7.1.6 分离增建路基沉降控制应符合现行《公路路基设计规范》(JTG D30)的规定。拼宽路基沉降控制应符合本细则的规定。

7.1.7 应提出既有防护和排水设施拆除、路基填料和绿化植物挖除的再利用方案。无法利用的应妥善收集处理，避免污染环境。

8.1.2 改扩建路面设计包括拼宽新建路面、既有路面利用标准及处治、路面拼接、再生利用和路面结构防排水设计五个部分，应重视各部分的相互协调。

8.1.5 改扩建路面设计应重视既有路面材料的循环利用，铣刨、挖除的路面材料应进行再生或再利用。

JTG B01—2014

5.0.2 路基设计洪水频率应符合下列规定：

1 路基设计洪水频率应符合表5.0.2的规定。

表5.0.2 路基设计洪水频率

公路等级	高速公路	一级公路	二级公路	三级公路	四级公路
设计洪水频率	1/100	1/100	1/50	1/25	按具体情况确定

2 城市周边地区的公路路基设计洪水频率应结合城市防洪标准，考虑救灾通道、排洪和泄洪需求综合确定。

条文说明

路基设计洪水频率标准是参照《防洪标准》(GB 50201)确定的。为了适应我国城镇化发展的需求,确保城市安全,要求对城市周边区域的公路路基设计洪水频率,应与城市防洪标准相协调并考虑救灾通道、排洪和泄洪需求综合确定。

第 5.0.2 条对照规范

➤ **《公路路基设计规范》**(JTG D30—2015)

3.1.3 沿河及受水浸淹的路基边缘高程,应高出表 3.1.3 规定设计洪水频率的计算水位加壅水高度、波浪侵袭高度及 0.5m 的安全高度之和。

表 3.1.3 路基设计洪水频率

公路等级	高速公路	一级公路	二级公路	三级公路	四级公路
路基设计洪水频率	1/100	1/100	1/50	1/25	按具体情况确定

注:区域内唯一通道的公路路基设计洪水频率可采用高一个等级公路的标准。

JTG B01—2014

5.0.3 路基高度应符合下列规定:

1 路基高度设计应使路肩边缘高出路基两侧地面积水高度,同时考虑地下水、毛细水和冰冻的作用,不使其影响路基的强度和稳定性。

2 沿河及受水浸淹的路基边缘高程,应高出表 5.0.2 规定设计洪水频率的计算水位加壅水高、波浪侵袭高和 0.5m 的安全高度。

条文说明

路基高度设计应考虑路基所处地段的地面积水情况、地下水位高度、基底和路基填料的毛细水作用、冰冻作用等。沿河路基应按设计洪水频率合理确定路基高程。

第 5.0.3 条对照规范

➤ **《小交通量农村公路工程技术标准》**(JTG 2111—2019)

5.0.3 路基高度应符合下列规定:

  1 路基设计高度应使路肩边缘高出路基两侧地面积水高度,同时考虑地下水、毛细水和冰冻的作用,不使其影响路基的强度和稳定性。
  2 填土高度受限时,应做好排水设计,并采取换填、设置隔离层等处治措施。
  3 沿河及受水浸淹的路基边缘高程,应满足设计洪水频率的计算水位加壅水高、波浪侵袭高和0.5m的安全高度。

> **《公路工程水文勘测设计规范》**（JTG C30—2015）

10.4.1 浸水路基的高度,除应满足现行《公路路基设计规范》(JTG D30)规定的最小填土高度外,其边缘设计高程尚应高出下式计算值：

$$H_{\min} = H_S + \sum \Delta h + 0.5 \tag{10.4.1}$$

式中：$H_{\min}$——路基边缘最低高程(m)；
   H_S——设计水位(m)；
   $\sum \Delta h$——考虑壅水高度或水位降低值、波浪爬高、局部冲高、河湾超高、床面淤高等因素的总和。

10.4.2 沿河路基、河滩路基的壅水高度应按本规范第10.3.2条、第10.3.3条的规定计算,波浪爬高及床面淤高可由计算、调查确定；位于凹岸的沿河路基,或当水流流向与路基轴线斜交时,宜按下式计算局部冲高值并与波浪爬高值比较,取大值计入本规范式(10.4.1)。

$$\Delta h_{ch} = \frac{v_g^2 \sin^2\theta}{g\sqrt{1+m^2}} \tag{10.4.2}$$

式中：Δh_{ch}——斜水流在路基边坡上的局部冲高(m)；
   v_g——冲向路基的水流平均流速(m/s)；
   θ——水流与河湾切线或路基轴线斜交角(°)；
   m——路基迎水面边坡系数。

10.4.3 对有封闭式导流堤的河滩路基,当导流堤设计标准低于设计洪水频率时,应按本规范式(10.4.1)计算路基边缘最低高程；当导流堤足以抵抗设计频率的洪水时,可按本规范式(10.3.3-7)计算水位降低值,替代壅水高计入本规范式(10.4.1),波浪爬高及床面淤高由计算、调查确定。

10.4.4 平原低洼(河网)地区路基区段的壅水高、波浪爬高及床面淤高应由计算、调查确定。

10.4.5 滨海路基的设计高程不应低于设计频率的高潮水位加波浪侵袭高,以及0.5m的安全高度。

▶ **《公路路基设计规范》(JTG D30—2015)**

3.3.1 路堤高度应满足下列要求:
1 满足公路等级所对应的路基设计洪水频率及其设计洪水位。
2 路堤高度不宜小于中湿状态路基临界高度。
3 季节冻土地区,路堤高度不宜小于当地路基冻深。

JTG B01—2014

5.0.4 路基技术要求和原地面处理要求应符合下列规定:

1 路堤基底应清理和压实。基底强度、稳定性不足时,应进行处理,以保证路基稳定,减少工后沉降。

2 路基压实度应根据公路技术等级、填挖深度、交通荷载等级和填料特点等因素确定,并应符合表5.0.4的规定。

表5.0.4 路基压实度

路基部位		路床顶面以下深度(m)	压实度(%)		
			高速公路、一级公路	二级公路	三级公路、四级公路
上路床		0~0.3	≥96	≥95	≥94
下路床	轻、中及重交通荷载等级	0.3~0.8	≥96	≥95	≥94
	特重、极重交通荷载等级	0.3~1.2	≥96	≥95	—
上路堤	轻、中及重交通荷载等级	0.8~1.5	≥94	≥94	≥93
	特重、极重交通荷载等级	1.2~1.9	≥94	≥94	—
下路堤	轻、中及重交通荷载等级	>1.5	≥93	≥92	≥90
	特重、极重交通荷载等级	>1.9			

注:1. 表列压实度数值以重型击实试验法为准。
2. 特殊干旱或特殊潮湿地区的路基压实度,表列数值可适当降低。
3. 三、四级公路修筑沥青混凝土或水泥混凝土路面时,其路基压实度应采用二级公路标准。

3 在满足路基各层压实度的前提下,应根据路基实际采用的填料类型和路面结构设计要求,确定路床顶面回弹模量标准。对于重载交通路基、软弱和特殊土路基,可适当提高路床顶面回弹模量标准。

条文说明

1 《标准》03 版针对公路设计和施工中,对于非软基路段的原地面的压实和处理缺乏足够重视,从而导致出现较大工后沉降的问题,在修订时强调了应对路基原地面进行清理和压实,并对基底强度、稳定性不足的路段做好处理的要求,应用效果很好,故本次未对原条文进行修订,继续保留。

2 《标准》03 版修订时,为保证路基强度和路基稳定性,及时总结当时许多省区提高路基压实度标准并付诸实施的工程实践经验,将高速公路、一级公路 1.5m 以下的路堤压实度标准从 90% 提高到了 93%,1.5m 以上各层压实度分别提高了一个百分点;二级公路 1.5m 以下路堤压实度从 90% 提高到 92%,0.8~1.5m 的路堤压实度从 90% 提高到了 94%,0~0.8m 的路床压实度从 93% 提高到了 95%。在过去的十年中,该标准的修订对提高路基的稳定性和耐久性起到了非常重要的作用。近十年来,随着重载交通的不断发展,重载交通对路基的作用和影响明显加强。为了适应这种变化,需要提高路基更深层位的压实度标准,以确保路基的稳定性和耐久性。在总结国内已有研究成果和工程实践经验的基础上,本次修订针对特重与极重交通荷载等级条件,提高了路基下路床和路堤部分层位的压实度标准。

3 《标准》03 版中,对土方路基的技术要求仅有压实度一个指标。压实度指标实际上是一个施工控制指标,对于路基设计指标来说,技术标准没有做出规定。本次修订增加了控制路床强度的技术要求,即采用路床顶面回弹模量指标确保路基稳定。从国际上发达国家公路工程应用经验看,控制路床强度是确保路基稳定的关键技术措施之一。我国多年来对路床强度的检验评定非常重视,但对路床强度标准的要求却较低,一般要求不低于 30MPa 即可,与公路等级及路面结构设计的关联性不足。本次修订对路床顶面回弹模量标准提出了明确要求[回弹模量标准见《公路路基设计规范》(JTG D30)和《公路沥青路面设计规范》(JTG D50)]。本次修订还对软弱路基不良路段、重载交通路段的路基强度做出了灵活运用的规定。

第5.0.4条对照规范

> **《小交通量农村公路工程技术标准》(JTG 2111—2019)**

5.0.4 原地面处理要求和路基技术要求应符合下列规定:

1 路堤基底应清理和压实。在一般土质地段,基底压实度不应小于85%(重型击实)。基底强度、稳定性不足时,应进行处理,以保证路基稳定,减少工后沉降。

2 路基填料最小承载比应符合表5.0.4-1的规定。

表5.0.4-1 路基填料最小承载比要求

路基部位	路面底面以下深度(m)	填料最小承载比(CBR)(%)
路床	0~0.30	5
	0.30~0.80	3
路堤	0.80~1.50	3
	>1.50	2

3 路基压实度应符合表5.0.4-2的规定。

表5.0.4-2 路基压实度要求

路床顶面以下深度(m)	路基压实度(%)(重型击实)
0~0.30	≥94
0~0.80	≥94
0.80~1.50	≥93
>1.50	≥90

注:特殊干旱或特殊潮湿地区的路基压实度可适当降低。

4 填石路基应通过试验路段确定合适的填筑层厚、压实工艺以及质量控制标准,宜采用孔隙率法。

5 路床顶面回弹模量值不应低于30MPa,采用沥青混凝土路面和水泥混凝土路面时不应低于40MPa。

> 《公路路基设计规范》(JTG D30—2015)

3.1.6 路基设计应控制路基工后沉降量。对软弱地基、路基与桥涵结构物连接处、路基填挖交界处、高路堤、陡坡路堤等,应采取综合措施,防止路基不均匀变形。

3.2.3 路床应分层铺筑,碾压密实,并应符合下列要求:
    1 填料最大粒径应小于 100mm。
    2 压实度应符合表 3.2.3 的规定。
    3 路床顶面横坡应与路拱横坡一致。

表 3.2.3 路床压实度要求

路基部位		路面底面以下深度(m)	路床压实度(%)		
			高速公路、一级公路	二级公路	三、四级公路
上路床		0~0.3	≥96	≥95	≥94
下路床	轻、中等及重交通	0.3~0.8	≥96	≥95	≥94
	特重、极重交通	0.3~1.2	≥96	≥95	—

注:1. 表列压实度系按现行《公路土工试验规程》(JTG E40)重型击实试验所得最大干密度求得的压实度。
    2. 当三、四级公路铺筑沥青混凝土和水泥混凝土路面时,其压实度应采用二级公路压实度标准。

3.2.4 路基应以路床顶面回弹模量为设计指标,以路床顶面竖向压应变为验算指标,并应符合下列要求:
    1 路基在平衡湿度状态下,路床顶面回弹模量不应低于现行《公路沥青路面设计规范》(JTG D50)和《公路水泥混凝土路面设计规范》(JTG D40)的有关规定。
    2 沥青路面路床顶面竖向压应变的计算值应满足沥青路面永久变形的控制要求。
    3 水泥混凝土路面路床顶面竖向压应变可不作控制。

3.2.5 新建公路路基回弹模量设计值 E_0 应按式(3.2.5-1)确定,并应满足式(3.2.5-2)的要求。

$$E_0 = K_s K_\eta M_R \qquad (3.2.5\text{-}1)$$

$$E_0 \geq [E_0] \qquad (3.2.5\text{-}2)$$

式中:E_0——平衡湿度状态下路基回弹模量设计值(MPa);
    $[E_0]$——路面结构设计的路基回弹模量要求值(MPa),应符合本规范第 3.2.4 条的有关规定;

M_R——标准状态下路基动态回弹模量值(MPa),按本规范第3.2.6条确定;

K_s——路基回弹模量湿度调整系数,为平衡湿度(含水率)状态下的回弹模量与标准状态下的回弹模量之比,按本规范第3.2.7条确定;

K_η——干湿循环或冻融循环条件下路基土模量折减系数,通过试验确定。初步设计时,非冰冻地区可根据土质类型、失水率确定,季节冻土区可根据冻结温度、含水率确定,折减系数可取0.7~0.95。非冰冻区粉质土、黏质土,失水率大于30%,取小值,反之取较大值;粗粒土取大值。季节冻土地区粉质土、黏质土冻结温度低于-15℃,冻前含水率高,取小值,反之取较大值;粗粒土取大值。

3.2.6 标准状态下路基回弹模量值应按下列方法确定:

1 路基填料的回弹模量应按附录A通过试验获得。

2 受试验条件限制时,可按附录B,根据土组类别及粒料类型由表B.1、表B.2查取回弹模量参考值。

3 初步设计阶段,也可按式(3.2.6-1)、式(3.2.6-2)由填料的 CBR 值估算标准状态下填料的回弹模量值:

$$M_R = 17.6 CBR^{0.64} \quad (2 < CBR \leqslant 12) \qquad (3.2.6\text{-}1)$$

$$M_R = 22.1 CBR^{0.55} \quad (12 < CBR < 80) \qquad (3.2.6\text{-}2)$$

3.2.7 新建公路路床应处于干燥或中湿状态。路基设计可按下列方法预估湿度状态,确定回弹模量湿度调整系数:

1 可按附录C的有关规定,根据路基相对高度、路基土组类别及其毛细水上升高度,确定路基干湿类型,并预估路基结构的平衡湿度。

2 路基回弹模量湿度调整系数可按附录D确定。

3.2.8 当路基湿度状态、路基填料 CBR、路床回弹模量和竖向压应变等不能满足要求时,应根据气候、土质、地下水赋存和料源等条件,经技术经济比选后,对路床采取下列处理措施:

1 可采用粗粒土或低剂量无机结合料稳定土等进行换填,并合理确定换填深度。

2 对细粒土可采用砂、砾石、碎石等进行掺和处治,或采用无机结合料进行稳定处治。细粒土处治设计应通过物理力学试验,确定处治材料及其掺量、处治后的路基性能指标等。

3 水文地质条件不良的土质挖方路基或者潮湿状态填方路基,应采取设置排水垫层、毛细水隔离层、地下排水渗沟等措施。

4 季节冻土地区各级公路的中湿、潮湿路段,应结合路面结构进行路基结构的防冻验算。必要时,应设置防冻垫层或保温层。

JTG B01—2014

5.0.5 路基防护应根据公路功能,结合当地气候、水文、地质等情况,采取相应防护措施,保证路基稳定,并应符合下列规定:

1 路基防护应采取工程防护与植物防护相结合的综合防护措施,并与景观相协调。

2 深挖、高填路基边坡路段,必须查明工程地质情况,针对其工程特性进行路基防护设计。对存在稳定性隐患的边坡,应进行稳定性分析,采用加固、防护措施,保证边坡的稳定。

3 沿河路段必须查明河流特性及其演变规律,采取防止冲刷路基的防护措施。凡侵占、改移河道的地段,必须做出专门防护设计。

条文说明

路基防护工程是防治路基病害、保证路基稳定的重要措施。本条强调应根据公路功能,结合当地气候、水文、地质等情况,采取相应的防护措施,保证路基稳定;深挖、高填路基边坡路段往往存在着稳定性隐患,强调必须查明工程地质情况,根据地质勘察成果进行稳定性分析,针对其工程特性进行路基防护设计,保证边坡稳定;考虑到环境保护和美化景观,强调路基防护与公路景观相协调。

第5.0.5条对照规范

➢ **《小交通量农村公路工程技术标准》**(JTG 2111—2019)

5.0.6 路基防护应符合下列规定:

1 路基防护类型应根据当地气候环境、工程地质和材料等情况确定,宜采用植物防护,并与适当的工程防护相结合。

2 路基防护应针对不稳定边坡、易受冲刷的沿河路段等,采取设置挡土墙、护坡、护岸、石笼、抛石等工程措施。

➤《公路环境保护设计规范》(JTG B04—2010)

7.2.6 公路土路肩和土质边沟的绿化宜与当地的自然环境和路基填挖方边坡相协调,以乡土植物为主。浅碟式边沟的绿化应贴近自然。

7.2.7 公路边坡的绿化应综合考虑稳定路基、防止水土流失和美化景观等功能,宜与原地貌融为一体。其要求如下:

  1 公路边坡绿化应根据边坡坡度、坡面土质等因素优先选择适宜于本地生长的物种;

  2 当路基高度较低并采用浅碟式边沟时,边坡的绿化应与边沟统一考虑;

  3 对于挡墙、浆砌护坡、石质边坡等,可通过在其下栽植攀缘植物或在其顶部栽植垂枝藤本植物遮蔽构造物。

➤《公路路基设计规范》(JTG D30—2015)

5.1.1 应根据当地气候、水文、地形、地质条件及筑路材料分布情况,采取工程防护和植物防护相结合的综合措施,防治路基病害,保证路基稳定,并与周围环境景观相协调。

5.1.2 路基坡面防护工程应设置在稳定的边坡上。当土质和气候条件适宜时,宜采用植物防护;当植物防护的坡面有可能产生冲刷时,应设置浆砌片石或水泥混凝土骨架;对完整性较好、稳定的弱、微、未风化硬质岩石边坡,可不作防护。当路基稳定性不足时,应设置必要的支挡加固工程。

5.1.3 支挡结构设计时,应对拟加固的边坡和地基进行工程地质勘察,查明其工程地质、水文地质条件及其潜在腐蚀性,不良地质和特殊岩土的分布情况,以及支挡结构地基的承载力和锚固条件;合理确定岩土体的物理力学参数。

5.1.4 路基支挡结构设计应满足各种设计荷载组合下支挡结构的稳定性、坚固性和耐久性要求;结构类型选择及设置位置应满足安全可靠、经济合理、便于施工养护的要求;结构材料应符合耐久、耐腐蚀的要求。

5.1.5 防护支挡结构应与桥台、隧道洞门、既有支挡结构物协调配合,衔接平顺。

5.1.6 地下水较丰富的路段,应做好路基边坡防护与地下排水措施的综合设计。多雨地区砂质土和细粒土路堤,应采取坡面防护与坡面截排水的综合措施。

5.3.1 沿河路基受水流冲刷时,应根据河流特性、水流性质、河道地貌、地质等因素,结合路基位置,按表5.3.1经技术经济比较后,选用适宜的防护工程类型或采取导流或改移河道等措施。

表5.3.1　冲刷防护工程类型及适用条件

防护类型		适用条件
植物防护		可用于允许流速为1.2~1.8m/s，水流方向与公路路线近似平行、不受洪水主流冲刷的季节性水流冲刷地段防护。经常浸水或长期浸水的路堤边坡，不宜采用
砌石或混凝土护坡		可用于允许流速为2~8m/s的路堤边坡防护
土工织物软体沉排、土工膜袋		可用于允许流速为2~3m/s的沿河路基冲刷防护
石笼防护		可用于允许流速为4~5m/s的沿河路堤坡脚或河岸防护
浸水挡墙		可用于允许流速为5~8m/s的峡谷急流和水流冲刷严重的河段
护坦防护		可用于沿河路基挡土墙或护坡的局部冲刷深度过大、深基础施工不便的路段
抛石防护		可用于经常浸水且水深较大的路基边坡或坡脚以及挡土墙、护坡的基础防护
排桩防护		可用于局部冲刷深度过大的河湾或宽浅性河流的防护
导流	丁坝	可用于宽浅性河段，保护河岸或路基不受水流直接冲蚀而产生破坏
	顺坝	可用于河床断面较窄、基础地质条件较差的河岸或沿河路基防护，以调整流水曲度和改善流态

JTG B01—2014

5.0.6　路面结构设计标准轴载为双轮组单轴100kN，轮胎压力0.7MPa。重载交通路段可根据实际调查的轴载谱采用分向、分道方式进行路面结构设计。

条文说明

路面设计轴载标准关系到公路建设投资、路网运营养护和路面使用寿命等重大问题，同时也关系到汽车工业发展方面的问题，因此该标准的任何调整和变化都十分敏感。《标准》03版修订时，路面设计轴载标准维持了《标准》97版的规定，仍采用100kN作为标准轴载，相当于国际中等水平。在2004年实施的国标《道路车辆外廓尺寸、轴荷及质量限值》(GB 1589—2004)中，对单轴汽车及挂车单轴的最大允许轴荷做出了规定，明确客车、半挂牵引车及三轴以上(含三轴)货车，每侧双轮胎的最大允许轴荷为:驱动轮 115kN,非驱动轮 100kN,装备空气悬架时为 115kN,实际上小幅度提高了货运汽车制造的轴载标准。从我国目前公路网实际运行情况看,超载车辆虽得到有效控制,但货运汽车仍有一定程度的超载现象无法根除,对公路网的运营和养护造成不利影响,导致公路养护费用提高。

本次修订在综合考虑原有标准的延续性、我国现行汽车轴荷标准、公路路网运营养护以及公路工程建设实际情况的基础上,补充增加了在重载交通条件下可灵活选择路面设计轴载标准的方法,既可有效解决公路工程建设和运营过程中遇到的重载交通的实际问题,又可对合理延长路面使用寿命起到引导作用。修订提出的可采用轴载谱方法进行路面设计的要求对原标准起到了进一步细化和灵活运用的作用。

第5.0.6条对照规范

> **《公路水泥混凝土路面设计规范》(JTG D40—2011)**

3.0.6 按疲劳断裂设计标准进行结构分析时,以 100kN 单轴—双轮组荷载作为设计轴载,对极重交通荷载等级的水泥混凝土路面,宜选用货车中占主要份额特重车型的轴载作为设计轴载。各级轴载作用次数 N_i,可按式(3.0.6)换算为设计轴载的作用次数 N_s。

$$N_s = \sum_{i=1}^{n} N_i \left(\frac{P_i}{P_s}\right)^{16} \tag{3.0.6}$$

式中:P_i——第 i 级轴载重(kN),联轴按每一根轴载单独计;

P_s——设计轴载重(kN);

n——各种轴型的轴载级位数;

N_i——i 级轴载的作用次数;

N_s——设计轴载的作用次数。

3.0.7 水泥混凝土路面设计车道在设计基准期内所承受的设计轴载累计作用次数应按附录 A 进行调查和分析,按设计基准期内设计车道临界荷位处所承受的设计轴载累计作用次数分为5级,分级范围见表3.0.7。

表3.0.7　交通荷载分级

交通荷载等级	极重	特重	重	中等	轻
设计基准期内设计车道承受设计轴载(100kN)累计作用次数 N_e (10^4)	$>1×10^6$	$1×10^6$~2 000	2 000~100	100~3	<3

> **《公路沥青路面设计规范》**（JTG D50—2017）

3.0.3 路面设计应采用轴重为100kN的单轴—双轮组轴载作为设计轴载,计算参数按表3.0.3确定。应根据路面结构设计使用年限,按本规范附录A确定当量设计轴载累计作用次数。

表3.0.3　设计轴载的参数

设计轴载 （kN）	轮胎接地压力 （MPa）	单轮接地当量圆直径 （mm）	两轮中心距 （mm）
100	0.70	213.0	319.5

JTG B01—2014

5.0.7 路面类型应根据公路功能、技术等级、交通量、环境保护、工程造价等因素进行综合论证后选用;路面结构形式应根据当地气候条件、交通荷载、当地材料,并结合路面结构耐久性、资源循环利用等因素进行全寿命周期经济分析后合理确定。

条文说明

《标准》03版中,将路面分为四个等级,即高级、次高级、中级及低级,并将常用路面材料——沥青混凝土、水泥混凝土、沥青贯入、沥青碎石、沥青表处、砂石路面等与公路等级相对应,明确了这些路面材料的适用范围。鉴于这些对应关系已不符合目前我国公路建设的实际,在概念上也不清楚,故本次修订删除了分级的规定。

目前,在我国公路建设过程中,对于路面类型的选择和确定出现了行政化趋势,对路面类型和路面结构形式的选择和确定脱离了本源,绝大多数省区的高速公路路面采用沥青混凝土,水泥混凝土路面比例越来越小。本次修订增加了对路面类型和路面结构形式进行选择和确定的基本原则,即综合考虑交通量、交通荷载、路面结构耐久性、工程造价、环境保护、资源循环利用等多方面因素选择路面类型和路面结构形式的原则性要求,以便更科学合理地选择路面类型和路面结构形式。

第5.0.7条对照规范

> 《小交通量农村公路工程技术标准》(JTG 2111—2019)

6.0.1 路面设计应符合下列规定:
  1 路面应具有足够的强度、稳定性和耐久性,面层应满足平整度要求。
  2 应综合考虑材料、经济、养护、环境等因素合理选用路面结构形式。
6.0.4 路面结构应优先选用当地路面典型结构,当缺乏相应资料时,可根据条件选择本标准附录 A 推荐的典型结构。

> 《公路水泥混凝土路面设计规范》(JTG D40—2011)

4.1.1 应依据公路等级、交通荷载、路基条件、当地温度和湿度状况以及使用性能要求,选择及组合与之相适应的水泥混凝土路面结构。

> 《公路沥青路面设计规范》(JTG D50—2017)

4.1.1 路面结构组合设计应针对各种路面结构组合的力学特性、功能特性及其长期性能衰变规律和损坏特点,遵循路基路面综合设计的理念,保证路面结构的安全、耐久和全寿命周期经济合理。

JTG B01—2014

5.0.8 公路路面结构设计使用年限应不小于表5.0.8的规定。

表5.0.8 公路路面结构设计使用年限

公路等级		高速公路	一级公路	二级公路	三级公路	四级公路
设计使用年限（年）	沥青混凝土路面	15	15	12	10	8
	水泥混凝土路面	30		20	15	10

条文说明

本次修订增加了路面结构设计使用年限的条文,主要是基于下列三个方面的理由:

(1)随着我国公路网的不断完善,为了确保发挥路网的运营效率,减少路面结构性的频繁维修对路网运输效率和交通安全带来的不利影响,对路面结构设计使用年限做出规定是必要的。

(2)与国际发达国家相比,我国公路路面结构设计使用年限仍然偏低。例如:欧盟中多数国家的路面结构设计使用年限在15~30年间,普遍比我国的规定要高。英国路面结构设计使用年限为40年。法国国家公路网,高速公路和快速路设计使用年限为30年,城镇道路和其他等级公路路面结构设计使用年限为20年,地方上的低交通量道路路面结构初始设计使用年限为12年。德国高速公路、州级公路和低等级公路一般为30年。澳大利亚路面结构设计年为:新建柔性路面为20~40年,罩面为10~20年;刚性路面为30~40年。日本路面结构设计使用年限为:对于主要的干线公路、高速公路为40年,国道20年;隧道内的路面为20~40年,对于大交通量的交叉口(立交)和城市的干线公路为大于20年。

(3)从我国公路建设与工程实践经验看,京津塘高速公路、广深高速公路、济青高速公路路面结构的设计使用年限都已超过15年,并超过或接近了20年,其他等级的公路路面结构的实际使用年限也有很多路段远远超过了初期的设计使用年限。2000年以后,随着针对路面早期损坏开展的相关研究成果的不断应用和公路建设管理技术的不断进步,路面结构的使用年限不断提高,逐步朝耐久性方向发展。通过对过去二十多年路面设计与施工技术进步成功经验的总结看,无论是在原材料控制、混合料设计、施工关键技术方面,还是在路面施工质量控制以及交通运营管理方面,都为路面结构设计使用年限的提高打下了基础。因此,对路面结构设计使用年限做出规定是可行的。

本次修订增加了对路面结构设计使用年限的规定。本标准所规定的路面结构设计使用年限是指路面结构在正常设计、正常施工和正常使用条件下应达到的年限。在路面结构设计使用年限内,可根据实际需要对路面表面功能进行恢复性维修。

第5.0.8条对照规范

> 《小交通量农村公路工程技术标准》(JTG 2111—2019)

6.0.2 路面设计使用年限不应小于表6.0.2的规定。

表6.0.2 路面设计使用年限

路面类型	设计使用年限(年)	路面类型	设计使用年限(年)
砂石路面	—	沥青路面	8
块体路面	8	水泥混凝土路面	10

> 《公路工程结构可靠性设计统一标准》(JTG 2120—2020)

3.4.4 公路路面结构的设计使用年限应不小于表3.4.4中的规定。

表3.4.4 公路路面结构的设计使用年限(年)

类 别	公 路 等 级				
	高速公路	一级公路	二级公路	三级公路	四级公路
沥青混凝土路面	15	15	12	10	8
水泥混凝土路面	30		20	15	10

> 《公路沥青路面设计规范》(JTG D50—2017)

3.0.2 新建沥青路面结构设计使用年限不应低于表3.0.2的规定,应根据公路等级、经济、交通荷载等级等因素综合确定。改建路面结构设计可根据工程实际情况选取适宜的设计使用年限。

表3.0.2 路面结构设计使用年限(年)

公 路 等 级	设计使用年限	公 路 等 级	设计使用年限
高速公路、一级公路	15	三级公路	10
二级公路	12	四级公路	8

5.0.9 路面结构层材料应满足强度、稳定性和耐久性的要求。路面垫

层宜采用水稳性好的粗粒料类材料或稳定类材料。路基填料采用尾矿、矿渣等材料时,应做环保评价,明确利用方案及处置措施。

条文说明

路面结构一般由面层、基层、底基层与垫层组成。本条修订增加了对尾矿和矿渣等材料在公路工程建设中应用的要求。作为一种资源循环利用的措施,很多尾矿和矿渣近年来大量应用于工程建设,但有些尾矿和矿渣会带来潜在的环保风险,因此本次修订,增加了对尾矿和矿渣进行环保评价并明确利用方案和环保处置措施的要求。

第5.0.9条对照规范

➢ **《小交通量农村公路工程技术标准》**(JTG 2111—2019)

6.0.3 路面结构与材料应符合下列规定:

1 路面结构应由面层、基层组成,根据需要可选择设置底基层或功能层。石质路基路段的水泥混凝土路面可由调平层和面层组成。

2 基层和底基层材料可参照表6.0.3-1选用。

表6.0.3-1 基层和底基层材料

类型	材料
无机结合料稳定类	石灰稳定细粒土
	水泥稳定细粒土
	石灰粉煤灰稳定细粒土
	水泥稳定碎石或砾石
	石灰粉煤灰稳定碎石或砾石
粒料类	级配碎石或砂砾
	填隙碎石
	泥结或泥灰结碎石
废旧路面再生类	再生沥青混合料
	再生无机结合料稳定材料
其他类	固化剂稳定细粒土

3 不同材料基层和底基层厚度宜符合表6.0.3-2的规定。

表6.0.3-2 基层和底基层厚度

结构层类型	结构层适宜厚度(cm)
无机结合料稳定细粒土	16~20
无机结合料稳定碎石或砾石	16~20
级配碎石、级配砂砾	15~20
泥结碎石、泥灰结碎石	10~15
填隙碎石	10~12
厂拌冷再生沥青混合料	6~16
乳化沥青、泡沫沥青就地冷再生	8~16
无机结合料稳定就地冷再生	15~22
固化剂稳定细粒土	16~20

4 面层材料类型可参照表6.0.3-3选用。

表6.0.3-3 面层材料

类 型	材 料
沥青类	沥青表处
	沥青碎石封层
	贯入式沥青碎石
	上拌下贯式沥青碎石
	沥青混凝土
水泥混凝土	水泥混凝土
块体类	块石
	砖块
	预制混凝土块
废旧沥青路面再生类	厂拌热再生沥青混合料
	厂拌冷再生沥青混合料
	就地热再生沥青混合料
	就地冷再生沥青混合料
砂石类	泥结碎石
	泥灰结碎石
	级配砂砾
	级配碎石

5 沥青混凝土面层厚度宜符合表6.0.3-4的规定,其他类型路面面层厚度宜符合表6.0.3-5的规定。

表6.0.3-4 沥青混凝土面层适宜厚度

沥青混合料类型	公称最大粒径(mm)	适宜厚度(cm)
中粒式沥青混凝土	16	5~8
	19	6~10
细粒式沥青混凝土	9.5	3~4
	13.2	4~6
砂粒式沥青混凝土	4.75	1.5~3

表6.0.3-5 其他类型路面面层适宜厚度

面层类型	适宜厚度(cm)
沥青表面处治	层铺1~3,人工拌和2~4
贯入式沥青碎石	4~10
上拌下贯式沥青碎石	5~10
沥青碎石封层	1~2
水泥混凝土路面	18~25
块石路面	≥15
砖块路面	≥12
水泥预制块路面	≥10
厂拌冷再生沥青混合料	6~16
就地热再生沥青混合料	2~5
乳化沥青、泡沫沥青就地冷再生	8~16
泥结碎石、泥灰结碎石	10~15
级配碎石、级配砂砾	15~20

6 水泥混凝土路面面层设计强度应采用28d龄期的弯拉强度,设计强度不应低于4.0MPa。

7 预期工后沉降较大的路基,宜采用砂石路面或块体路面。

8 急弯、陡坡及易积雪结冰路段,应采取措施提高路面抗滑性能。

9 急弯、长大下坡、村镇路段及视距不佳的交叉口等位置前,应设置块体路面等速度控制设施。

10 过水路面应采用水泥混凝土路面。

JTG B01—2014

5.0.10 路基路面排水与防水应符合下列规定：

1 路基、路面排水应综合设计、合理布局，并与沿线排灌系统相协调，保护生态环境，防止水土流失和污染水源。

2 根据公路等级，结合沿线气象、地形、地质、水文等自然条件，设置必要的地表排水、路面内部排水、地下排水等设施，并与沿线排水系统相配合，形成完整的排水体系。

3 特殊地质地段的路基、路面排水设计，必须与该特殊工程整治措施相结合，进行综合设计。

4 路基、路面结构设计应进行防水设计，以减少路面结构水损坏。

条文说明

做好路基路面排水是减少路面水损害、避免或减轻路基水毁、保护沿线环境的重要技术措施。近年来的公路工程建设与实践表明，路基路面的排水非常重要，但路基路面的防水也同样重要，特别是对于广泛应用的半刚性基层沥青路面，水损坏发生的直接原因就是防水设计不完善，因此路基路面设计和施工需遵循以防为主，防排结合的原则。本次修订增加了关于路基路面设计应进行防水设计的要求，以期减少水损坏发生，提高路基路面结构的耐久性。

第5.0.10条对照规范

> 《小交通量农村公路工程技术标准》(JTG 2111—2019)

7.0.1 排水设施应符合下列规定：

1 应综合设计、合理布局，与沿线构造物通畅衔接，注重与自然水系和农田水利设施相结合，注重环境保护，防止水土流失。

2 应注重与村镇排水设施衔接。

3 应根据沿线气象、地形、地质、水文等自然条件进行设计，宜结合当地材料及经济情况选择合理形式。

    4 排水设施尺寸应考虑降水量、汇水面积、地形特点等计算确定,村镇路段排水设施尺寸确定时应充分考虑清淤和通畅的需求。
    5 特殊性岩土和不良地质路段应加强排水设计。
    6 有条件时,在满足排水功能前提下,宜采用宽、浅形式的排水设施。

> 《公路环境保护设计规范》(JTG B04—2010)

3.2.4 路基路面设计应结合工程地质条件,因地制宜,就地取材,综合考虑下列因素:
    5 路基路面综合排水工程设施应自成体系,不得与当地排灌系统相互干扰。
5.3.2 路面径流不得直接排入饮用水体和养殖水体。
6.4.2 公路经过饮用水水源地及对水环境质量有较高要求的水体时,应符合以下规定:
    4 经过饮用水水源保护区、执行《地表水环境质量标准》(GB 3838)Ⅰ~Ⅱ类标准的水体及《海水水质标准》(GB 3097)中的一类海域时,路面径流雨水排入该类水体之前应设置沉淀池处理。
8.2.1 公路工程的桥梁导流设施、路基路面排水、路基防护、泥石流和滑坡防治、公路绿化、防风固沙和防洪等工程应充分考虑水土保持措施。其设计重点在于:
    1 桥台形式和位置的选择不宜压缩河床断面,其导流设施应与河岸自然衔接;
    2 路基路面排水设施应系统完善,自成体系,宜远截远送,因势利导;
    3 路基防护、泥石流和滑坡防治等宜选择刚性结构与柔性结构相结合,多层防护与生态植被防护相结合的方法,标本兼治,综合治理;
    4 公路绿化、防风固沙和防洪等工程宜乔灌草相结合,种植与养护并重,优先选择乡土植物,减少养护成本,注重水土保持实效。

> 《公路工程项目建设用地指标》(交通运输部 2011 年)

2.3.8 路基排水设施的断面形式和尺寸,应根据公路实际情况,经计算后合理确定,不应采用超过排水能力需要的断面形式和尺寸。

> 《公路工程水文勘测设计规范》(JTG C30—2015)

10.1.3 路基水文勘测设计宜与桥涵水文勘测设计统一进行,综合考虑全线排水系统设计。

> 《公路路基设计规范》(JTG D30—2015)

4.1.1 公路路基防排水设计应根据公路沿线气象、水文、地形、地质以及桥涵和隧道设置情况,遵循总体规划、合理布局、防排疏结合、少占农田、保护环境的原则,设置完善、通畅的防排水系统,做好路基防排水与地基处理、路基防护等综合设计,并与路面、桥梁、涵洞、隧道等防排水系统相协调。

4.1.2 路界地表水不宜流入桥面、隧道及其排水系统。

4.1.3 低填、浅挖路基以及排水困难地段,应采取防、排、截相结合的综合措施,及时拦截有可能进入路界的地表水,排除路基内自由水,隔离地下水,保证路基处于干燥或中湿状态。

4.1.4 沿河路基防排水设计应根据河流水文特性、设计洪水位、流量以及河道地形地质条件,合理布设排水设施,做好排水设施出口处理,并与河道导流设施和调治构造物相协调,防止水流冲刷路基边坡及河岸。

4.1.6 路基排水设施设计应与农田排灌系统相协调。

> 《公路水泥混凝土路面设计规范》(JTG D40—2011)

4.1.4 应充分考虑地表水的渗入和冲刷作用。采取封堵和疏排措施,减少地表水渗入,防止渗入水积滞在路面结构内。基层应选用抗冲刷能力强的材料。

4.2.6 水文地质条件不良的土质路堑,应采取地下排水措施。

> 《公路沥青路面设计规范》(JTG D50—2017)

4.8.1 路面结构内部排水应与公路其他相关排水系统相衔接,并应符合现行《公路排水设计规范》(JTG/T D33)的有关规定。

> 《公路排水设计规范》(JTG/T D33—2012)

1.0.3 路界内排水设施应统筹规划,合理布局,与路界外排水系统和设施合理衔接。

3.0.1 公路排水系统的设置应以保障结构稳定和行车安全为目的。系统中的路界地表、路面内部及路界地下排水设施间应互相衔接与协调,保证公路排水系统的有效性和耐久性。

3.0.5 公路排水系统应与主体工程及自然环境相适应。设计中应注重各种排水设施的功能和相互之间的衔接,防、排结合,形成完善的排水系统。

3.0.6 公路排水设计应避免冲毁农田及水利设施。

3.0.9 施工临时性排水设施宜与永久性排水设施相结合。

3.0.14 多年冻土、膨胀土、黄土、盐渍土及滑坡等路段,应将排水系统作为处治措施的组成部分,进行综合设计。

3.0.15 公路经过水环境敏感路段时,应采取相应的路(桥)面等水收集、处理措施。

4.1.2 路界地表排水应采取防、排、截相结合的综合措施,并应做好与桥涵、隧道等排水系统的衔接。路界地表水不宜流入桥面、隧道内。不宜利用隧道内部排水系统排除路界地表水。

4.1.3 路界地表排水设施的布设应充分利用地形和天然水系,做好进出口位置的选择和处理;避免出现堵塞、溢流、渗漏、淤积、冲刷等现象,危害路基、路面和毗邻地带。

4.1.4 路界地表排水设施的地基应密实稳定,结构形式应与地基条件相匹配。必要时,应采取有效措施防止地基变形引起的排水设施破坏。

4.1.5 路界地表排水设计应与坡面防护工程设计综合考虑。应采取有效措施防止坡面岩土由于冲刷导致失稳。

JTG B01—2014

5.0.11 高速公路路面不应分期修建,位于软土、高填方等工后沉降较大的局部路段,面层可一次设计、分期实施。

条文说明

关于路面分期修建问题,《标准》03 版规定,"高速公路、一级公路的路面不宜分期修建,但位于软土地区、高填方路段等可能产生较大工后沉降的路段,可按'一次设计、分期实施'的原则进行建设"。明确高速公路和一级公路路面不宜分期修建,主要是因为:

(1)高速公路、一级公路的交通量大,且对路面的使用品质有较高的要求,一旦投入运营再中断交通维修养护或边施工边通车,不仅影响行车安全,给交通管理带来困难,而且会降低公路网运营效率及造成不良社会影响。

(2)高速公路、一级公路的桥梁、互通式立体交叉、通道等结构物较多,并均为一次施工完成,若路面分期修建,则会造成纵断面高程的频繁变化,不仅给施工带来麻烦,而且降低了行车的舒适性和安全性。

本次修订过程中,对于高速公路、一级公路路面分期修建问题,认为《标准》03版当时提出的理由对于今天来说更为适用,因为,任何路段的分期修建都会对路网的通行效率造成极为严重的影响,而且较《标准》03版修订时期更为突出,因此,本次修订将"不宜"改为"不应"。

JTG B01—2014

5.0.12 沙漠、戈壁、草原等地区小交通量高速公路,其右侧硬路肩部分的面层可分期修建,但在分期修建实施前,应采取技术措施对右侧硬路肩面层进行处理,保证交通安全。

条文说明

针对本标准修订期间各省提出的由于初期建设资金紧张、运营成本高于收益、初期交通量较小以及边远地区出于路网功能需要而必须修建高速公路和一级公路等等诸多方面的问题,修订组在充分尊重各地意见的基础上,新增加了沙漠、戈壁、草原等地区小交通量高速公路右侧硬路肩面层可分期修建的规定,以满足上述地区在公路工程建设过程中的实际需求。但为了保证行车安全,在分期修建实施前,应采取技术措施对右侧硬路肩面层部分进行处理,使右侧硬路肩高程与行车道高程相顺平衔接,不可留有陡坎或台阶。

6 桥涵

6.0.1 一般规定

1 桥涵应根据公路功能、技术等级、通行能力及防灾减灾等要求,结合水文、地质、通航和环境等条件进行综合设计。

2 桥涵应按照安全、耐久、适用、环保、经济和美观的原则,考虑因地制宜、就地取材、便于施工和养护等因素,进行全寿命设计。

3 桥涵应与自然环境和景观相协调。特殊大桥宜进行景观设计。

4 桥涵的设置应结合农田基本建设考虑排灌的需要。

5 特大桥、大桥桥位应选择河道顺直稳定、河床地质良好、河槽能通过大部分设计流量的河段,并应避开断层、岩溶、滑坡、泥石流等不良地质地带。在受条件限制而选取不利桥位时,必须采取防控措施并进行严格论证。

6 桥面铺装应有完善的桥面防水、排水系统。

7 桥涵跨径小于或等于50m时,宜采用标准化跨径、装配式结构、机械化和工厂化施工。

8 对于分期修建的桥梁,应选择先期与后期易衔接的结构形式。

9 桥涵应设置维修养护通道,特大桥和大桥应设置必要的养护设施。

条文说明

1 桥涵设计属于系统工程设计范畴。桥涵的设计首先要满足公路功能、技术等级、通行能力及减灾防灾等的要求,还需综合考虑地形地貌、河流水文、河床地质、通航要求、河堤防洪、泄洪排涝和环境影响等因素进行系统设计。

2 在保证安全和耐久的前提下,桥涵设计要优先考虑满足功能需求，即要满足"适用"的要求，再根据具体情况考虑环保、经济和美观的要求。环保问题关系到公路的可持续发展，必须给予高度重视。考虑因地制宜、就地取材、便于施工和养护等因素，进行全寿命设计，符合土木工程设计的发展方向。

3 重视桥涵与自然环境和景观的相协调设计，是落实生态文明建设的具体举措。随着经济社会的发展，人们对桥梁建造艺术的追求，以及作为标志性建筑和旅游景点的需求越来越高。对于位于城市及其周边、旅游景区等的一些大跨径桥梁，或造型特殊的桥梁，宜结合自然环境、结构特点进行适当的景观设计。

4 公路桥涵的建设与农田水利和人民生活有着密切的关系，公路桥涵的设置应兼顾农田灌溉的需要，考虑综合利用。

5 特大桥、大桥的桥位通常选择在顺直的河道段，避免设在河湾处，以防止冲刷河岸。桥位处河槽要稳定，主槽不易变迁，大部分流量能在主河槽内通过；河床地质条件要良好，承载能力高，不易冲刷或冲刷深度小。若受条件所限，只能选择水文或地质不利的河道段布设桥位，必须经严格论证，采取必要的工程防护措施，确保岸坡和桥梁基础的稳定。桥位选择应尽力避开断层、岩溶、滑坡和泥石流等不良地质地带。若桥位无法绕避断层地带，要分析断层的性质，如为非活动断层，宜将墩台设置在同一岩盘上。若桥位避不开岩溶、滑坡和泥石流等不良地质地带，必须经严格论证，采取必要的工程防控措施，确保桥梁结构安全可靠。

6 桥面积水不仅会影响安全行车，而且会导致桥面铺装出现水损坏；桥面泄漏和渗水不仅会影响到桥梁的使用功能，而且会对桥梁主体结构的耐久性造成不利影响。因此，必须高度重视桥面铺装的防水、排水设计。通常，在桥面上设置纵坡和横坡，并设泄水管，以利桥梁的纵向和横向排水；在桥面铺装与桥梁主体结构之间设置防水层，以防止桥面泄漏和渗水。

7 为了加强我国桥梁建设的标准化工作，推动我国桥梁制造业的发展，提高桥梁施工的机械化水平，对于跨径小于或等于50m的桥涵，推荐采用标准化跨径、装配式结构、机械化和工厂化施工。

8 鉴于我国公路建设存在"分期修建"的需求,对于桥梁亦可采用"分期修建"的方式建设。但在进行先期建设的桥梁设计时,需要统筹考虑后期拼接加宽的受力与变形协调问题,优先选择便于后期拼接加宽的上、下部结构。

9 我国公路建设已进入"建养并重"的时代,加强桥梁养护管理工作是落实"全寿命设计"理念、保证桥梁在设计使用年限内可靠服役的重要举措。设置桥涵维修养护通道,为特大桥和大桥提供必要的养护设施,便于桥涵检查与养护工作落到实处。

第6.0.1条对照规范

> 《小交通量农村公路工程技术标准》(JTG 2111—2019)

8.0.1 桥涵设计应符合下列规定:
 1 桥位宜选择河道顺直、水流稳定、河床地质良好的河段。
 2 桥涵结构形式应根据公路功能、通行能力和防灾减灾等需要,按照因地制宜、就地取材、便于施工和养护的原则,合理选用。
 3 桥梁宜采用标准跨径、技术成熟的桥型。
 4 桥面应有完善的防排水系统。
 5 桥涵设置应充分考虑地质、水文、通航等条件,合理确定桥梁规模、基础形式及埋置深度,加强桥涵结构及桥头引道路基的防护,提高抗冲刷、抗水毁能力。
 6 改扩建工程应本着安全、经济的原则合理利用既有桥梁。

第6.0.1条第1款对照规范

> 《公路桥涵设计通用规范》(JTG D60—2015)

1.0.6 公路桥涵应进行抗风、抗震、抗撞等减灾防灾设计。

3.2.1 桥梁应根据公路功能、等级、通行能力及抗洪防灾要求,结合水文、地质、通航、环境等条件进行综合设计,并应符合下列规定:
 1 特大、大桥桥位应选择河道顺直稳定、河床地质良好、河槽能通过大部分设计流量的河段。桥位应避开断层、岩溶、滑坡、泥石流等不良地质的河段,不宜选择在河汊、沙洲、古河道、急弯、汇合口、港口作业区及易形成流冰、流木阻塞的河段。

2 高速公路、一级公路上的桥梁宜设计为上、下行分离的独立桥梁。

➤《公路斜拉桥设计规范》(JTG/T 3365-01—2020)

5.1.1 斜拉桥应根据桥梁使用功能、技术标准、建设条件、景观、环保等要求,考虑全寿命周期成本,进行总体设计。

5.1.2 总体设计应对跨径布置、横断面布置、结构体系、施工方案以及主梁、斜拉索、索塔和基础等进行综合比选。

5.1.5 应综合考虑抗风、抗震、防撞等复杂因素进行总体设计,必要时进行专题研究。

➤《公路桥梁抗风设计规范》(JTG/T 3360-01—2018)

1.0.3 在设计使用年限内,桥梁结构及构件的抗风性能应满足下列要求:
　1 在设计风作用水平或与其他作用效应组合下,应满足规定的强度、刚度及静力稳定性要求。
　2 在设计风作用水平下,应满足规定的静风稳定性和气动稳定性要求。
　3 在设计风作用水平或与其他作用效应组合下,应满足规定的耐久性、疲劳、行车及行人的安全性与舒适性要求。

1.0.4 应根据桥位风环境、桥型、跨径等因素选择合适的桥梁结构体系及构件气动外形,必要时应通过增设气动措施、附加阻尼措施改善或提高结构抗风性能。

➤《公路桥梁抗撞设计规范》(JTG/T 3360-02—2020)

1.0.3 公路桥梁抗撞设计应综合考虑桥梁、船舶、水运管理和公路管理等因素,合理确定桥梁的总体方案、设防目标、防撞设施等。

3.1.1 总体设计应合理确定桥位、桥型、跨径、构造,必要时可设置防撞设施或采取监控预警措施等,将船舶撞击桥梁的风险降低到合理和可接受的程度。

第 6.0.1 条第 2 款对照规范

➤《公路桥涵设计通用规范》(JTG D60—2015)

3.1.1 公路桥涵应根据公路功能和技术等级,考虑因地制宜、就地取材、便于施工和养护等因素进行总体设计,在设计使用年限内应满足规定的正常交通荷载通行的需要。

3.1.7 公路桥涵应按照设计使用年限和环境条件进行耐久性设计。

3.1.8 公路桥涵应考虑养护需要,按照可到达、可检查、可维修和可更换的要求进行设计。

➢ **《公路斜拉桥设计规范》(JTG/T 3365-01—2020)**

1.0.4 公路斜拉桥主体结构设计使用年限为 100 年。对斜拉索等可更换部件,在确保结构安全的前提下,应注重更换的可行性。

1.0.5 设计应统筹考虑施工及运营养护的需求。

5.1.3 设计应明确主体结构以及斜拉索、阻尼装置、支座、伸缩装置等可更换部件的设计使用年限。可更换部件的设计使用年限不应低于表 5.1.3 的规定。

表5.1.3 主要可更换部件的设计使用年限

部　件	设计使用年限(年)
斜拉索	20
斜拉索外置式阻尼装置	20
塔梁间阻尼装置	30
盆式橡胶支座	25
钢支座	50
伸缩装置	15

5.1.6 设计应对斜拉桥的运营、养护提出技术要求。

6.1.1 斜拉桥各主要组成部分的构造应保证结构具有足够的强度和刚度,同时使内力传递顺畅,减少应力集中,便于施工和养护。

6.1.2 斜拉桥构造设计时应考虑斜拉索等可更换部件的维护和更换,预设必需的空间和构造措施。

9.1.1 在斜拉桥施工图设计中应考虑运营期间的养护检修需求,并应提出后期养护重点。

9.1.2 设计中应设定养护工况,考虑养护设施及养护人员的重力荷载以及养护中结构重力的变化,进行养护工况的验算。

9.1.3 应预留出斜拉桥结构与部件养护或更换作业的工作空间。

9.2.7 设计中应提出斜拉索换索的原则和程序。

9.2.8 养护检修设施的耐久性设计应包括下列内容:

　1　不可更换的养护检修设施应与桥梁主体结构同寿命,可更换的养护检修设施应确定其使用年限。

　2　提出养护检修设施的耐久性技术方案和措施。

　3　提出养护检修设施的检修及维护要求。

➢ **《公路桥梁抗撞设计规范》(JTG/T 3360-02—2020)**

3.5.3 防撞设施的比选应综合考虑适用性、耐久性、维护性、可修复性和经济性等因素。

➢《公路涵洞设计细则》(JTG/T D65-04—2007)

1.0.4 公路涵洞设计应符合安全、适用、经济、美观和有利环保的要求,并做到因地制宜、就地取材、便于施工和养护等。

第 6.0.1 条第 3 款对照规范

➢《公路桥涵设计通用规范》(JTG D60—2015)

3.1.9 公路桥涵应与自然环境和景观相协调;特殊大桥宜进行景观设计。

➢《公路桥梁景观设计规范》(JTG/T 3360-03—2018)

1.0.3 景观设计应作为公路桥梁设计的一部分,贯穿设计全过程。
1.0.4 公路桥梁景观设计应以桥梁自身及其与环境的协调为目标。
1.0.5 公路桥梁应选用结构合理、传力路径清晰的造型。
3.1.1 公路桥梁景观设计宜按照先原则后具体、先整体后局部的顺序进行。
3.1.2 公路桥梁景观设计过程应包括环境调查与分析、总体景观设计、主体造型设计、构件造型设计、附属设施造型设计及景观设计评价,并注意各个设计阶段、设计内容间的关联和衔接。

第 6.0.1 条第 4 款对照规范

➢《公路涵洞设计细则》(JTG/T D65-04—2007)

1.0.3 涵洞布设除必须满足排水、输砂要求外,还应与公路排水系统、水利规划及农田排灌相配合。

第 6.0.1 条第 5 款对照规范

➢《公路工程水文勘测设计规范》(JTG C30—2015)

4.1.1 除控制性桥位外,桥位选择原则上应服从路线走向。在适当范围内,可根据河段的水文、地形、地质、地物等特征,路桥综合考虑,比选确定。
4.1.2 对水文、地质和技术复杂的特殊大桥的桥位,应在已定路线大方向的前提下,根据河流形态、水文、地质、通航要求、地面设施、施工条件以及与地方经济社会发展的关系等,在较大范围内作全面的技术、经济比较后确定。必要时应先期进行物探和钻探,保证桥梁建造的可实施性。

4.1.3 桥位选择在水文方面应符合下列规定：
1 桥位应选在河道顺直、稳定、较窄的河段上。
2 桥位选择应考虑河道的自然演变以及建桥后对天然河道的影响。
3 桥轴线宜与中、高洪水位时的流向正交。斜交时应在孔径及墩台基础设计中考虑其影响。

4.1.4 通航水域的桥位选择应符合下列规定：
1 桥位应选在航道稳定、顺直且具有足够通航水深的河段上，航道不稳定时，应考虑河道变迁的影响。
2 桥轴法线与通航主流的夹角不宜大于5°，大于5°时应增大通航孔的跨径。
3 桥位应避开既有水工设施、港口作业区和船舶锚地等。

4.1.5 对改扩建桥梁，既有桥梁位于港区、地形地物复杂处、航道弯道处或航道交织处，可另择桥位。拟建桥位与既有桥位之间的距离应考虑通航和防洪要求，且水中部分的桥墩宜相互对应。

> **《公路桥梁抗撞设计规范》**(JTG/T 3360-02—2020)

3.2.1 跨越航道桥梁的桥位选择应符合现行《公路工程水文勘测设计规范》(JTG C30)、《内河通航标准》(GB 50139)、《运河通航标准》(JTS 180-2)、《海轮航道通航标准》(JTS 180-3)和《长江干线通航标准》(JTS 180-4)的相关规定。

3.2.2 桥位宜选择通航河道顺直，海床、河床稳定，水文条件与通航环境良好，桥区水域海床、河床冲淤变化幅度不大的区域。

3.2.3 桥位宜避开弯道、汊道、滩险、分流口、汇流口、港口作业区、锚地等区域，距弯道险滩的距离应满足船舶航行、作业的安全要求。

3.2.4 位于库区的桥位应考虑库区水位变化；位于港区、城镇以及滩险和锚地等的桥位应考虑航道、港口和城镇发展与规划，航道上下游情况，港口作业情况以及岸线的利用情况等。

3.2.5 跨越主河槽的桥轴线宜与水流主流方向或航迹线正交。

第6.0.1条第6款对照规范

> **《公路环境保护设计规范》**(JTG B04—2010)

6.4.2 5 公路桥梁跨越饮用水水源保护区、执行《地表水环境质量标准》(GB 3838) Ⅰ~Ⅱ类标准的水体及《海水水质标准》(GB 3097)中的一类海域时，桥面排水宜排至桥梁两端并设置沉淀池处理。

6 桥 涵

▶《公路桥涵设计通用规范》（JTG D60—2015）

3.7.1 桥面铺装应符合下列规定：
　　2 桥面铺装应有完善的桥面防水、排水系统。

3.7.2 桥面铺装应设防水层。圬工桥台背面及拱桥拱圈与填料间应设置防水层，并设盲沟排水。

3.7.6 桥面排水、桥台和支挡构造物的排水应满足现行《公路排水设计规范》（JTG/T D33）的有关规定，并应根据需要设置必要的桥面径流汇集引排系统和设施。

▶《公路钢管混凝土拱桥设计规范》（JTG/T D65-06—2015）

9.1.2 主体结构上易于积水处应设置相应的泄水孔，其孔径不应小于50mm。

9.1.3 当桥面排水采用直排式时，出口排水不得腐蚀和污染钢结构。当采用汇集式时，泄水管孔径及数量应根据桥面汇水面积确定，排水口应设置于主体结构之外。汇集式的集水管与主体结构的连接，应适应桥面梁、主拱的变形需要。跨越桥梁伸缩缝的集水管应设置伸缩装置。

▶《公路桥梁景观设计规范》（JTG/T 3360-03—2018）

8.3.1 排水管宜设置于相对隐蔽的位置。

第6.0.1条第7款对照规范

▶《公路桥涵设计通用规范》（JTG D60—2015）

3.3.6 桥涵跨径在50m及以下时，宜采用标准化跨径。采用标准化跨径的桥涵宜采用装配式结构及机械化、工厂化施工。桥涵标准化跨径规定如下：0.75m、1.0m、1.25m、1.5m、2.0m、2.5m、3.0m、4.0m、5.0m、6.0m、8.0m、10m、13m、16m、20m、25m、30m、35m、40m、45m、50m。

第6.0.1条第8款对照规范

▶《高速公路改扩建设计细则》（JTG/T L11—2014）

9.1.1 改扩建桥涵设计，包括既有结构物的利用、新结构物的设计、新结构与既有结构连接等内容，应根据改扩建工程的特点，综合确定设计方案，满足安全可靠、耐久适用、经济合理、统筹协调的要求。

9.1.3 桥梁拼宽部分上部结构形式和跨径宜与既有桥梁保持一致。

第6.0.1条第9款对照规范

▶《公路桥涵设计通用规范》(JTG D60—2015)

3.8.1 桥涵应设置维修养护通道。特大、大桥应根据需要设置必要的检查平台、扶梯、内照明、人口井盖、专用检修车等设施;需借助墩顶作为检修平台时,桥墩应根据需要设置安全设施。

▶《公路斜拉桥设计规范》(JTG/T 3365-01—2020)

9.2.1 依据主梁的不同结构形式及跨越障碍的环境条件,应沿主梁设置检修通道。
9.2.2 索塔采用空心塔时,索塔内宜设置养护及检修等用的电梯、爬梯和工作平台等,并配备照明及防火设备。
9.2.3 索塔上应预留用于斜拉索检修、更换相应设施的预埋构件。
9.2.4 应设置防雷系统、导航灯标、航空障碍标志灯的检修通道和工作平台。
9.2.5 应设置支座、伸缩缝、阻尼器等可更换部件的检修通道及工作平台。

▶《公路钢管混凝土拱桥设计规范》(JTG/T D65-06—2015)

9.2.1 检修通道的设置应满足主拱、横撑、吊索锚头、桥面纵横梁和拱梁交叉处的检测和维修需要。桥面梁宜设计专用检修车。
9.2.2 检修通道钢构件的焊接工艺与质量控制应与主体结构的要求相同。
9.2.3 在设计阶段应根据构造特点提出桥梁检查、养护、维修的技术要求。

JTG B01—2014

6.0.2 桥涵分类规定如表6.0.2。

表6.0.2 桥 涵 分 类

桥涵分类	多孔跨径总长 L(m)	单孔跨径 L_k(m)
特大桥	$L > 1\,000$	$L_k > 150$
大桥	$100 \leq L \leq 1\,000$	$40 \leq L_k \leq 150$
中桥	$30 < L < 100$	$20 \leq L_k < 40$
小桥	$8 \leq L \leq 30$	$5 \leq L_k < 20$
涵洞	—	$L_k < 5$

注:1. 单孔跨径系指标准跨径。
  2. 梁式桥、板式桥的多孔跨径总长为多孔标准跨径的总长;拱式桥为两端桥台内起拱线间的距离;其他形式桥梁为桥面系车道长度。
  3. 管涵及箱涵不论管径或跨径大小、孔数多少,均称为涵洞。
  4. 标准跨径:梁式桥、板式桥以两桥墩中线间距离或桥墩中线与台背前缘间距为准;拱式桥和涵洞以净跨径为准。

6 桥 涵

条文说明

桥涵分类标准与设计洪水频率、抗震设防等级、维修养护标准和设计重要性等级等关键设计参数密切相关,是桥涵设计的重要索引指标。

桥涵分类采用了两个指标:一个是单孔跨径 L_k,用以反映桥涵的技术复杂程度,其在一定程度上可以反映我国的桥梁建设综合水平;另一个是多孔跨径总长 L,即不考虑两岸桥台侧墙长度在内的桥梁标准跨径总长,用以反映桥涵的建设规模。一般情况下,桥梁总长大致相当于河流的宽度,以此作为划分指标,概念较明确,有利于勘测工作中对桥梁总长的估算。

从 10 年来的应用情况和近年来我国公路桥梁的建设水平来看,《标准》03 版的桥涵分类标准总体上是合适的;特大桥的起点跨径定为 150m,基本涵盖了所有常规桥梁结构,包括连续梁桥、连续刚构桥、钢筋混凝土拱桥和钢管混凝土拱桥等;将特大桥的多孔跨径总长起点定为大于 1 000m,也能够涵盖高速公路和一级公路上的旱地跨线桥或跨越城镇的高架桥。故本次修订对桥涵分类指标及其标准不作调整,仅根据调研中反映出的具体应用问题补充下列解释:

(1)桥涵分类标准可采用多孔跨径总长或单跨跨径任意一种确定,存在差异时,可采取"就高不就低"的原则。

(2)在计算桥梁长度时,曲线桥宜按弧长计,斜桥宜按斜长计。

第6.0.2条对照规范

➢《公路桥涵设计通用规范》(JTG D60—2015)

1.0.5 特大、大、中、小桥及涵洞按单孔跨径或多孔跨径总长分类规定见表1.0.5。

表 1.0.5 桥梁涵洞分类

桥涵分类	多孔跨径总长 L(m)	单孔跨径 L_K(m)
特大桥	$L>1\ 000$	$L_K>150$
大桥	$100 \leqslant L \leqslant 1\ 000$	$40 \leqslant L_K \leqslant 150$
中桥	$30 < L < 100$	$20 \leqslant L_K < 40$

续上表

桥涵分类	多孔跨径总长 $L(m)$	单孔跨径 $L_K(m)$
小桥	$8 \leq L \leq 30$	$5 \leq L_K < 20$
涵洞	—	$L_K < 5$

注:1. 单孔跨径系指标准跨径。
    2. 梁式桥、板式桥的多孔跨径总长为多孔标准跨径的总长;拱式桥为两端桥台内起拱线间的距离;其他形式桥梁为桥面系行车道长度。
    3. 管涵及箱涵不论管径或跨径大小、孔数多少,均称为涵洞。
    4. 标准跨径:梁式桥、板式桥以两桥墩中线间距离或桥墩中线与台背前缘间距为准;拱式桥和涵洞以净跨径为准。

JTG B01—2014

6.0.3 有桥台的桥梁,桥梁全长应为两岸桥台侧墙或八字墙尾端间的距离;无桥台的桥梁,桥梁全长应为桥面系的长度。

条文说明

鉴于桥台是桥梁的重要部件,侧墙或八字墙又是桥台的组成构件,所以,在计算桥梁全长时应该计入两岸桥台侧墙或八字墙的长度;对于无桥台的桥梁,桥梁全长则为桥面系的长度。

第6.0.3条对照规范

▶ 《公路桥梁景观设计规范》(JTG/T 3360-03—2018)

4.5.1 梁桥的桥台造型设计宜综合考虑主梁跨度、梁体高度、桥墩形态和桥下空间高度等因素,达到总体视觉效果的协调。

4.5.2 桥台造型应符合下列规定:
    1 对露出地面较少的桥台(图4.5.2),其在主梁支座位置的最低桥台外露高度不宜小于主梁高度的1/2,即 $a \geq 0.5d$。
    2 对露出地面较多的桥台,宜削减桥台的视觉体量。

4.5.3 桥台支座位置的构造应符合下列规定:
    1 外露高度较小的桥台,宜在支座位置两侧设置支座遮挡板。
    2 不设支座遮挡板时,支座位置顺桥向宽度 w 不宜小于主梁高度的1/2,即 $w \geq 0.5d$,如图4.5.3所示。

6 桥 涵

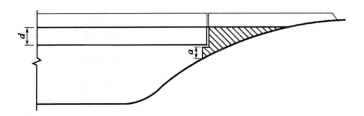

图 4.5.2 露出地面较少的桥台适宜尺寸示意
a-桥台外露高度；d-主梁高度

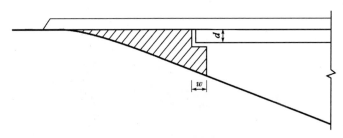

图 4.5.3 台座宽度的适宜尺寸示意
w-支座位置桥台顺桥向宽度；d-主梁高度

5.6.1 拱座、桥墩、桥台形态选择宜综合考虑主拱形态、梁体形态、桥下空间高度等因素，达到总体视觉效果的协调。

7.2.1 跨线桥的桥墩（台）轴线布置应考虑对行车的视觉导向，宜沿所跨线路的行车主方向布置。

7.2.3 跨线桥桥台的视觉体量宜与梁体视觉体量相协调。

7.2.4 当跨线桥坡度大于4%时，跨线桥两端桥台外露高度与所跨线路两侧路缘石位置的桥下空间高度比宜相近，即 $a_l/c_l \approx a_r/c_r$，如图7.2.4所示。

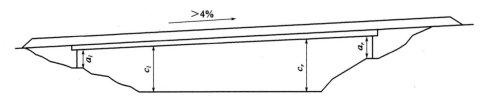

图 7.2.4 适宜比例的坡桥示意
a_l、a_r-两端桥台外露高度；c_l、c_r-两侧路缘石位置桥下空间高度

7.2.8 跨线的宽桥应选择合适的主梁底面、桥墩和桥台形态，减小桥下空间通行的压抑感。

JTG B01—2014

6.0.4 桥涵标准化跨径规定如下:0.75m、1.0m、1.25m、1.5m、2.0m、2.5m、3.0m、4.0m、5.0m、6.0m、8.0m、10m、13m、16m、20m、25m、30m、35m、40m、45m、50m。

条文说明

为了便于标准设计,增强桥梁构件的互换性,对跨径小于或等于50m的桥涵,本标准采用了标准化跨径的概念,并对具体标准化跨径的数值作了相应的规定。

第6.0.4条对照规范

➢ 《小交通量农村公路工程技术标准》(JTG 2111—2019)

8.0.4 桥涵标准化跨径规定如下:0.5m、0.75m、1.0m、1.25m、1.50m、2.0m、2.5m、3.0m、4.0m、5.0m、6.0m、8.0m、10m、13m、16m、20m、25m、30m、35m、40m、50m。

➢ 《公路桥涵设计通用规范》(JTG D60—2015)

3.3.6 桥涵跨径在50m及以下时,宜采用标准化跨径。采用标准化跨径的桥涵宜采用装配式结构及机械化、工厂化施工。桥涵标准化跨径规定如下:0.75m、1.0m、1.25m、1.5m、2.0m、2.5m、3.0m、4.0m、5.0m、6.0m、8.0m、10m、13m、16m、20m、25m、30m、35m、40m、45m、50m。

➢ 《公路涵洞设计细则》(JTG/T D65-04—2007)

4.1.2 按构造形式,涵洞分为管涵、盖板涵、拱涵、箱涵等。常见的涵洞适用跨径应符合表4.1.2的规定。

表4.1.2　各类涵洞适用跨径(m)

构造形式	适用跨径	构造形式	适用跨径
钢筋混凝土管涵	0.75、1.00、1.25、1.50、2.00	石盖板涵	0.75、1.00、1.25
钢筋混凝土盖板涵	1.50、2.00、2.50、3.00、4.00、5.00	倒虹吸管涵	0.75、1.00、1.25、1.50
拱涵	1.50、2.00、2.50、3.00、4.00、5.00	钢波纹管涵	1.50、2.00、2.50、3.00、4.00、5.00
钢筋混凝土箱涵	1.50、2.00、2.50、3.00、4.00、5.00		

4.3.4 新建涵洞应采用标准跨径 0.75m、1.0m、1.25m、1.5m、2.0m、2.5m、3.0m、4.0m、5.0m，其中 0.75m 的孔径只适用于无淤积地区的灌溉渠。排洪涵洞跨径不宜小于 1.0m。

JTG B01—2014

6.0.5 桥涵设计洪水频率应符合表 6.0.5 的规定，并应符合下列规定：

　　1 二级公路的特大桥以及三、四级公路的大桥，在河床比降大、易于冲刷的情况下，宜提高一级设计洪水频率验算基础冲刷深度。

　　2 沿河纵向高架桥和桥头引道的设计洪水频率应符合本标准第 5.0.2 条路基设计洪水频率的规定。

　　3 多孔中小跨径的特大桥可采用大桥的设计洪水频率。

表 6.0.5　桥涵设计洪水频率

公路等级	设计洪水频率				
	特大桥	大桥	中桥	小桥	涵洞及小型排水构造物
高速公路	1/300	1/100	1/100	1/100	1/100
一级公路	1/300	1/100	1/100	1/100	1/100
二级公路	1/100	1/100	1/100	1/50	1/50
三级公路	1/100	1/50	1/50	1/25	1/25
四级公路	1/100	1/50	1/50	1/25	不作规定

条文说明

实践证明，《标准》03 版关于桥涵设计洪水频率的规定能够适应我国公路建设的实际情况，与水工、铁路、城市等的防洪标准也是相协调的。

　　1 桥梁水毁的原因之一是基础薄弱。对于二级公路上的特大桥和三、四级公路上工程艰巨、修复困难的大桥，在水势猛急、河床易于冲刷的情况下，可选用高一公路等级的设计洪水频率，即分别为 1/300 和 1/100，验算基础冲刷深度。

　　2 沿河纵向高架桥一般不会对河流的过水面积造成明显的影响，

其跨径和桥长通常不是由设计洪水频率控制确定的,按照路基设计洪水频率进行设计是适宜的。

3 调研中,多数省份提出"长桥的洪水频率宜按桥梁重要性、复杂性予以确定"。考虑到我国用单孔跨径、多孔跨径总长两个指标来确定桥梁分类标准,虽然能够反映桥梁的重要性,但并不充分、全面,特别是用多孔跨径总长作为界定标准,并不能充分反映桥梁的技术复杂性和重要性。故本次修订在借鉴新西兰、澳大利亚等国规范的基础上,从考虑结构重要性及洪水危害程度出发,增加了按多孔跨径总长确定的多孔中小跨径(单孔跨径小于或等于40m)特大桥,其设计洪水频率可按相同公路等级大桥标准采用的规定。

第6.0.5条对照规范

➤《小交通量农村公路工程技术标准》(JTG 2111—2019)

8.0.6 桥涵的设计洪水频率应符合下列规定:

1 大中桥设计洪水频率按1/50。

2 小桥设计洪水频率按1/25。

3 涵洞及小型排水构造物设计洪水频率应参考当地水文要素,结合村镇发展规划、排洪、泄洪等情况综合确定,不宜低于1/15。

4 漫水桥的设计洪水频率,应根据容许阻断交通的程度和时间长短,桥梁结构形式,水文情况,引道条件和对上、下游农田、村镇的影响等因素确定。

➤《公路桥涵设计通用规范》(JTG D60—2015)

3.2.9 公路桥涵的设计洪水频率应符合表3.2.9的规定,并应符合下列规定:

1 二级公路上的特大桥及三、四级公路上的大桥,在河床比降大、易于冲刷的情况下,宜提高一级洪水频率验算基础冲刷深度。

2 沿河纵向高架桥和桥头引道的设计洪水频率应符合现行《公路工程技术标准》(JTG B01)中路基设计洪水频率的有关规定。

3 对由多孔中小跨径桥梁组成的特大桥,其设计洪水频率可采用大桥标准。

4 三、四级公路,在交通容许有限度的中断时,可修建漫水桥和过水路面。漫水桥和过水路面的设计洪水频率,应根据容许阻断交通的时间长短和对上下游农田、城镇、村庄的影响以及泥沙淤塞桥孔、上游河床的淤高等因素确定。

表 3.2.9 桥涵设计洪水频率

公路等级	设计洪水频率				
	特大桥	大桥	中桥	小桥	涵洞及小型排水构造物
高速公路	1/300	1/100	1/100	1/100	1/100
一级公路	1/300	1/100	1/100	1/100	1/100
二级公路	1/100	1/100	1/100	1/50	1/50
三级公路	1/100	1/50	1/50	1/25	1/25
四级公路	1/100	1/50	1/50	1/25	不作规定

➤《公路涵洞设计细则》(JTG/T D65-04—2007)

4.3.1 各级公路涵洞设计洪水频率、汽车荷载及安全等级应符合表 4.3.1 的规定。

表 4.3.1 涵洞设计洪水频率、汽车荷载及安全等级

公路等级	高速公路	一级公路	二级公路	三级公路	四级公路
设计洪水频率	1/100	1/100	1/50	1/25	不作规定
汽车荷载等级	公路—Ⅰ级	公路—Ⅰ级	公路—Ⅱ级	公路—Ⅱ级	公路—Ⅱ级
安全等级	三级				

注:①二级公路作为干线公路且重型车辆多时,其涵洞设计可采用公路—Ⅰ级汽车荷载。
②四级公路重型车辆少时,其涵洞设计可采用公路—Ⅱ级车辆荷载效应的 0.7 倍。

JTG B01—2014

6.0.6 桥面净空应符合本标准第 3.6.1 条公路建筑限界的规定,并应符合下列规定:

1 多车道公路上的特大桥为整体式上部结构时,中央分隔带宽度应根据所采用的护栏形式确定。

2 特大桥的路肩宽度经论证后可采用表 4.0.5-1 的最小值。

3 路、桥不同宽度间应顺适过渡。

4 桥上设置的各种管线、安全设施及标志等不得侵入公路建筑限界。

条文说明

桥面净空应符合本标准第 3.6.1 条公路建筑限界的规定,是考虑到

一般情况下路桥同宽对工程造价影响相对较小，同时能够避免在路桥结合处出现颈缩现象，以更好地改善公路线形、保障行车安全、提高服务水平。

按"符合本标准第3.6.1条公路建筑限界的规定"，要求桥面与桥头引道的行车道(包括：加减速车道、爬坡车道、慢车道、错车道等)、硬路肩或紧急停车带、中央分隔带、路缘带等对应的宽度应保持一致，也就是俗称的"内齐外不齐"。

1 考虑到桥梁上用于中央分隔的护栏大多是结合桥梁结构的特点进行专门设计的，所以多车道公路上的特大桥为整体式上部结构时，中央分隔带宽度应根据所采用的护栏形式确定。这样做，有利于减小整体式上部结构特大桥的宽度，以节省工程费用。

2 在特大桥的建设条件受到限制时，或出于对提高结构利用效率等方面的考虑，特大桥的右侧路肩宽度经论证可采用本标准表4.0.5-1规定的"最小值"；右侧路肩宽度采用"最小值"后，特大桥与桥头引道的线形应顺适衔接，并具有足够的过渡段长度。

3 在桥上设置的输水管、电信、电缆等不应影响行车，且应将其设置于桥梁的隐蔽处。

第6.0.6条对照规范

➤ 《小交通量农村公路工程技术标准》(JTG 2111—2019)

8.0.7 桥面净空应符合本标准关于公路建筑限界的规定，并应符合下列规定：
 1 不设置人行道的四级公路(Ⅱ类)桥面净宽不应小于4.5m。
 2 路、桥不同宽度间应顺适过渡。
 3 桥上设置的各种管线、安全设施等不得侵入公路建筑限界。

➤ 《公路桥涵设计通用规范》(JTG D60—2015)

3.4.1 桥涵净空应符合现行《公路工程技术标准》(JTG B01)中的公路建筑限界规定，并应符合下列规定：
 1 确定桥面净宽时，应首先考虑与桥梁相连的公路路段的路基宽度，保持桥面净宽与路基宽度相同。

2 多车道公路上的特大桥为整体式上部结构时,中央分隔带宽度应根据所采用的护栏形式确定,路肩宽度经论证后可采用现行《公路工程技术标准》(JTG B01)有关规定的"最小值"。

3 高速公路和作为干线功能的一级公路上特大桥的右侧路肩宽度小于2.50m且桥长超过1 000m时,宜设置紧急停车带和过渡段,紧急停车带宽度包括路肩在内应为3.50m,有效长度不应小于40m,间距不宜大于500m。

4 桥上设置的各种安全设施及标志等不得侵入桥涵净空限界。

3.4.2 桥面人行道、自行车道和拦护设施的布置应符合下列规定:

1 高速公路上的桥梁不宜设人行道。一、二、三、四级公路上桥梁的桥上人行道和自行车道的设置,应根据需要而定,并应与前后路线布置协调。人行道、自行车道与行车道之间,应设护栏或路缘石等分隔设施。一个自行车道的宽度应为1.0m;当单独设置自行车道时,不宜小于两个自行车道的宽度。人行道的宽度宜为1.0m;大于1.0m时,按0.5m的级差增加。漫水桥和过水路面可不设人行道。

2 通行拖拉机或畜力车为主的慢行道,其宽度应根据当地行驶拖拉机或畜力车车型及交通量而定;当沿桥梁一侧设置时,不应小于双向行驶要求的宽度。

3 桥梁护栏设置应符合现行《公路交通安全设施设计规范》(JTG D81)的相关规定。

4 路缘石高度可取用0.25~0.35m。当跨越急流、大河、深谷、重要道路、铁路、主要航道,或桥面常有积雪、结冰时,其路缘石高度宜取用较大值。

3.4.6 车行天桥桥面净宽按交通量和通行农业机械类型可选用4.5m或7.0m,其汽车荷载应符合本规范第4.3.1条有关四级公路汽车荷载的规定。人行天桥桥面净宽应大于或等于3.0m,其人群荷载应符合本规范第4.3.6条的规定。

3.4.7 管线设施的布置应符合下列规定:

1 电信线、电力线、电缆、管道等的设置不得侵入公路桥涵净空限界,不得妨害桥涵交通安全,并不得损害桥涵的构造和设施。

2 严禁易燃、易爆、高压等管线设施利用或通过公路桥梁。天然气输送管道离开特大、大、中桥的安全距离不应小于100m,离开小桥的安全距离不应小于50m。

3 高压线跨河塔架的轴线与桥梁的最小间距,不得小于一倍塔高。高压线与公路桥涵的交叉应符合现行《公路路线设计规范》(JTG D20)的规定。

JTG B01—2014

6.0.7 桥下净空应符合下列规定：

1 通航或流放木筏的河流，桥下净空应符合通航标准或流放木筏的要求。

2 跨线桥桥下净空，应符合被交叉公路、铁路、其他道路等建筑限界的规定。

3 桥下净空应考虑排洪、流水、漂流物、冰塞以及河床冲淤等情况。

条文说明

设计水位根据本标准第6.0.5条规定的桥涵设计洪水频率求得，并须根据河流的具体情况，分别计入壅水高、浪高、河床淤高及水上漂流物等的影响。

通航河流的桥下净空，如图6-1所示，根据航道等级和相应的通航代表船型的吨位及其技术要求确定，应满足相关通航标准的规定。桥下净高应从最高通航水位算起，桥下净宽应根据最低通航水位时墩台间的净距确定。

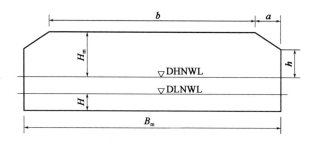

图6-1 通航河流桥下通航净空示意图

DHNWL-设计最高通航水位；DLNWL-设计最低通航水位；B_m-水上过河建筑物通航净宽；H_m-水上过河建筑物通航净高；H-航道水深；b-上底宽；a-斜边水平距离；h-侧高

对于潮汐影响明显的感潮河段，设计最高通航水位一般多采用年最高潮位累积频率5%的潮位，按极值Ⅰ型分布律计算进行确定；设计最低通航水位一般多采用低潮位累积频率为90%的潮位。

对于非通航和无流放木筏的河流,其桥下净空高度主要根据设计水位、壅水高、浪高、最高流冰水位等因素确定,并且尽量给予一定的安全储备量。

对于跨越非通航河流的桥梁,其跨径的确定除了应考虑水流平面形态特征、河床演变趋势、河段地形地质条件等因素,还应考虑流冰、流木等从桥孔通过的情况。

第6.0.7条对照规范

➢ **《小交通量农村公路工程技术标准》**(JTG 2111—2019)

8.0.8 桥下净空应符合下列规定:
1 通航或流放木筏的河流,桥下净空应符合通航标准或流放木筏的要求。
2 跨线桥桥下净空应符合被交叉的公路、铁路、其他道路等建筑限界的规定。
3 桥下净空应考虑排洪、流水、漂流物、冰塞以及河床冲淤等情况。

➢ **《公路桥涵设计通用规范》**(JTG D60—2015)

3.4.3 桥下净空应根据计算水位(设计水位计入壅水、浪高等)或最高流冰水位加安全高度确定,并应符合下列规定:
1 当河流有形成流冰阻塞的危险或有漂浮物通过时,应按实际调查的数据,在计算水位的基础上,结合当地具体情况酌留一定富余量,作为确定桥下净空的依据。对于有淤积的河流,桥下净空应适当增加。

3.4.5 立体交叉跨线桥桥下净空应符合下列规定:
1 公路与公路立体交叉的跨线桥桥下净空及布孔除应符合本规范第3.4.1条桥涵净空的规定外,尚应满足桥下公路的视距和前方信息识别的要求,其结构形式应与周围环境相协调。
2 铁路从公路上跨越通过时,其跨线桥桥下净空及布孔除应符合本规范第3.4.1条桥涵净空的规定外,尚应满足桥下公路的视距和前方信息识别的要求。
3 农村道路与公路立体交叉的跨线桥桥下净空为:
1)当农村道路从公路上面跨越时,跨线桥桥下净空应符合本规范第3.4.1条建筑限界的规定;
2)当农村道路从公路下面穿过时,其净空可根据当地通行的车辆和交叉情况而定,人行通道的净高应大于或等于2.2m,净宽应大于或等于4.0m;
3)畜力车及拖拉机通道的净高应大于或等于2.7m,净宽应大于或等于4.0m;

4）农用汽车通道的净高应大于或等于3.2m,净宽应根据交通量和通行农业机械的类型选用,且应大于或等于4.0m;

5）汽车通道的净高应大于或等于3.5m,净宽应大于或等于6.0m。

➢ **《公路桥梁抗撞设计规范》**(JTG/T 3360-02—2020)

3.4.1 桥梁通航孔的通航净空尺度应满足现行《内河通航标准》(GB 50139)、《运河通航标准》(JTS 180-2)、《海轮航道通航标准》(JTS 180-3)和《长江干线通航标准》(JTS 180-4)的要求。

3.4.2 桥梁的通航净空高度应满足自最高通航水位起算的航道代表船型水线以上高度与富余高度之和,富余高度应满足现行《内河通航标准》(GB 50139)、《运河通航标准》(JTS 180-2)、《海轮航道通航标准》(JTS 180-3)和《长江干线通航标准》(JTS 180-4)的要求。

JTG B01—2014

6.0.8 桥梁及其引道的平、纵、横技术指标应与路线总体布设相协调,并应符合下列规定:

1 桥上纵坡不宜大于4%,桥头引道纵坡不宜大于5%。

2 对于易结冰、积雪的桥梁,桥上纵坡宜适当减小。

3 位于城镇混合交通繁忙处的桥梁,桥上纵坡和桥头引道纵坡均不得大于3%。

4 桥头两端引道的线形应与桥梁的线形相匹配。

条文说明

高速公路和一级公路上的车辆行驶速度快,桥与路的衔接必须顺适,才能满足行车要求。因此,高速公路、一级公路上的各类桥梁,除宽度有所减小的特大桥外,其布设应满足路线总体布设的要求。当二、三、四级公路上的特大桥、大桥桥位选择余地较小、成为路线控制点时,路线线位应兼顾桥位。

1 有关桥上及其引道纵坡的规定,从多年来的应用情况看,总体上是适宜的。

2 考虑到在冰雪条件下,与公路相比,桥梁更易结冰,冰雪更难消融，从保障行车安全、桥梁结构安全使用等的角度，补充了易结冰、积雪的桥梁桥上纵坡的限制要求，但对桥上纵坡的大小并未作硬性的规定。具体设计时，宜考虑用地、通航、气候、交通量、桥面排水、结构受力合理性等因素，综合论证确定。

3 对于位于城镇混合交通繁忙处的桥梁，为方便非机动车的行驶，规定了桥上纵坡和桥头引道纵坡均不得大于3%。

4 为满足车辆行驶连续、顺适的要求，桥头两端引道的线形应与桥梁的线形相匹配。

第6.0.8条对照规范

> 《小交通量农村公路工程技术标准》(JTG 2111—2019)

8.0.9 桥梁及其引道的平、纵、横技术指标应与路线总体布设相协调，并应符合下列规定：

1 大中桥上纵坡不宜大于4%，桥头引道纵坡不宜大于6%；小桥处纵坡应随路线纵坡设计，且不得大于9%。

2 对于易结冰、积雪的桥梁，桥上纵坡宜适当减小。

3 位于村镇混合交通繁忙处的桥梁，桥上纵坡和桥头引道纵坡均不得大于3%。

4 桥头两端引道的线形应与桥梁的线形相匹配。

> 《公路桥涵设计通用规范》(JTG D60—2015)

3.5.1 桥梁纵坡设计应符合下列规定：

1 桥上纵坡不宜大于4%，桥头引道纵坡不宜大于5%；桥头两端引道的线形应与桥梁的线形相匹配。

2 位于城镇混合交通繁忙处的桥梁，桥上纵坡及桥头引道纵坡均不得大于3%。

3 对易结冰、积雪的桥梁，桥上纵坡不宜大于3%。

JTG B01—2014

6.0.9 渡口码头设计应符合下列规定：

1 渡口位置应选择在河床稳定、水力水文状态适宜、无淤积或少淤积的河段。

2 直线码头的引道纵坡宜采用9%~10%,锯齿式码头宜采用4%~6%。

3 车辆上、下渡船的引道路面,应采取必要的防滑措施。

4 二、三级公路的码头引道宽度不应小于12m,四级公路不应小于10m。

条文说明

目前,我国还有相当数量公路的渡口。因此,本标准中保留了公路渡口码头的规定。

1 在河床稳定、水文水力状态适宜、无淤积或少淤积的河段修建渡口,有利于渡口的运营。考虑到今后路网结构的发展要求,条件可能的情况下,在选择渡口位置时,还应对将来改渡为桥的方案进行比选。

2 公路渡口码头有直线式和锯齿式两种形式。

直线式码头由前墙与设有系船环或将军柱的码头引道组成,一般河流均能适用,目前在山区河流修建的较多,其特点为既是码头又是引道,没有截然划分的界限。前墙的作用是挡土和靠船,可用圬工或混凝土、钢筋混凝土等修建。前墙长度与码头引道宽度相同,高度由渡船船型决定,顶面高程通常要高出最低通航水位0.8~1.2m。直线式码头的引道纵坡一般为9%~10%,主要是为了适应水位的变化,以方便渡船停靠和车辆安全行驶。若纵坡大于10%,则车辆上坡困难、下坡危险;若纵坡小于9%,则争取到的高差太小,吃水深度不够,渡船难以停靠。

锯齿式码头能够适应水位变化大的河流,一般采用高、中、低三种水位的码头,以方便渡船停靠,但其工程费用大。锯齿式码头通常由几个齿相连,每个齿又由前墙、侧墙和靠船设备组成,在前墙和侧墙中间填料夯实并铺设路面。齿数及相应的高程是根据水位并结合码头纵坡决定的,每级高差为0.6~1.2m,两齿间的水位重叠至少0.2m,最低的一级要高出渡口通航水位0.8~1.2m,以利车辆上下渡船。锯齿式码头引道纵坡一般为4%~6%。

3 鉴于车辆上、下渡船的引道纵坡较大,为保障车辆行驶安全,引道路面应采取必要的防滑措施。

4 考虑到客货车辆分类摆渡、货运车辆大型化发展、渡口交通组织管理等的需求,结合目前渡口码头引道的实际使用状况,根据调研情况,本次修订提高了渡口码头引道(二、三、四级公路)的宽度指标。

JTG B01—2014

6.0.10 桥涵改扩建应符合下列规定:

1 新建桥涵(含拼接新建部分)应满足现行设计标准的要求。

2 对直接利用的原有桥涵,应进行检测评估并满足原设计荷载标准要求,二、三、四级公路提高等级时其极限承载能力应满足或采取加固措施后满足现行标准的要求。

3 拼接加宽利用的原有桥涵,应进行检测评估并满足原设计荷载标准要求,且其极限承载能力应满足或采取加固措施后满足现行标准的要求。

4 整体拼接桥梁的桥下净空,不应小于原设计标准。

5 对直接利用或拼接加宽的桥涵,应提出有针对性的运营管理和维护措施。

条文说明

为满足我国公路改扩建的需要,本次修订增加了桥涵改扩建的规定。

1 公路改扩建的根本目的,在于提高公路通行能力和服务水平。因此,经过改扩建后的公路应符合现行的技术标准。这就要求改扩建工程中的新建桥涵(含拼接新建部分)应按照现行技术标准修建。

2 考虑到节约资源、保护环境和节省投资的需要,对原有桥涵必须加以充分利用。对经检测评估能满足原设计荷载标准的原有桥涵，高速公路、一级公路可直接利用，二、三、四级公路提高等级时，只要其极限承载能力满足或经加固补强后能够满足现行标准的要求就可以考虑直接利用。

3 对于拼接加宽利用的原有桥涵，检测评估后应满足原设计荷载标准，同时，只要其极限承载能力满足或经加固补强后能够满足现行标准的要求就可以考虑拼接加宽利用。

4 为保证改扩建后的桥梁不发生降低或丧失原有的使用功能，对整体拼接的桥梁，其桥下净空如通航(行)净空、过水面积等仍应满足原设计标准的要求。

5 考虑到直接利用或拼接加宽利用的原有桥涵，在改扩建时对其承载能力极限状态做出了严格的要求，即其极限承载能力满足或经加固补强后要满足现行标准的要求，但没有要求其正常使用极限状态满足现行标准的规定。为保证直接利用或拼接加宽利用的桥涵安全可靠服役，改扩建工程设计时应提出有针对性的运营管理和维护措施。

第6.0.10条对照规范

> 《小交通量农村公路工程技术标准》(JTG 2111—2019)

8.0.11 桥涵改扩建应符合下列规定：
   1 桥涵拼接新建部分应满足现行标准的要求。
   2 对直接利用或拼接加宽利用的原有桥涵，应进行检测评估并满足原设计荷载标准要求，其极限承载力应满足或采取加固措施后应满足现行标准要求。对于不满足荷载标准要求，但使用状况良好，因经济、技术和其他因素暂不加固时，应限载通行。
   3 桥梁加宽宜采用与原有桥梁相同或相近的结构形式和跨径。

JTG B01—2014

6.0.11 桥涵主体结构和可更换部件的设计使用年限规定如表6.0.11。

表6.0.11 桥涵设计使用年限(年)

公路等级	主体结构			可更换部件	
	特大桥 大桥	中桥	小桥 涵洞	斜拉索 吊索 系杆等	栏杆 伸缩装置 支座等
高速公路 一级公路	100	100	50	20	15
二级公路 三级公路	100	50	30		
四级公路	100	50	30		

条文说明

美国、加拿大、英国、新西兰、澳大利亚和日本等国的桥梁设计规范对桥梁工作寿命(即设计使用年限)均有明确的规定,从75~120年不等。我国《工程结构可靠性设计统一标准》(GB 50153—2008)对桥梁的设计使用年限也提出了明确的要求。所以,本次修订增加桥梁设计使用年限的规定是合适的和必要的。

桥涵设计使用年限指在正常设计、正常施工、正常使用和正常养护条件下,桥涵保持正常承受各种设计荷载作用的能力而不用进行结构性大修的时间期限。

本条主要参照《工程结构可靠性设计统一标准》(GB 50153—2008)的规定,结合考虑公路功能、技术等级和桥涵的重要性等因素,规定了桥涵主体结构和可更换构件设计使用年限的最低值。

表6.0.11中所列的特大桥、大桥、中桥、小桥,系按桥梁的单孔跨径进行分类的。

第6.0.11条对照规范

> **《小交通量农村公路工程技术标准》(JTG 2111—2019)**

8.0.13 桥涵主体结构和可更换部件的设计使用年限应符合表8.0.13的规定。

表 8.0.13 桥涵设计使用年限(年)

主 体 结 构		可更换部件	
大桥	中桥	小桥、涵洞	栏杆、伸缩装置、支座等
100	50	30	15

> 《公路工程结构可靠性设计统一标准》(JTG 2120—2020)

3.4.2 公路桥涵主体结构和可更换部件的设计使用年限应符合表 3.4.2 的规定。

表 3.4.2 公路桥涵结构的设计使用年限(年)

公 路 等 级	主 体 结 构			可更换部件	
	特大桥 大桥	中桥	小桥 涵洞	斜拉索 吊索 系杆等	栏杆 伸缩装置 支座等
高速公路 一级公路	100	100	50	20	15
二级公路 三级公路	100	50	30		
四级公路	100	50	30		

注:对有特殊要求的结构、构件的设计使用年限,可在表中规定基础上经技术经济论证后予以调整。

> 《公路桥涵设计通用规范》(JTG D60—2015)

1.0.4 公路桥涵主体结构和可更换部件的设计使用年限不应低于表 1.0.4 的规定。

表 1.0.4 桥涵设计使用年限(年)

公路等级	主 体 结 构			可更换部件	
	特大桥 大桥	中桥	小桥 涵洞	斜拉索 吊索 系杆等	栏杆 伸缩装置 支座等
高速公路 一级公路	100	100	50	20	15
二级公路 三级公路	100	50	30		
四级公路	100	50	30		

> 《公路桥梁抗风设计规范》(JTG/T 3360-01—2018)

10.3.1 风障立柱设计使用年限不应低于 50 年,障条的设计使用年限不应低于 20 年。

7 汽车及人群荷载

7.0.1 汽车荷载分为公路—Ⅰ级和公路—Ⅱ级两个等级,由车道荷载和车辆荷载组成,并规定如下:

　　1　车道荷载由均布荷载和集中荷载组成,用于桥梁结构整体分析计算。

　　2　车辆荷载用于桥梁结构局部分析计算和涵洞、桥台、挡土墙土压力等的分析计算。

　　3　车道荷载与车辆荷载的作用不得相互叠加。

条文说明

　　《标准》03版对汽车荷载分级、组成做出了规定,采用了国外普遍采用的由车道荷载和车辆荷载组成的模式,从十年来的应用情况看,基本上能适应我国公路建设发展的需要。本条修订基本内容维持不变,仅做表述方式的修改。

第7.0.1条对照规范

➤ 《公路桥涵设计通用规范》(JTG D60—2015)

4.3.1 公路桥涵设计时,汽车荷载的计算图式、荷载等级及其标准值、加载方法和纵横向折减等应符合下列规定:

　　1　汽车荷载分为公路—Ⅰ级和公路—Ⅱ级两个等级。

　　2　汽车荷载由车道荷载和车辆荷载组成。桥梁结构的整体计算采用车道荷载;桥梁结构的局部加载、涵洞、桥台和挡土墙土压力等的计算采用车辆荷载。车道荷载与车辆荷载的作用不得叠加。

JTG B01—2014

7.0.2 各级公路桥涵设计的汽车荷载等级应符合表7.0.2的规定。

表7.0.2 汽车荷载等级

公路技术等级	高速公路	一级公路	二级公路	三级公路	四级公路
汽车荷载等级	公路—Ⅰ级	公路—Ⅰ级	公路—Ⅰ级	公路—Ⅱ级	公路—Ⅱ级

注:1. 二级公路作为集散公路且交通量小、重型车辆少时,其桥涵设计可采用公路—Ⅱ级荷载。
2. 对交通组成中重载交通比重较大的公路,宜采用与该公路交通组成相适应的汽车荷载模式进行结构整体和局部验算。

条文说明

本条修订涉及两方面的内容:①提高二级和四级公路荷载标准;②增加"对交通组成中重载交通比重较大的公路,宜采用与该公路交通组成相适应的汽车荷载模式进行结构整体和局部验算"。

(1)提高二级和四级公路荷载标准。

全国调研统计数据表明:68%的单位认为应适当提高汽车荷载标准,63%的单位在低等级公路建设中已提高了汽车荷载标准。

二级公路:由于我国已经逐步取消了二级公路的收费,部分重载车辆为降低运输成本转向二级公路,应适当提高二级公路的汽车荷载等级,调研成果和标准修订的相关支撑课题研究结论也支持这种观点。本条修订将二级公路桥涵的汽车荷载等级由"公路—Ⅱ级"提高为"公路—Ⅰ级",但二级公路作为集散公路且交通量小、重型车辆少时,其桥涵设计可采用公路—Ⅱ级荷载。

四级公路:取消了"四级公路重型车辆少时,其桥涵设计可采用公路—Ⅱ级车道荷载效应的0.8倍,车辆荷载效应可采用0.7倍"的规定。主要原因:①由于公路—Ⅱ级汽车荷载标准较低,有些四级公路和乡村道路虽然重型车辆较少,但其往往为进村的唯一通道,由于农村建设和经济发展的需要,也有较重的车辆通行。②四级公路桥涵工程规模小,桥涵比例一般很低,汽车荷载对公路总造价的影响相对较小,在公路—Ⅱ级荷载基础上再降低汽车荷载标准对工程总造价的影响极其有限。③实际应用中四级公路和乡村道路桥涵设计时往往直接套用公路—Ⅱ级的标准图或通用图,很少在公路—Ⅱ级汽车荷载标准的基础上再进行折减。

(2)增加"对交通组成中重载交通比重较大的公路,宜采用与该公路交通组成相适应的汽车荷载模式进行结构整体和局部验算"。

全国调研统计数据表明:考虑到大件运输车辆、交通量日益增大、堵车现状等因素,有69%的单位认为目前的汽车荷载种类偏于单一,有94%的单位提出应增列特殊荷载或验算荷载。

通过对发达国家汽车荷载模式的调研,发现在桥梁结构整体计算时,发达国家至少都采用两种以上的荷载模式进行计算,而我国结构整体验算仅有车道荷载1种模式,偏于单一。

我国幅员辽阔,交通组成复杂,东西南北各地经济发展不平衡,各条道路的功能和作用差异较大,重载交通量大的公路(如集装箱运输公路、煤炭等能源运输公路等)当载重车辆密集布置在桥梁上各个车道(如堵车状况)时,其产生的效应可能大于公路—Ⅰ级的效应。本次修订过程中采用有关部门的限载规定"2轴车20t、3轴车30t、4轴车40t、6轴车55t"等车辆对不同跨径的桥梁进行了对比计算,结果表明当桥梁上布置上述3轴或3轴以上的车辆时,其效应在部分跨径的桥梁上大于公路—Ⅰ级的荷载效应。基于这些原因,本条增加"对交通组成中重载交通比重较大的公路,宜采用与该公路交通组成相适应的汽车荷载模式进行结构整体和局部验算"的条文。

考虑到各条公路的功能不同,交通组成较为复杂,各地区差异较大,具体与公路交通组成相适应的汽车荷载的取值和模式可以根据公路的功能和交通组成的特点由项目或地方自行确定。

第7.0.2条对照规范

> 《小交通量农村公路工程技术标准》(JTG 2111—2019)

8.0.2 桥涵设计的汽车荷载等级不应低于公路—Ⅱ级。

> 《公路桥涵设计通用规范》(JTG D60—2015)

4.3.1 公路桥涵设计时,汽车荷载的计算图式、荷载等级及其标准值、加载方法和纵横向折减等应符合下列规定:

3 各级公路桥涵设计的汽车荷载等级应符合表4.3.1-1的规定。

表 4.3.1-1 各级公路桥涵的汽车荷载等级

公路等级	高速公路	一级公路	二级公路	三级公路	四级公路
汽车荷载等级	公路—Ⅰ级	公路—Ⅰ级	公路—Ⅰ级	公路—Ⅱ级	公路—Ⅱ级

1)二级公路作为集散公路且交通量小、重型车辆少时,其桥涵的设计可采用公路—Ⅱ级汽车荷载。

2)对交通组成中重载交通比重较大的公路桥涵,宜采用与该公路交通组成相适应的汽车荷载模式进行结构整体和局部验算。

▶《公路涵洞设计细则》(JTG/T D65-04—2007)

4.3.1 各级公路涵洞设计洪水频率、汽车荷载及安全等级应符合表4.3.1的规定。

表 4.3.1 涵洞设计洪水频率、汽车荷载及安全等级

公路等级	高速公路	一级公路	二级公路	三级公路	四级公路
设计洪水频率	1/100	1/100	1/50	1/25	不作规定
汽车荷载等级	公路—Ⅰ级	公路—Ⅰ级	公路—Ⅱ级	公路—Ⅱ级	公路—Ⅱ级
安全等级	三级				

注:1.二级公路作为干线公路且重型车辆多时,其涵洞设计可采用公路—Ⅰ级汽车荷载。
2.四级公路重型车辆少时,其涵洞设计可采用公路—Ⅱ级车辆荷载效应的0.7倍。

JTG B01—2014

7.0.3 车道荷载的计算图式如图7.0.3,并应符合下列规定:

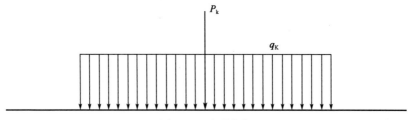

图 7.0.3 车道荷载

注:计算跨径,设支座的为相邻两支座中心间的水平距离;不设支座的为上、下部结构相交面中心间的水平距离。

1 公路—Ⅰ级车道荷载的均布荷载标准值为 $q_K = 10.5 \text{kN/m}$。集中荷载标准值 P_K 按下列规定选取:

桥涵计算跨径小于或等于5m时,$P_K = 270 \text{kN}$;

桥涵计算跨径大于或等于50m时，$P_K = 360$kN；

桥涵计算跨径大于5m、小于50m时，P_K值采用直线内插求得。

计算剪力效应时，集中荷载标准值应乘以1.2的系数。

公路—Ⅱ级车道荷载的均布荷载标准值q_K和集中荷载标准值P_K，为公路—Ⅰ级车道荷载的0.75倍。

2 车道荷载的均布荷载标准值应满布于使结构产生最不利效应的同号影响线上；集中荷载标准值只作用于相应影响线中的一个影响线峰值处。

条文说明

汽车荷载标准高低与国家的经济发展水平直接相关。我国从20世纪50年代至改革开放以前汽车荷载标准较低；改革开放以后，经济发展迅速，汽车荷载标准也由汽车—20级提高至汽车—超20级、挂车—120；至2004年调整为公路—Ⅰ级。2004年至今采用公路—Ⅰ级荷载，调研统计数据表明68%的单位认为应适当提高汽车荷载标准。

标准修订的支撑课题"公路桥梁荷载标准研究"、"桥梁设计荷载与安全鉴定荷载的研究"共获取了全国23个省、市、自治区的汽车荷载数据，涉及全国65个路段，2007~2011年共计72个时段的车辆4 277.6万组。为了解实际汽车荷载效应与规范规定的汽车荷载效应的适应程度，利用上述数据分别选取了简支梁、连续梁、拱三种结构类型，共计47种跨径组合的结构，进行了一般运行状态和密集运行状态车队荷载效应的计算。为了便于与《标准》03版汽车荷载效应进行对比，取无量纲参数$K = S/S_K$作为汽车荷载效应的基本统计对象，其中S为根据实测车队计算的效应值，S_K为根据《标准》03版公路—Ⅰ级汽车荷载标准值计算的效应值，效应比的大小即可反映实际汽车荷载效应与规范的适应程度，如图7-1所示。

图7-1显示，桥梁跨径小于10m时，53个测点中有51个测点超过了《标准》03版的效应；桥梁跨径大于50m时，仅4个测点超过了《标准》03版的效应，且这些测点均为超载问题比较严重的地区。这充分说明了当前小跨径桥梁实际运营的汽车荷载超越《标准》03版的汽车荷载标准的问题相对突出，而大跨径桥梁的实际运营汽车荷载与《标准》03

版的汽车标准的适应性较好。

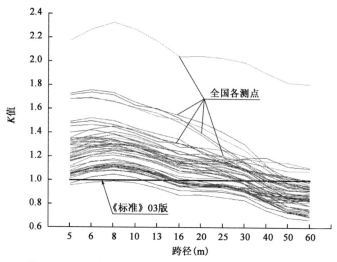

图 7-1　2011 年全国 53 个测点 K 值的 95% 分位值与跨径的关系

图 7-2 为 2011 年治超效果良好的 7 个测点 K 值的 95% 分位值和跨径的关系,显示即使在治超严格的情况下,小跨径桥梁实际运营的汽车荷载效应依然超过《标准》03 版的汽车荷载标准的效应,而大跨径桥梁的适应性较好。

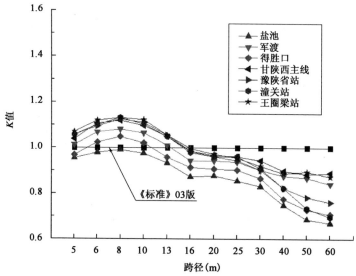

图 7-2　2011 年治超效果良好的 7 个测点 K 值的 95% 分位值与跨径的关系

故本次修订对车道荷载中的集中荷载 P_K 值进行调整,由《标准》03版的 180～360kN 调整至 270～360kN。调整后的情况如图 7-3 所示。

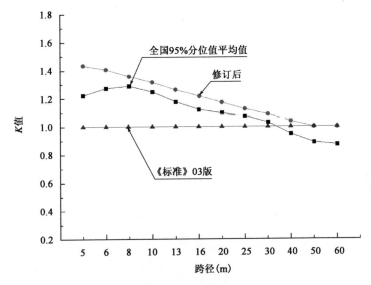

图 7-3 全国 K 值的 95% 分位值平均值与跨径的关系

第 7.0.3 条对照规范

➤ 《公路桥涵设计通用规范》(JTG D60—2015)

4.3.1 公路桥涵设计时,汽车荷载的计算图式、荷载等级及其标准值、加载方法和纵横向折减等应符合下列规定:

4 车道荷载的计算图示如图 4.3.1-1 所示。

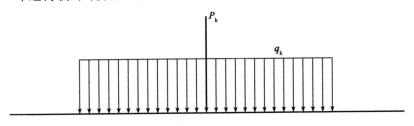

图 4.3.1-1 车道荷载

1) 公路—Ⅰ级车道荷载均布荷载标准值为 $q_k = 10.5\text{kN/m}$;集中荷载标准值 P_k 取值见表 4.3.1-2。计算剪力效应时,上述集中荷载标准值应乘以系数 1.2。

表 4.3.1-2 集中荷载 P_k 取值

计算跨径 L_0(m)	$L_0 \leq 5$	$5 < L_0 < 50$	$L_0 \geq 50$
P_k(kN)	270	$2(L_0+130)$	360

注：计算跨径 L_0，设支座的为相邻两支座中心间的水平距离；不设支座的为上、下部结构相交面中心间的水平距离。

2）公路—Ⅱ级车道荷载的均布荷载标准值 q_k 和集中荷载标准值 P_k 按公路—Ⅰ级车道荷载的 0.75 倍采用。

3）车道荷载的均布荷载标准值应满布于使结构产生最不利效应的同号影响线上；集中荷载标准值只作用于相应影响线中一个影响线峰值处。

JTG B01—2014

7.0.4 车辆荷载布置图如图 7.0.4，其主要技术指标规定如表 7.0.4。公路—Ⅰ级和公路—Ⅱ级汽车荷载采用相同的车辆荷载标准值。

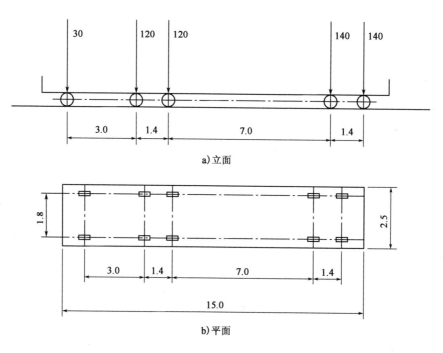

图 7.0.4 车辆荷载布置图(轴重力单位：kN；尺寸单位：m)

表7.0.4 车辆荷载主要技术指标

项 目	单 位	技术指标
车辆重力标准值	kN	550
前轴重力标准值	kN	30
中轴重力标准值	kN	2×120
后轴重力标准值	kN	2×140
轴距	m	3+1.4+7+1.4
轮距	m	1.8
前轮着地宽度及长度	m	0.3×0.2
中、后轮着地宽度及长度	m	0.6×0.2
车辆外形尺寸(长×宽)	m	15×2.5

条文说明

车辆荷载用于桥梁结构局部分析计算和涵洞、桥台、挡土墙土压力等的分析计算,公路—Ⅰ级和公路—Ⅱ级汽车荷载采用相同的车辆荷载标准值。考虑到《标准》03版颁布使用以来,车辆荷载能适应我国公路建设的需要,业内对此较为认可,故本次修订沿用《标准》03版的规定,仍采用总重为550kN的车辆荷载。

第7.0.4条对照规范

▶《公路桥涵设计通用规范》(JTG D60—2015)

4.3.1 公路桥涵设计时,汽车荷载的计算图式、荷载等级及其标准值、加载方法和纵横向折减等应符合下列规定:

5 车辆荷载的立面、平面尺寸如图4.3.1-2所示,主要技术指标规定见表4.3.1-3。

公路—Ⅰ级和公路—Ⅱ级汽车荷载采用相同的车辆荷载标准值。

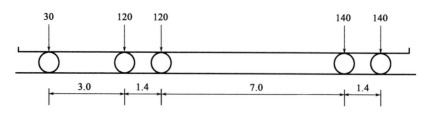

a) 立面布置

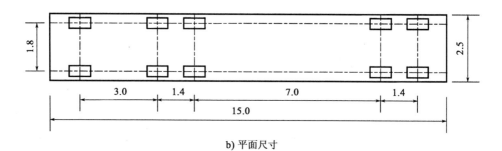

b) 平面尺寸

图 4.3.1-2 车辆荷载的立面、平面尺寸(尺寸单位:m;荷载单位:kN)

表 4.3.1-3 车辆荷载的主要技术指标

项 目	单位	技术指标	项 目	单位	技术指标
车辆重力标准值	kN	550	轮距	m	1.8
前轴重力标准值	kN	30	前轮着地宽度及长度	m	0.3×0.2
中轴重力标准值	kN	2×120	中、后轮着地宽度及长度	m	0.6×0.2
后轴重力标准值	kN	2×140	车辆外形尺寸(长×宽)	m	15×2.5
轴距	m	3+1.4+7+1.4	—	—	—

➤ 《公路涵洞设计细则》(JTG/T D65-04—2007)

9.2.1 公路涵洞设计应采用车辆荷载。车辆荷载的纵、平面尺寸如图 9.2.1 所示,主要技术指标见表 9.2.1。重型车辆少的四级公路的桥涵,车辆荷载的效应可乘以 0.7 的折减系数;应考虑车辆荷载的多车道作用及车轮荷载的传递和分布;除填料厚度(包括路面厚度)大于或等于 0.5m 的拱涵不计冲击力外,涵洞结构的冲击系数取用 0.3。

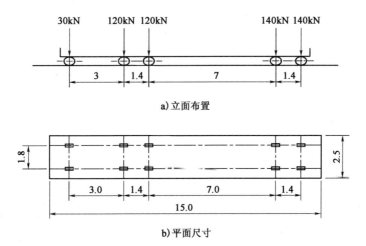

a) 立面布置

b) 平面尺寸

图 9.2.1 车辆荷载的纵、平面尺寸(尺寸单位:m)

表 9.2.1 车辆荷载的主要技术指标

项 目	单 位	技术指标	项 目	单 位	技术指标
车辆重力标准值	kN	550	轮距	m	1.8
前轴重力标准值	kN	30	前轮着地宽度及长度	m	0.3×0.2
中轴重力标准值	kN	2×120	中、后轮着地宽度及长度	m	0.6×0.2
后轴重力标准值	kN	2×140	车辆外形尺寸(长×宽)	m	15×2.5
轴距	m	3+1.4+7+1.4			

JTG B01—2014

7.0.5 车道荷载横向分布系数,应按设计车道数如图 7.0.5 布置车道荷载进行计算。

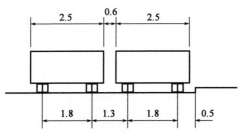

图 7.0.5 车辆荷载横向布置(尺寸单位:m)

条文说明

汽车荷载的横向布置涉及荷载的横向分布系数的计算,由于历史的原因及其计算状况的复杂性,本次修订维持《标准》03版的布置及其计算方法。

第7.0.5条对照规范

➢ **《公路桥涵设计通用规范》(JTG D60—2015)**

4.3.1 公路桥涵设计时,汽车荷载的计算图式、荷载等级及其标准值、加载方法和纵横向折减等应符合下列规定:

6 车道荷载横向分布系数应按图4.3.1-3所示布置车辆荷载进行计算。

编者注:图4.3.1-3同JTG B01—2014中图7.0.5。

JTG B01—2014

7.0.6 桥涵设计车道数应符合表7.0.6-1的规定。横向车道布载系数应符合表7.0.6-2的规定。横桥向布置多车道汽车荷载时,应考虑汽车荷载的折减;布置一条车道汽车荷载时,应考虑汽车荷载的提高。多车道布载的荷载效应不得小于两条车道布载的荷载效应,也不得小于一条车道布载的荷载效应。

表7.0.6-1 桥涵设计车道数

桥面宽度 W_0(m)		桥涵设计车道数(条)
单向行驶桥梁	双向行驶桥梁	
$W_0 < 7.0$		1
$7.0 \leq W_0 < 10.5$	$6.0 \leq W_0 < 14.0$	2
$10.5 \leq W_0 < 14.0$		3
$14.0 \leq W_0 < 17.5$	$14.0 \leq W_0 < 21.0$	4
$17.5 \leq W_0 < 21.0$		5
$21.0 \leq W_0 < 24.5$	$21.0 \leq W_0 < 28.0$	6
$24.5 \leq W_0 < 28.0$		7
$28.0 \leq W_0 < 31.5$	$28.0 \leq W_0 < 35.0$	8

表 7.0.6-2　横向车道布载系数

横向布载车道数(条)	1	2	3	4	5	6	7	8
横向车道布载系数	1.20	1.00	0.78	0.67	0.60	0.55	0.52	0.50

条文说明

车辆实际行驶时，可能在行车道上，也可能在桥面的其他部位上，因此，要考虑桥面净宽内如何布载，使结构物获得最大荷载效应。

布载宽度是为使桥梁获得最大荷载效应所作的规定，车辆实际行驶仍需要足够的行车道宽度。在确定横向布置车队时，两者均应考虑。在以往的桥梁设计中，常遇到这样的情况：单纯按标准横向布载的规定在桥面上布置车队数，而不考虑能使车辆正常行驶并使之保持一定行车速度所必需的行车道宽度。例如9.75m的桥面净宽，按布载宽度3.10m(车厢宽2.50m加相邻车厢净距0.6m)横向布载可布置3个车队，但按行车道宽度3.50~3.75m的规定，要设置3个布载车道至少需要有10.5m桥面净宽才能保证车辆正常行驶。显然尽管按布载宽度3.10m在9.75m桥面净宽上可布置3行车队，但按行车条件的要求是不合理的。

桥梁横向布置车队数 N 的规定，是以最小车道宽度3.5m控制的。当为单向行车道时，把3.5N的桥面净宽作为其下限，3.5(N+1)作为上限，如采用3个布置车队数，则桥面净宽必须大于3.5×3=10.5m而小于3.5×4=14.0m；当为双向行车道时，由于横向布置车队数必然为偶数，所以其下限仍然为3.5N，而上限则为3.5(N+2)，如采用两个布置车队，其桥面净宽的下限为3.5×2=7.0m，而上限为3.5×4=14.0m。对于四级公路，存在桥面净宽小于7m的双车道公路桥涵，故将双向行驶的两个设计车道数的桥面净宽的下限调整至6m。

随着桥梁横向布置车队列数的增加，各车道内同时出现最大荷载的概率减少。因此，可从概率理论推导出汽车荷载横向布载时横向车道布载系数的计算公式，并结合我国实际情况提出相应的规定值。本标准中两车道及两车道以上的横向车道布载系数仍维持了《标准》03版的规定,同时增列了单车道的横向车道布载系数。

从汽车荷载各车道横向分布的概率分析,单车道的横向车道布载系数应该比两车道大。如表7.0.6-2中两车道的横向车道布载系数为1.0,3车道为0.78,4车道为0.67,那么单车道时的横向车道布载系数应该大于1。

调研发现:英国、法国、美国、日本等国家均采用不同的方法对单车道汽车荷载进行了适当提高,表7-1为美国规范(AASHTO LRFD 2007)车道布载系数,表7-2为法国规范(CPC61-Ⅱ)车道布载系数。

表7-1　美国规范(AASHTO LRFD 2007)车道布载系数

加载车道数	1	2	3	>3
车道布载系数	1.20	1.00	0.85	0.65

表7-2　法国规范(CPC61-Ⅱ)车道布载系数

加载车道数	1	2	3	4	5
车道布载系数	1.20	1.10	0.95	0.8	0.7

日本规范(道路桥示方书—2012)中没有提出明确的多车道布载系数,但由于主荷重是从荷重的2倍,实际上也提高了单车道的荷载效应。

英国规范(BS 5400—2:2006)中没有提出明确的多车道布载系数,但其一个车道可以加载较重的HB荷载的模式实际上也提高了单车道的荷载效应。

经过研究和分析,本次修订单车道的车道布载系数采用1.2。

第7.0.6条对照规范

> 《公路桥涵设计通用规范》(JTG D60—2015)

4.3.1　公路桥涵设计时,汽车荷载的计算图式、荷载等级及其标准值、加载方法和纵横向折减等应符合下列规定:

7　桥涵设计车道数应符合表4.3.1-4的规定。横桥向布置多车道汽车荷载时,应考虑汽车荷载的折减;布置一条车道汽车荷载时,应考虑汽车荷载的提高。横向车道布载系数应符合表4.3.1-5的规定。多车道布载的荷载效应不得小于两条车道布载的荷载效应。

表 4.3.1-4　桥涵设计车道数

桥面宽度 W(m)		桥涵设计车道数
车辆单向行驶时	车辆双向行驶时	
W < 7.0		1
7.0 ≤ W < 10.5	6.0 ≤ W < 14.0	2
10.5 ≤ W < 14.0		3
14.0 ≤ W < 17.5	14.0 ≤ W < 21.0	4
17.5 ≤ W < 21.0		5
21.0 ≤ W < 24.5	21.0 ≤ W < 28.0	6
24.5 ≤ W < 28.0		7
28.0 ≤ W < 31.5	28.0 ≤ W < 35.0	8

表 4.3.1-5　横向车道布载系数

横向布载车道数(条)	1	2	3	4	5	6	7	8
横向车道布载系数	1.20	1.00	0.78	0.67	0.60	0.55	0.52	0.50

JTG B01—2014

7.0.7 大跨径桥梁应考虑车道荷载纵向折减,并应符合下列规定:

1　桥梁计算跨径大于150m时,应按表7.0.7规定的纵向折减系数进行折减。

2　桥梁为多跨连续结构时,整个结构应按其最大计算跨径的纵向折减系数进行折减。

表 7.0.7　纵向折减系数

计算跨径 L_0(m)	纵向折减系数	计算跨径 L_0(m)	纵向折减系数
150 < L_0 < 400	0.97	800 ≤ L_0 < 1 000	0.94
400 ≤ L_0 < 600	0.96	L_0 ≥ 1 000	0.93
600 ≤ L_0 < 800	0.95		

条文说明

利用在4条国道干线公路上连续测得的汽车荷载参数,考虑特大跨径桥梁的受荷特点及我国现行标准车辆荷载的状况,将整理得到的车队荷载作为样本,通过计算机程序计算其在各种跨径(侧重于大跨径)的各类桥梁上的效应,并对这些效应进行了统计分析。

根据可靠度理论,可将通过桥梁的汽车荷载作为随机过程来处理,设计基准期取100年,以随机过程的截口分布为基础,求得设计基准期内的最大值分布。取最大值概率分布的95%分位值,得到随跨径变化的效应曲线,经线形回归得到汽车荷载纵向折减系数的计算公式:

$$\alpha = 0.979\,13 - 4.718\,5 \times 10^{-5} L_0 \qquad (7\text{-}1)$$

式中:α——汽车荷载纵向折减系数;

L_0——桥梁计算跨径。

该曲线随L_0的增大递减率较平缓,为方便使用,提出简化规定值。

纵向折减系数从桥梁计算跨径$L_0 > 150\text{m}$起算,也就是特大桥(单孔跨径)才考虑折减。

第7.0.7条对照规范

> 《公路桥涵设计通用规范》(JTG D60—2015)

4.3.1 公路桥涵设计时,汽车荷载的计算图式、荷载等级及其标准值、加载方法和纵横向折减等应符合下列规定:

8 大跨径桥梁上的汽车荷载应考虑纵向折减。当桥梁计算跨径大于150m时,应按表4.3.1-6规定的纵向折减系数进行折减。当为多跨连续结构时,整个结构应按最大的计算跨径考虑汽车荷载效应的纵向折减。

表4.3.1-6 纵向折减系数

计算跨径L_0(m)	纵向折减系数	计算跨径L_0(m)	纵向折减系数
$150 < L_0 < 400$	0.97	$800 \leq L_0 < 1\,000$	0.94
$400 \leq L_0 < 600$	0.96	$L_0 \geq 1\,000$	0.93
$600 \leq L_0 < 800$	0.95	—	—

JTG B01—2014

7.0.8 公路桥涵设置人行道时,应同时计入人群载荷,并应符合下列规定:

1 桥梁计算跨径小于或等于50m时,人群荷载标准值为

$3.0kN/m^2$;

桥梁计算跨径大于或等于150m时,人群荷载标准值为$2.5kN/m^2$;

桥梁计算跨径大于50m、小于150m时,可由线性内插得到人群荷载标准值。

跨径不等的连续结构,采用最大计算跨径的人群荷载标准值。

2 非机动车、行人密集的公路桥梁,人群荷载标准值为上述标准值的1.15倍。

3 专用人行桥梁,人群荷载标准值为$3.5kN/m^2$。

条文说明

通过大量的实际调查和对人群荷载随机过程概率模型的数理统计分析,得到了人群荷载随机过程的任意时点的分布和设计基准期内的最大值分布以及人群荷载的代表值。当取设计基准期内最大值分布的95%分位值时,人群荷载的标准值为$3.0kN/m^2$。

各国规范关于人群荷载的表达,有的以结构跨径作为指标,也有的以加载长度作为指标,实际上两种表达方式各有利弊。本标准以结构跨径作为指标,人群荷载的标准值随结构跨径增大而予以折减,其低限值为$2.5kN/m^2$。当桥梁单孔跨径小于50m,人群荷载标准值不折减时,取$3.0kN/m^2$;桥梁单孔跨径大于或等于150m的特大桥,人群荷载取其低限值$2.5kN/m^2$;桥梁跨径居于50~150m之间的大桥,人群荷载随结构跨径的增加而线性递减。

考虑到与《标准》03版的衔接,人群密集地区的公路桥梁一般情况下取人群荷载标准值的1.15倍;专用人行桥,人群荷载的标准值取$3.5kN/m^2$,这相当于设计基准期内最大值分布的98%分位值。

第7.0.8条对照规范

> 《公路桥涵设计通用规范》(JTG D60—2015)

4.3.6 人群荷载标准值应按下列规定采用:

1 人群荷载标准值应根据表4.3.6采用,对跨径不等的连续结构,以最大计算跨径为准。

表4.3.6 人群荷载标准值

计算跨径 L_0 (m)	$L_0 \leq 50$	$50 < L_0 < 150$	$L_0 \geq 150$
人群荷载(kN/m^2)	3.0	$3.25 - 0.005 L_0$	2.5

　　1)非机动车、行人密集的公路桥梁,人群荷载标准值取上述标准值的1.15倍。

　　2)专用人行桥梁,人群荷载标准值为$3.5 kN/m^2$。

　2 人群荷载在横向应布置在人行道的净宽度内,在纵向施加于使结构产生最不利荷载效应的区段内。

　3 人行道板(局部构件)可以一块板为单元,按标准值$4.0 kN/m^2$的均布荷载计算。

　4 计算人行道栏杆时,作用在栏杆立柱顶上的水平推力标准值取$0.75 kN/m$,作用在栏杆扶手上的竖向力标准值取$1.0 kN/m$。

8 隧道

8.0.1 一般规定

1 隧道应根据路网规划、公路功能需要,遵循安全、耐久、经济、节能、利于保护生态环境的原则,结合隧道所处地区的地形、地质、施工、运营、管理等条件进行设计。

2 隧道选址必须对该区域的自然地理、场地与生态环境、工程地质、水文地质、气象、地震等进行勘察,取得完整勘察基础资料,经技术经济论证后确定。

3 隧道高程和平面位置应根据公路等级、路线总体设计方案确定,选在地层稳定,利于设置洞口、洞口两端接线、防灾救援系统、管理养护等设施的地段。

4 拟定路线总体设计方案应论证采用隧道或深路堑等不同方案给生态环境带来的影响。对生态环境脆弱的地带或可能因施工造成生态环境难以恢复的地段,应优先选择对环境影响小的方案,并辅以治理措施。

5 隧道路面应具有足够的抗滑性能。洞内、外衔接路段路面设计抗滑性能应一致。

条文说明

近十年来,全国各地在隧道建设与运营过程中积累了大量的经验,并取得了显著的技术进步。本次修订借鉴、吸收国内外相关科研成果以及建设与运营经验,增加了隧道耐久、节能、隧道路面抗滑性能以及联络通道设置等规定,保障隧道建设与运营安全。

1 从长期运营来看,若对隧道进行频繁的维修、拆除与重建都会带来巨大的经济损失和社会影响,为此隧道设计需按全寿命周期考虑,满足安全、耐久、经济、节能、环保等要求,既要保证隧道结构与运营安全,使隧道结构与所处地质环境相适应,也要考虑施工方法的选择,方便运营管理与养护需要,满足隧道长期运营需要,同时还需避免因隧道建设导致隧址区生态环境恶化,如当隧道排水可能对附近生态环境产生较大影响时,隧道防排水设计需按照"以堵为主,限量排放"的原则,保护生态环境。

对于临近城市地区的隧道及水下隧道设计还要满足城市总体规划、路网规划、航道规划、岸线规划、交通功能的要求,并妥善处理与市政公用设施和城市轨道交通等的关系。

2 隧道位置的选择,直接影响着隧道的建设规模、结构设计、施工和工程投资,以及竣工后的运营安全和养护管理、运营成本,因此,隧道所在区域的地质勘察工作必须深入和细致,力求全面、准确。对于水下隧道还需掌握水域区段的水文条件、防洪标准、航道航运要求、水下地形、水下障碍物、河势演变分析等资料。

3 隧道高程及轴线的确定对控制建设规模至关重要。山岭隧道,对于越岭段需对不同的高程、纵坡、展线方式进行综合比选,沿沟(溪)线需对长隧道方案和隧道群方案进行比选。水下隧道,当采用盾构法修建时,其顶部覆土厚度、平行或交叉隧道的间距,需根据地质条件、埋置深度、结构安全、盾构性能、施工工艺等综合研究确定;当采用沉管法修建时,一般浅埋在规划航道及水域预测最深冲刷线以下。

4 是否采用隧道方案需结合社会、经济、地质、环保、工程造价等因素进行比选。一般当路基中心线处挖深达到30m时,需进行深挖与隧道方案的比较,比选不仅要考虑建设成本和建设难度,还要考虑建成以后车辆的行驶安全、行驶费用,环境保护以及运营管理和养护维修的费用。

"生态环境脆弱的地带或可能因施工造成生态环境难以恢复的地段"是指自然植被一旦被破坏,恢复困难或几乎不可能恢复的地段。对这些地区,需强调方案选择时环保因素优先的原则。

5 公路隧道交通事故发生频率较高,且集中于洞口段,其中,隧道内路面抗滑性能差、洞内外路面抗滑性能差异是一个重要诱因,为此提出了路面需具备足够抗滑性能的要求。当采用沥青混凝土复合式路面时,高速公路、一级公路交工验收时其表面层抗滑性能技术指标要求如表8-1;当采用水泥混凝土路面时,其表面构造深度要求如表8-2。洞内、外衔接路段是指紧邻洞口的洞外以及洞内相接、具有一定长度的路段。由于洞内外行驶环境的差异以及明暗适应的影响,驾驶员往往会在洞口段采取减速、加速等操作,若洞内、外路面抗滑性能差异大,车辆容易打滑,诱发交通事故,故提出了洞内、外衔接路段路面抗滑性能基本相同的规定。

表8-1 沥青路面面层抗滑技术指标

年平均降雨量(mm)	交工检测指标值	
	横向力系数 $SFC60$	构造深度 TD(mm)
>1 000	≥54	≥0.55
500~1 000	≥50	≥0.50
250~500	≥45	≥0.45

注:1. 横向力系数 $SFC60$——横向力系数测试车在 60km/h±1km/h 车速下测得的横向力系数。
2. 路面宏观构造深度 TD(mm)——用铺砂法测定。

表8-2 水泥混凝土路面面层表面构造深度要求

公路等级	高速、一级公路	二、三、四级公路
构造深度(mm)	0.8~1.2	0.6~1.1

注:特重交通、重交通及急弯、连续长、陡纵坡段应采用较大值。

第8.0.1条对照规范

> **《小交通量农村公路工程技术标准》(JTG 2111—2019)**

9.0.1 隧道设计应符合下列规定:

1 隧道应综合考虑其所处的地形、地质、施工等条件进行设计。

2 四级公路(Ⅰ类)、四级公路(Ⅱ类)隧道宜采用中、短隧道。

3 隧道选址应对该区域的自然地理、场地与生态环境、工程地质、水文地质、气象、地震等进行勘察,取得必要的勘察基础资料,经技术经济论证后确定。

4 当路基中心开挖深度大于30m时,宜进行明挖与隧道方案的技术、经济和环保论证,择优选定。

5 四级公路(Ⅱ类)隧道宜采用双车道。条件受限时,可采用单车道,长度不应大于500m。

6 四级公路(Ⅰ类)隧道应采用双车道。双车道隧道设计应执行现行《公路工程技术标准》(JTG B01)四级公路隧道的规定。

7 单车道隧道洞口两端应设置错车道,其路基宽度不应小于6.5m,有效长度不宜小于15m。长度大于250m的单车道隧道,宜在隧道中部设置错车道1处。

8 单车道隧道可根据需要设置人行道,人行道宜设置在排水沟上。

9 隧道洞内为水泥混凝土路面时,表面应刻槽、压槽、拉毛或凿毛。

10 有条件时隧道可设置照明,并选择经济、合理的照明及供电方式。未设置照明的隧道应设置视线诱导设施。

第8.0.1条第1款对照规范

➤ **《公路隧道设计规范 第一册 土建工程》**(JTG 3370.1—2018)

1.0.3 隧道设计应满足公路功能,遵循"安全、耐久、经济、节能、环保"的基本原则。

4.1.1 隧道设计应满足公路规划、公路功能、土地资源、生态环境、可持续发展的要求,平纵线形、建筑限界、净空断面、通风、照明和交通监控等设施应与公路等级相适应。

4.1.2 隧道设计应符合安全实用、质量可靠、经济合理、技术先进的要求。

4.1.3 隧道总体设计应遵循下列原则:

1 隧道位置应满足公路功能和发展的需要,符合路线总体要求。

2 在地形、地貌、地质、气象、社会和人文环境等调查的基础上,综合比选隧道各轴线方案的走向、平纵线形、洞口位置、洞外接线条件等,提出推荐方案。

3 根据公路等级和设计速度确定建筑限界,在满足隧道功能和结构受力要求的前提下,确定经济合理的隧道内轮廓。

4 隧道洞内外平、纵线形应协调顺畅,满足行车安全和舒适要求。

5 根据隧道长度、平面布置、交通量及其组成、环境保护和安全运营要求等,选择合理的通风方式,确定通风、照明、交通监控、防灾救援等设施的设置规模。

6 应结合公路等级、隧道长度、施工方法、工期和运营要求,对隧道内外防排水系统、辅助通道、弃渣处理、交通工程设施、管理设施、环境保护等进行综合设计。

7 应考虑隧道与相邻既有建筑物和规划建筑物的相互影响。

8 隧道总体设计应考虑节能降耗、方便维修和养护。

第8.0.1条第2款对照规范

➢《公路隧道设计规范 第一册 土建工程》(JTG 3370.1—2018)

4.2.1 隧道位置应选择在稳定的地层中,避免穿越工程地质和水文地质极为复杂以及严重不良地质地段。必须通过时,应采取切实可靠的工程技术措施。

4.2.2 穿越山岭的长、特长隧道,应在较大范围地质测绘和综合地质勘探的基础上,拟订不同的越岭高程及其相应的展线方案,结合两端路线接线条件及施工、运营条件等因素,进行全面技术经济比较后,确定路线走向和隧道平面位置。

4.2.3 路线沿河傍山地段以隧道通过时,应对长隧道方案与短隧道群或桥隧群方案、高边坡与棚洞方案进行技术经济比较。

4.2.4 隧道洞口位置不宜设在滑坡、崩坍、岩堆、危岩落石、泥石流等不良地质地段,以及排水困难的沟谷低洼处和不稳定的悬崖陡壁下。

4.2.5 濒临水库、沿河、沿溪的隧道,其洞口路肩设计高程应高出计算洪水位(含浪高和壅水高)不小于0.5m。长期浸泡造成岸坡坍塌对隧道稳定有不利影响时,应采取相应的工程措施。

➢《公路隧道设计细则》(JTG/T D70—2010)

4.2.1 隧道位置选择应符合以下总体原则:

1 隧道位置应根据路线总体规划、交通运输条件及周边环境和地形变化条件确定,设置在对环境影响小、利于隧道施工场地布置和隧道出渣、利于设置防灾救援系统和管理养护等设施的路段。

2 隧道位置应选择在岩性好、结构稳定的地层中。当条件限制无法绕避不良地质区时,隧道应尽量缩短其通过长度,并采取可靠的工程处理措施。

3 应严格执行《中华人民共和国水法》、《中华人民共和国土地管理法》、《中华人民共和国森林法》、《中华人民共和国环境保护法》等现行国家法律、法规中对公路工程建设的相应规定。隧道修建应不占或少占基本农田。

4 应结合隧道接线端的构造物布设情况,进行两端接线工程的衔接设计,保证隧道内外线形顺畅、协调一致。

5 隧道洞口位置、辅助通道和运营通风设施的设置应为隧道位置选定的重要因素。

4.2.2 越岭隧道的位置选择应符合以下原则:

1 应以路线纵断面为主,结合地质条件、越岭路线高程和垭口两侧道路展线的需要,综合选择最合理的隧道位置。

2 应根据地形及工程地质情况,从缩短道路里程、提高线形指标、避让严重不良地质、减轻或消除高山严重积雪和结冰对公路的不良影响及结合施工条件与施工工期等方面,对越岭隧道方案和越岭展线方案进行详细的技术、经济比较。

3 宜以路线顺直、隧道长度最短的垭口作为越岭隧道方案比选的基础,并分析比较各方案的工程地质和水文地质情况,隧道不应从严重不良地质地带通过。

4 应分析不同隧道设计高程对工程建设规模的影响:

1）公路等级越高,路线平纵面指标越高,隧道高程越低,隧道越长,工程造价相对越高。

2）应尽可能把隧道放置于较好的地层中。

3）隧道高程的设置应保证施工和行车安全,并应设置在常年冰冻线和常年积雪线以下。

4）应考虑隧道长度对运营管养费用的影响:隧道越长,通风、照明费用越高。

5）低等级公路上的隧道应考虑社会远期发展及公路改扩建的需要:在不过多增加工程造价的情况下,宜降低隧道设计高程,提高隧道进出口线形标准。

4.2.3 沿河、傍山隧道的位置选择应符合以下原则:

1 应注意山体的整体稳定性,避开严重的滑坡、崩塌、错落、岩堆等不良地质。

2 隧道位置宜向山体侧内移,增加隧道覆盖层厚度,并应避免受河流冲刷。各类围岩地质情况下,隧道拱肩最小覆盖层厚度不得小于表4.2.3的数值。

表4.2.3 隧道拱肩最小覆盖层厚度(m)

围岩级别	最小覆盖层厚度 t				图 式
	1:1	1:1.5	1:2.0	1:2.5	
Ⅲ	5	5			
Ⅳ(石质)	8	6	6		
Ⅳ(土质)	15	12	9	9	
Ⅴ	27	24	21	18	

注:①表中 t 为隧道外侧拱肩至地面的地层最小厚度。
②表列数值应扣除表面腐殖覆盖层厚度。
③表列数值适用于双车道隧道。
④Ⅵ级围岩的 t 值应通过分析计算后确定。

3 沿河、傍山隧道,应综合考虑地形、地质、造价、施工、运营效益及安全等条件,对沿河绕行短隧道群方案、裁弯取直的长隧道方案、分离式路基半路半隧方案进行全面综合比较。在相似条件下,宜优先选择长隧道方案。

  4 隧道洞顶覆盖层薄而难以用钻爆法修建隧道的地段,受塌方、落石、泥石流或雪害等威胁的洞口地段,公路、铁路、沟渠等必须通过隧道上方又不宜做暗洞或立交桥的地段,宜设置明洞或棚洞。

  5 傍山路线的高陡边坡半路堑地段,当路基边坡处治较困难时,宜将路线内移,采用隧道或明洞方案。滑坡地段不宜修建明洞。

4.2.4 隧道位置应避免通过断层、崩塌、滑坡、流沙、溶洞、陷穴及偏压显著、地下水丰富等地质不良地段;当绕避有困难时,应采取工程治理措施。

  1 当隧道穿过水平或缓倾角岩层时,应防止在薄岩层施工时顶部产生掉块现象,宜选择坚硬不透水厚岩层作为顶板。

  2 当隧道穿过陡倾角岩层时,宜垂直于岩层的走向穿过;当必须平行或小角度穿越时,隧道应布置于岩性较好的单一岩层中,避免穿过软弱夹层和不同岩层接触地带。

  3 当隧道通过褶皱构造时,应将隧道位置调整至翼部,避免将隧道置于向斜或背斜的轴部。

  4 当隧道穿过断裂及其接触带时,应使隧道轴线以大角度通过,避开严重的破碎地段。

  5 当隧道穿过地下水发育地段时,宜选择在地形有利、地下水少、岩性较好、透水性弱的地层中通过。

4.2.5 当隧道必须穿越不良地质地带时,其位置的选择应符合以下原则:

  1 当隧道穿过滑坡、错落体时,应使洞身埋置在错落体或滑动面以下一定厚度的稳固地层中。

  2 当隧道穿过严重不稳或有严重崩塌的陡坡时,洞身应往里靠,将隧道置于稳固地层中。

  3 当隧道穿过不稳定的岩堆时,洞身应内移置于基岩中,并留有足够的安全厚度。

  4 当隧道穿过泥石流沟床下部时,应使洞身置于基岩中或稳定的地层内,并保证拱顶以上有一定的安全覆盖厚度。如采用明洞方案,明洞基础应置于基岩或牢固可靠的地基上,明洞洞顶回填应考虑河床下切和上涨以及相互转化的不利情况,并保证不小于0.5m的安全覆盖厚度。

  5 当隧道通过岩溶地区时,宜选择在难溶岩地段和地下水不发育地带,避免穿越岩溶严重发育的地下溶蚀大厅、溶洞群及地质构造破碎带等地段,宜避开易溶岩与难溶岩的接触带。

4.2.6 水库地区隧道应选择在稳定的基岩或坍岸范围以外的稳固地层内通过,避开受水库充水及消水影响易于发生滑塌病害的松散、破碎地带,应注意库水的长期浸泡造成库壁坍塌对隧道稳定的不利影响。隧道洞口设计高程应高出水库计算洪水位(含浪高和壅水高)不小于0.5m。

4.2.7 各级公路隧道洞口设计高程应符合表3.0.9的规定。当隧道区观测洪水频率高于表3.0.9中所列洪水频率标准值时,应按观测洪水频率设计,但当观测到的洪水频率在高速公路、一级公路超过1/300,二级公路超过1/100,三、四级公路超过1/50时,则应分别采用1/300、1/100、1/50的频率设计。

城市过江(过海)隧道应保证隧道防洪、防涝的可靠性,当洞口高程达不到表3.0.9中所要求标准时,应在洞口周围一定范围内修建防洪堤或防淹门,洞口排水泵房应具有排洪所需的抽水能力。隧道排水系统的设计洪水频率不应低于1/100,对特别重要的隧道可提高到1/300。

4.2.8 隧道洞口位置的确定应遵循"早进洞、晚出洞"的原则,注意边坡及仰坡的稳定。

1 隧道洞口位置的选择应与周围自然环境相协调,宜绕避居民点;当不能避开时,应评估施工爆破、噪声、水质污染等对居民及环境的危害,制订降噪、控制污染等环境保护措施。

2 隧道洞口位置的选择应与隧道前后构造物协调。在桥隧紧接的情况下,应综合考虑洞口与桥跨布局、结构处理的整体性,避免桥隧工程施工相互干扰。

3 当洞口开挖不可避免时,应确保隧道洞口边坡及仰坡的稳定。洞口边坡、仰坡的设计控制高度可采用表4.2.8的规定。

表4.2.8 洞口边坡、仰坡的设计控制高度

围岩级别	边坡、仰坡坡率	控制高度(m)
Ⅱ	贴壁	15
	1:0.3	20
	1:0.5	25
Ⅲ	1:0.5	20
	1:0.75	25
Ⅳ	1:0.75	15
	1:1	18
	1:1.25	20
Ⅴ	1:1.25	15
	1:1.5	18

注:①洞口边坡、仰坡高度为路面设计高程至边坡、仰坡顶的高度。
②对于Ⅱ级及其以上围岩,若边坡、仰坡安全能够得到保证,其边坡高度要求可适当放宽;对于Ⅴ级及其以下的围岩,设计时应尽可能降低控制高度。
③本表主要针对双车道隧道,其他隧道可参照执行。

4.2.9 地形条件决定隧道洞口的位置时,应符合以下原则:

1 隧道洞口的中线宜与地形等高线接近垂直。条件困难时,宜以大角度斜交进洞,避免与等高线平行进洞。

1)在松软地层中,不宜采用斜交洞口。

2)抗震设防烈度为Ⅶ度时,斜交洞门需经抗震验算方可采用。抗震设防烈度大于Ⅶ度的地区,隧道洞门不宜采用斜交洞门。

3)当围岩为Ⅲ级及其以上质量较好的围岩时,可采用斜交进洞,但其洞门端墙与路线中线交角不应小于45°。

4)低等级公路隧道,当洞口岩石坚硬完整、不易风化时,可随天然地势进洞。

5)岩层破碎、整体性差、斜交角度小的地段,宜延长隧道,修建明洞式洞口。

2 位于悬岩陡壁下的洞口,不宜切削原山坡。当坡面及岩顶稳定,无落石或坍塌可能时,可贴壁进洞。应避免在不稳定的悬岩陡壁下进洞,宜延伸洞口接长明洞,其长度宜延伸到坍落可能影响的范围以外3~5m,或采取其他保证运营安全的措施。

3 在漫坡地段选择洞口位置时,应根据洞外路基填挖方情况、排水条件和有利快速施工等因素,结合少占农田、填方利用等要求,综合分析确定。当隧道位于城市、风景区附近时,应减少拉槽进洞,宜适当延长隧道长度。

4 沟谷和山凹处,往往是地表水和地下水的汇集之处,地质构造大多较为软弱破碎。当路线沿沟谷、山凹行进时,洞口位置应避开沟谷和山凹的中心,尽量在凸出的山坡附近进洞。当沟底高程较高或上跨其他构造物时,应对地表径流作妥善处置,并加强洞口段的防水和排水措施。

5 傍山隧道洞口靠山侧边坡较高时,应防范塌方和落石等病害发生,隧道宜提早进洞或加接明洞(或棚洞)。对洞外路堑和洞口浅埋段的自然坡体的稳定性,要认真调查、分析论证,必要时可采取相应的加固措施。

4.2.10 地质条件决定隧道洞口的位置时,应符合以下原则:

1 隧道洞口应选择在山坡稳定、地质条件较好处,不应设置在偏压很大及严重不良地质地段,应避开排水困难的沟谷低洼处。

2 层面不稳定的岩层,开挖后易引起顺层滑动或坍塌的地段,宜提早进洞;否则,应采取有效的防止地质病害的工程措施。

3 当隧道避开堆积层进洞有困难时,不宜采用清方的办法缩短洞口,应维护山体的稳定和洞口施工的安全,采取接长明洞或采用洞口大管棚及洞口地表注浆加固等工程措施。

4 黄土地区隧道,洞口不应设在冲沟、陷穴附近,以免引起洞口坡面产生冲蚀、泥流或塌陷等病害。在无地下水、密实、稳定的老黄土地层中,除洞外有填方要求可适当挖深进洞外,不宜深挖进洞。

5 严寒地区(包括多年冻土和积雪地区)的隧道洞口,应避开易产生热融滑坍、冰锥、冰丘、第四纪覆盖层及地下水发育的不良地质地段。

6 地震区的隧道洞口,宜选择在抗震有利的地貌、地质地段处,不应设在受震后易于产生崩塌、滑坡、错落等不良地质处。

7 当洞口为软岩或软硬岩互层时,应防范开挖后在自然风化和地下水作用下,软岩风化掉块,危及洞口安全。在这类地层中选定隧道洞口位置时,应降低边仰坡高度,减少风化暴露面,对坡面宜作适当防护。

8 根据隧道洞口地形、地质条件及排水等要求,需要修建明洞(或棚洞)接长时,洞口应设在山坡无病害的地方,不宜设在滑坡、岩堆、泥石流等地段内。

第8.0.1条第4款对照规范

➢ 《公路隧道设计规范 第一册 土建工程》(JTG 3370.1—2018)

1.0.8 隧道设计应节约用地,尽可能保护原有植被,妥善处理弃渣和污水。

➢ 《公路环境保护设计规范》(JTG B04—2010)

5.1.1 公路设计应调查公路沿线区域生态环境特征,分析研究当地野生动、植物习性及生长演替规律;对湿地、沙漠、戈壁、高寒等生态敏感与脆弱地区,应论证确定生态环境保护原则。

5.1.2 当公路对生态环境中的保护对象产生影响时,应结合受保护对象的特性提出保护方案,将不利影响减少到最低程度。

5.2.1 公路中心线距省级(含)以上自然保护区缓冲区的边缘不宜小于100m。当公路必须进入自然保护区时,应遵照国家有关规定执行。

5.2.2 公路通过林地时,应注意保护用地范围内的林木,严格控制林木的砍伐数量,不得砍伐公路用地范围之外不影响行车安全的林木。

1 公路工程可行性研究阶段应调查占用林地的类型和规模;

2 初步设计阶段应基本确定林木的砍伐数量和种类;

3 施工图设计阶段应分别计算统计林木的砍伐数量和种类,对用地范围内可移植或保留的林木应分类统计数量。

5.2.3 公路经过草原草甸时应注意保护腐殖土和地表植被,限制路侧取土;取、弃土场宜选择在地表植被生长差的地方并集中设置,一般宜设置在公路用地界400m以外。

5.2.4 公路应尽可能绕避法定保护湿地；必须穿过时，应选择影响范围小的位置通过，并采用必要的工程措施，避免造成水环境的重大改变。

5.2.5 在有国家或地方重点保护野生动物出没路段，应设置预告、禁止鸣笛等标志，并根据需要为动物横向过路设置通道。

1 公路工程可行性研究阶段应调查珍稀野生动物类别及其习性；

2 初步设计阶段应基本确定重点保护动物类别及其横向过路通道的数量和结构形式；

3 施工图设计阶段应确定动物横向过路通道的数量、位置、结构形式和工程数量。

5.3.1 公路设计应调查和收集公路中心线两侧各200m范围内的地表水资源分布，并调查影响水体的环境功能。

1 公路工程可行性研究阶段应调查公路拟跨越水体的数量；

2 初步设计阶段应基本确定公路拟跨越水体的数量和环境功能及应采取的保护措施；

3 施工图设计阶段应确定公路拟跨越水体的数量、类别和位置，落实保护措施及其工程数量。

5.3.2 路面径流不得直接排入饮用水体和养殖水体。

5.3.3 公路不得占用居民集中地区的饮用水体；当路基边缘距饮用水体小于100m、距离养殖水体小于20m时，应采取绿化带或其他隔离防护措施。

5.3.4 公路在湖泊、水库、湿地等地表径流汇水区通过时，应采取措施防止公路对地表径流的阻隔。

5.3.5 公路经过瀑布上游、温泉区等特殊水体时，应采取有效工程措施进行保护。

5.3.6 在饮用水地下水源保护区内不得设置污染地下水源的渗水构造物。

5.3.7 对自然水流形态应进行保护，做到不淤、不堵、不留工程隐患。

1 公路通过山谷时，应根据山谷宽、深及汇水面积等选择通过方式，有条件时宜优先采用桥梁跨越；

2 对工程废方弃置应做出具体设计，对于临水域的弃渣场，要设置有效的拦挡措施，避免阻塞河道水流或造成水土流失。

第8.0.1条第5款对照规范

➢《公路隧道设计规范 第一册 土建工程》(JTG 3370.1—2018)

15.1.2 隧道路面应具有足够的强度、平整、耐久、抗滑、耐磨等性能。

> 《公路隧道设计细则》(JTG/T D70—2010)

19.3.2 隧道路面设计宜符合以下规定:

1 各级公路隧道可采用水泥混凝土路面,但应采取措施,提高其抗滑和降噪性能。

2 当设计速度大于80km/h时,宜采用沥青混合料上面层与水泥混凝土下面层组成的复合式路面。宜消减沥青路面在隧道着火情况下参与燃烧并释放浓烟,对营运安全和救援工作的不利影响,其面层应采用加入阻燃剂的复合改性沥青。沥青阻燃剂应具有良好的热稳定性及耐久性,且不应影响沥青及其混合料的使用性能。应重视采用沥青路面面层降低隧道内整体亮度,且进出口段(尤其是进口段)亮度变化较大的特点。在隧道路面设计中。应提高路面的反射率,选择隧道路面类型时,宜选用光反射率较大的材料及结构。

JTG B01—2014

8.0.2 隧道分类规定如表8.0.2。

表8.0.2 隧道分类

隧道分类	特长隧道	长隧道	中隧道	短隧道
隧道长度L(m)	$L>3\ 000$	$3\ 000 \geqslant L > 1\ 000$	$1\ 000 \geqslant L > 500$	$L \leqslant 500$

条文说明

《标准》03版隧道分类标准经过多年使用,已被广大设计、建设和管理人员所接受,仍对隧道建设与运营管理有指导意义,综合考虑公路隧道在勘测、设计、施工、养护和管理中的技术要求,本次修订对隧道分类未作调整。

第8.0.2条对照规范

> 《公路隧道设计规范 第一册 土建工程》(JTG 3370.1—2018)

1.0.4 公路隧道可按其长度划分为四类,划分标准应符合表1.0.4的规定。

表1.0.4 公路隧道按长度分类

分类	特长隧道	长隧道	中隧道	短隧道
长度(m)	$L>3\ 000$	$3\ 000 \geqslant L > 1\ 000$	$1\ 000 \geqslant L > 500$	$L \leqslant 500$

注:隧道长度系指两端洞口衬砌端面与隧道轴线在路面顶交点间的距离。

8.0.3 隧道净空应符合本标准第 3.6.1 条公路建筑限界的规定,且横断面各组成部分宽度应满足下列要求:

1 隧道内的最小侧向宽度应符合表 8.0.3 的规定。

表 8.0.3 隧道最小侧向宽度

设计速度(km/h)	高速公路、一级公路				二级公路、三级公路、四级公路				
	120	100	80	60	80	60	40	30	20
左侧侧向宽度 $L_{左}$(m)	0.75	0.75	0.5	0.5	0.75	0.5	0.25	0.25	0.50
右侧侧向宽度 $L_{右}$(m)	1.25	1.00	0.75	0.75	0.75	0.5	0.25	0.25	0.50

2 高速公路、一级公路的隧道应在两侧设置检修道,其宽度应大于或等于 0.75m。

二级、三级公路的隧道宜在两侧设置人行道(兼检修道),二、三级公路隧道的人行道宽度应大于或等于 0.75m。

四级公路隧道、连拱隧道左侧可不设置检修道或人行道,但应保留 C 值宽度。

3 单车道四级公路的隧道应按双车道四级公路标准修建。

4 山岭特长、长隧道内不设硬路肩或硬路肩宽度小于 2.5m 时,单洞两车道隧道应设置紧急停车带,单洞三车道隧道宜设置紧急停车带。

紧急停车带宽度应为 3.0m,且与右侧侧向宽度之和应大于或等于 3.5m,有效长度应大于或等于 40m,单向行车时,间距不宜大于 750m,双向行车时,同侧间距不宜大于 1 000m。

5 四车道高速公路上的短隧道与城市出入口的中、短隧道,宜与路基同宽。

条文说明

1 公路隧道横断面由车道、左侧侧向宽度 $L_{左}$、右侧侧向宽度 $L_{右}$、检修道(或人行道或余宽)组成。左(右)侧侧向宽度为行车道左(右)侧标线内缘至左(右)侧最近行车障碍物间的距离,最近行车障碍物是指检修道或人行道或余宽的突起部位。

根据"公路隧道建筑限界指标研究"专题研究,隧道余宽的功能主要如下:一是发挥"护轮带"作用,防止车身凸出物刮擦隧道壁或交通工程设施;二是发挥"安全带"作用,提供富余量,保证行车安全;三是发挥"路缘石"作用,对偏驶车辆进行拦护,防止或减轻偏驶车辆对隧道墙壁及交通工程设施的冲撞和破坏,降低冲撞隧道壁对车辆自身的破坏;四是加宽了建筑限界与限高一致的顶部宽度,可减少车辆对侧壁的擦挂现象。结合余宽功能,当设置检修道或人行道时,余宽包含于检修道或人行道中;当不设置检修道或人行道时,单独设置,并凸出于路面。

本次修订将100km/h设计车速时隧道左侧侧向宽度调整为0.75m,主要是基于车速快车辆偏移量大,有利于洞内外路基衔接,且增加造价有限。

2　高速公路、一级公路隧道由于设计速度高,交通量大,且养护要求高,因此要求在隧道两侧设置检修道。检修道宽度需根据公路等级、隧道长度、洞内管线数量和布置需求等确定。连拱隧道由于结构的特殊性,其左侧可不设检修道或人行道,但需设置余宽。二、三级公路隧道为混合交通,因此建议设置人行道,其宽度视隧道所在地区的行人密度、隧道长度、交通量、洞内管线布设等因素而定,同时兼顾洞内设施的检查需求。四级公路隧道可根据隧道所处位置和功能要求,考虑是否设置人行道,当不设人行道时需设置余宽。

3　考虑单车道隧道的改建和通行能力、交通安全等问题,四级公路一般不修建单车道隧道。

4　紧急停车带主要是用来停放故障车辆、检修车辆、紧急情况下救援车辆和救援人员用以进行紧急救援活动等,故山岭特长、长隧道内不设硬路肩或硬路肩宽度小于2.5m时设置紧急停车带是必要的。但考虑到紧急停车带对不同车道数隧道的重要性以及建设难度有所不同,提出单洞两车道隧道应设置紧急停车带,单洞三车道隧道宜设置紧急停车带的规定,但当地质条件差、加宽后施工风险很大、造价增加很高时,经论证后单洞三车道隧道可不设置紧急停车带,但应完善交通工程与救援设施。紧急停车带的设置应以侧向宽度外侧为起始,向外加宽,避免对正常行驶车辆造成干扰。近年来我国长车数量越来越多,为适应长车停车需要,将停车带有效长度由30m提高为40m。

5 四车道高速公路、一级公路上的短隧道以及城市出入口的中、短隧道建筑限界与路基同宽有利于提高车辆通过隧道的通行能力,保障行车安全,利于紧急救援,故本次修订提出了隧道与路基同宽的规定。

第8.0.3条对照规范

➤ 《小交通量农村公路工程技术标准》(JTG 2111—2019)

9.0.2 隧道建筑限界应符合本标准第3.5.1条的规定,在建筑限界内不得有任何部件侵入。隧道建筑限界基本宽度应符合表9.0.2的规定,并应符合下列规定:
    1 建筑限界高度 H 应为4.5m。
    2 路面横坡宜采用1.5%。
    3 单车道隧道路面横坡应为单向坡,建筑限界底边线应与路面重合。

表9.0.2 隧道建筑限界横断面组成最小宽度

公路等级	设计速度(km/h)	行车道宽度 W(m)	侧向宽(m) 左侧 $L_左$	侧向宽(m) 右侧 $L_右$	余宽 C(m)	人行道宽度 R(m)	断面净宽(m) 不设人行道	断面净宽(m) 设人行道
四级公路(Ⅱ类)	15	3.50	0.25	0.25	0.25	0.75	4.50	5.50

➤ 《公路隧道设计规范 第一册 土建工程》(JTG 3370.1—2018)

4.4.1 各级公路隧道建筑限界如图4.4.1所示,在建筑限界内不得有任何土建工程部件侵入。各级公路两车道隧道建筑限界宽度应不小于表4.4.1的基本宽度,并应符合下列规定:
    1 建筑限界高度:高速公路、一级公路、二级公路取5.0m;三、四级公路取4.5m。
    2 设检修道或人行道时,检修道或人行道宜包含余宽;不设置检修道或人行道时,应设不小于0.25m的余宽。
    3 隧道路面横坡:隧道为单向交通时,应设置为单面坡;隧道为双向交通时,可设置为双面坡;横坡坡率可采用1.5%~2.0%,宜与洞外路面横坡坡率一致。
    4 路面采用单面坡时,建筑限界底边线与路面重合;采用双面坡时,建筑限界底边线应水平置于路面最高处。
    5 单车道四级公路的隧道应按双车道四级公路标准修建。

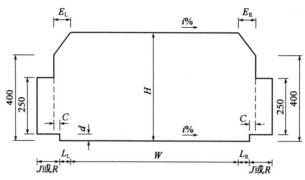

图 4.4.1 公路隧道建筑限界(尺寸单位:cm)

H-建筑限界高度;W-行车道宽度;L_L-左侧侧向宽度;L_R-右侧侧向宽度;C-余宽;J-检修道宽度;R-人行道宽度;d-检修道或人行道的高度;E_L-建筑限界左顶角宽度,包含余宽 C;E_R-建筑限界右顶角宽度,包含余宽 C。

注:当 $L_L \leq 1\mathrm{m}$ 时,$E_L = L_L$;当 $L_L > 1\mathrm{m}$ 时,$E_L = 1\mathrm{m}$。

当 $L_R \leq 1\mathrm{m}$ 时,$E_R = L_R$;当 $L_R > 1\mathrm{m}$ 时,$E_R = 1\mathrm{m}$。

表 4.4.1 两车道公路隧道建筑限界横断面组成及基本宽度(m)

公路等级	设计速度 (km/h)	车道宽度 W	侧向宽度 左侧 L_L	侧向宽度 右侧 L_R	余宽 C	检修道宽度 J 或人行道宽度 R 左侧	检修道宽度 J 或人行道宽度 R 右侧	建筑限界基本宽度
高速公路 一级公路	120	3.75×2	0.75	1.25	0.50	1.00	1.00	11.50
	100	3.75×2	0.75	1.00	0.25	0.75	0.75	10.75
	80	3.75×2	0.50	0.75	0.25	0.75	0.75	10.25
	60	3.50×2	0.50	0.75	0.25	0.75	0.75	9.75
二级公路	80	3.75×2	0.75	0.75	0.25	1.00	1.00	11.00
	60	3.50×2	0.50	0.50	0.25	1.00	1.00	10.00
三级公路	40	3.50×2	0.25	0.25	0.25	0.75	0.75	9.00
	30	3.25×2	0.25	0.25	0.25	0.75	0.75	8.50
四级公路	20	3.00×2	0.50	0.50	0.25			7.50

注:三车道、四车道隧道除增加车道数外,其他宽度同表 4.4.1;增加车道的宽度不应小于 3.5m。

4.4.2 高速公路、一级公路隧道应在两侧设置检修道,二级、三级公路隧道应在两侧设置人行道并兼作检修道,检修道或人行道宽度应符合表 4.4.1 的规定;连拱隧道行车方向左侧、四级公路隧道可不设检修道或人行道,但应保留不小于 0.25m 的余宽;设计速度大于 100km/h 时,余宽应不小于 0.5m。检修道或人行道的高度可按 250~800mm 取值,并应综合考虑下列因素:

　　1　检修人员或行人步行时的安全。

2 满足其下放置电缆、给水管等的空间尺寸要求,以及电缆沟排水空间要求。
3 紧急情况时,驾乘人员拿取消防设备方便。

4.4.3 隧道内轮廓净空断面应符合下列要求:
1 满足隧道建筑限界所需空间,并预留不小于50mm的富余量。
2 满足洞内装饰所需空间。
3 满足通风、照明、消防、监控、指示标志等交通工程及附属设施所需空间。
4 断面形状有利于围岩稳定、结构受力。
5 隧道内轮廓断面形状及尺寸可参照附录 B 拟定。

4.4.4 隧道内路侧边沟应结合检修道、侧向宽度、余宽等,布置于车道两侧。

4.4.5 特长隧道、长隧道内不设硬路肩或硬路肩宽度小于2.5m时,单洞两车道隧道应设紧急停车带,单洞三车道隧道宜设紧急停车带,单洞四车道隧道可不设紧急停车带。

4.4.6 紧急停车带设置应符合下列规定:
1 紧急停车带宽度为向行车方向右侧加宽不小于3.0m,且紧急停车带宽度与右侧侧向宽度(L_R)之和不应小于3.5m。
2 紧急停车带长度不宜小于50m,其中有效长度不应小于40m。
3 紧急停车带横坡可取 0~1.0%。
4 单向行车隧道紧急停车带设置间距不宜大于750m,并不应大于1 000m。
5 双向行车隧道紧急停车带应两侧交错设置,同一侧间距宜采用800~1 200mm,并不应大于1 500m。

紧急停车带建筑限界的构成如图4.4.6所示,具体尺寸按本规范第4.4.1条和第4.4.2条规定执行。

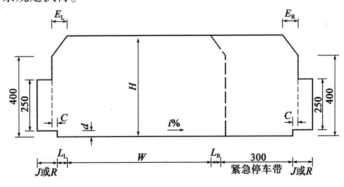

a)建筑限界及横向构成

图 4.4.6

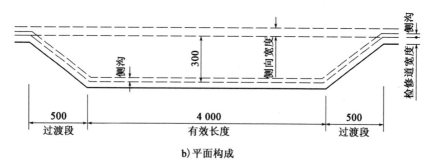

b) 平面构成

图4.4.6 紧急停车带的建筑限界、宽度和长度(尺寸单位:m)

4.4.7 不设检修道、人行道的隧道,应在隧道两侧交错布置行人避车洞。行人避车洞同一侧间距不宜大于500m,宽不应小于1.5m、高不应小于2.2m、深不应小于0.75m。

4.4.8 四车道高速公路上的短隧道,独立设置的明洞或棚洞,城市出入口的中、短隧道,宜与路基同宽。

➤ 《公路隧道设计细则》(JTG D70—2010)

5.1.1 各级公路隧道的建筑限界标准应符合《公路工程技术标准》(JTG B01—2003)第2.0.7条、第7.0.3条的规定。在建筑限界内不得有任何部件(包括通风、照明、安全、监控和内装饰等附属设施)侵入。

5.1.2 高速公路及一级公路等单向行车的公路隧道,建筑限界几何形状应按图5.1.2所示进行设计,最小宽度应符合表5.1.2的规定。

表5.1.2 单向行车公路隧道建筑限界横断面组成最小宽度(m)

设计速度 (km/h)	车道宽度 W	侧 向 宽 度		余宽 C	检 修 道 J		隧道建筑限界净宽
		左侧 L_L	右侧 L_R		左侧	右侧	
120	3.75×2	0.75	1.25	0.50	1.00	1.00	11.50
100	3.75×2	0.75	1.00	0.25	0.75	1.00	11.00
80	3.75×2	0.50	0.75	0.25	0.75	0.75	10.25
60	3.50×2	0.50	0.75	0.25	0.75	0.75	9.75

注:①三车道和四车道隧道除增加车道数外,其他宽度同本表;增加车道的宽度不得小于3.5m。
②左侧检修道宽度包括余宽。

1 高速公路、一级公路等单向行车的隧道,右侧可不设余宽;当右侧不设检修道时,应设置不小于25cm的余宽。

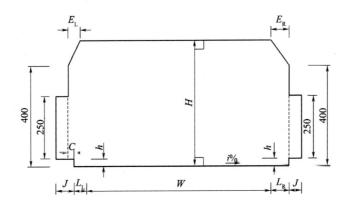

图 5.1.2 单向行车公路隧道建筑限界(尺寸单位:cm)

H-建筑限界高度,$H=5m$;W-行车道宽度;L_L-左侧侧向宽度;L_R-右侧侧向宽度;C-余宽;J-检修道宽度;h-检修道或人行道高度;E_L-建筑限界左顶角宽度,$E_L=L_L$;E_R-建筑限界右顶角宽度,当 $L_R\le 1m$ 时,$E_R=L_R$;当 $L_R>1m$ 时,$E_R=1m$。

2 当隧道内检修道高度不大于25cm时,余宽可包含于检修道宽度之中;当检修道高度大于25cm,且余宽仍包含于检修道或人行道的宽度中时,宜根据《公路工程技术标准》(JTG B01—2003)第3.0.5条的相关规定,加宽左侧侧向宽度。

5.1.3 二级公路、三级公路及四级公路等双向行车的公路隧道,其建筑限界几何形状应按图5.1.3所示进行设计,最小宽度应符合表5.1.3的规定。

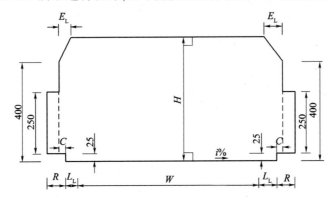

图 5.1.3 双向行车公路隧道建筑限界(尺寸单位:cm)

H-建筑限界高度;W-行车道宽度;L_L-左侧侧向宽度(相对于行车方向);C-余宽;R-人行道宽度;E_L-建筑限界左顶角宽度,$E_L=L_L$。

表5.1.3 双向行车公路隧道建筑限界横断面组成最小宽度(m)

设计速度(km/h)	车道宽度 W	侧向宽度 L_L	余宽 C	人行道宽度 R	隧道建筑限界净宽 设人行道	隧道建筑限界净宽 不设人行道
80	3.75×2	0.75	0.25	1.00	11.00	
60	3.50×2	0.50	0.25	1.00	10.00	
40	3.50×2	0.25	0.25	0.75	9.00	
30	3.25×2	0.25	0.25			7.5
20	3.00×2	0.50	0.25			7.5

注：人行道宽度包括余宽。

1　建筑限界高度：二级公路5.0m；三、四级公路4.5m。

2　三、四级公路隧道，宜结合隧道长度、未来公路等级提高等因素拟定建筑限界。

3　单车道四级公路隧道，若具有提高通行能力的改扩建规划，宜按双车道四级公路的标准修建。

4　城市道路隧道的人行道宽度应参照现行《城市道路设计规范》(CJJ 37)规定的人行道可能通行能力与地域折减系数的规定设置。

5.1.4　高速公路和一级公路隧道应双侧设置检修道，其他等级公路隧道应根据隧道的行人密度、隧道长度、交通量及交通安全等因素确定人行道(兼检修道)的设置，人行道宜双侧设置。当隧道长度大于1 000m时，人行道宽度不宜小于1m；当隧道内需设置水消防时，设置消防水管一侧的检修道或人行道宽度不宜小于1m。

5.1.5　高速公路及一级公路隧道内检修道的高度 h 宜为25~40cm，最大高度不应高于80cm。检修道高度的确定应综合考虑以下因素：

1　保障检修人员步行时的安全。

2　紧急情况时，驾乘人员拿取消防设备方便。

3　符合放置电缆、光缆、给水管等所需的空间尺寸。

4　检修道或人行道设置的高度不宜对驾驶员的心理造成障碍。

5.1.6　隧道路面排水边沟应结合检修道、侧向宽度、余宽等布置。其宽度应小于侧向宽度，并按路面单向横坡或双向横坡，设置于坡低的一侧或两侧。

5.1.7　车道数大于或等于6条的公路，长度大于500m的隧道，其横断面不宜设置为与路基同宽；但当隧道符合以下条件时，其横断面宜设计为与路基同宽：

1　长度小于100m的短隧道；

2　长度小于500m的独立短隧道。

5.2.1　隧道内轮廓设计除应符合隧道建筑限界的规定外，还应为洞内路面、排水设施、装饰构造提供建筑空间,为通风、照明、消防、监控、运营管理等设施提供安装空间,为衬砌变形及施工误差预留适当的富余量,设计断面形式及尺寸应符合安全、经济、合理的原则。建筑限界与隧道内轮廓的关系应符合图5.2.1所示。

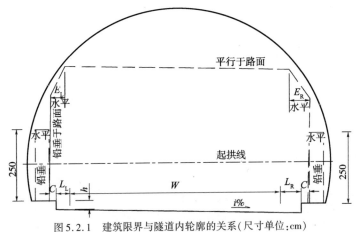

图5.2.1 建筑限界与隧道内轮廓的关系(尺寸单位:cm)

5.2.2 当隧道为单向交通时,路面横坡应取单面坡;当隧道为双向交通时,路面横坡宜取双面坡。路面坡度应根据隧道长度,平、纵线形等因素综合分析确定。路面横坡宜为1.5%~2.0%。当隧道位于超高平曲线段时,应根据超高横坡度设置路面横坡。隧道路面横坡不宜大于5.0%。

5.2.3 当隧道路面为单面坡时,应满足以下规定:

1 建筑限界底边线应与路面重合,建筑限界顶边线应平行于路面。

2 检修道或人行道内边缘高度 h 相对于路面保持不变,设置倾向路面一侧的0.5%~1%的横坡。

3 检修道或人行道的边线应保持铅垂。

4 建筑限界车行道边线垂直于路面,高度保持不变。

5.2.4 隧道内轮廓断面与建筑限界行车限界线最小间距宜大于10cm,与人行道或检修道限界线最小间距宜大于5cm。

5.2.5 公路等级和设计速度相同的同一条高速公路上的隧道断面宜采用相同的内轮廓设计标准,可采用单心圆或三心圆形式;但当出现下列情况时,可采用不同的净空断面:

1 隧道长度相差较大时,特长隧道因通风方案需要扩大隧道断面。

2 隧道平曲线半径较小,不符合视距规定时,需要加宽断面。

3 因设置超高需扩大隧道断面。

5.2.6 当隧道位于3.0%以上超高横坡路段,按无超高路段拟定的净空断面侵入建筑限界时,可采取以下设计措施:

1 整体旋转隧道内轮廓。
2 扩大内轮廓断面。
3 调整内轮廓中心位置。

5.2.7 隧道平面线形设计应以避免视距不足为原则,若隧道内轮廓断面不满足视距要求,应予以加宽。保证视距的临界曲线半径 R 可按式(5.2.7-1)计算:

$$R = \frac{S^2}{8Y} \quad (5.2.7\text{-}1)$$

式中:Y——保证视距的侧向宽度(m);
　　　S——保证视距(m);
　　　R——车道中心线的平曲线半径(m)。

左侧保证视距宽度的计算公式为(图5.2.7):

$$Y_L = \frac{W_L}{2} + L_L + J \quad (5.2.7\text{-}2)$$

右侧保证视距宽度的计算公式为(图5.2.7):

$$Y_R = \frac{W_R}{2} + L_R + J \quad (5.2.7\text{-}3)$$

以上两式中:W_L、W_R——车道宽度(m);
　　　　　L_L、L_R——侧向宽度(m);
　　　　　J——检修道宽度(m)。

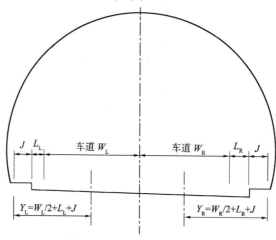

图 5.2.7　保证视距宽度的计算

5.2.8 车行横通道内轮廓断面可采用直墙式或曲墙式两种形式。在Ⅴ～Ⅵ级围岩中,车行横通道宜采用曲墙式断面(图5.2.8)。

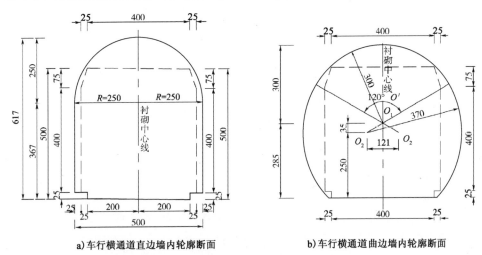

a) 车行横通道直边墙内轮廓断面　　b) 车行横通道曲边墙内轮廓断面

图5.2.8　车行横通道内轮廓断面设计图(尺寸单位:cm)

5.2.9 人行横通道内轮廓断面一般采用直墙形式(图5.2.9)。

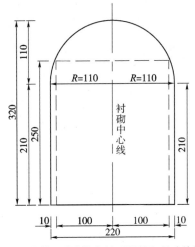

图5.2.9　人行横通道内轮廓断面设计图(尺寸单位:cm)

8.0.4 隧道及其洞口两端路线的平、纵、横技术指标应符合下列规定：

1 隧道路段平、纵线形应均衡、协调。水下隧道平面线形宜采用直线，当设为曲线时宜采用不设超高的平曲线。

2 洞口内外侧各3s设计速度行程长度范围的平、纵线形应一致。特殊困难地段，经技术经济比较论证后，洞口内外平曲线可采用缓和曲线，但应加强线形诱导设施。

3 洞口外相接路段应设置距洞口不小于3s设计速度行程长度，且不小于50m的过渡段，保持横断面过渡的顺适。

4 隧道内纵坡应小于3%，大于0.3%，但短于100m的隧道可不受此限。

5 高速公路、一级公路的中、短隧道，当条件受限制时，经技术经济论证、交通安全评价后，隧道最大纵坡可适当加大，但不宜大于4%。

条文说明

1 影响隧道行车安全的重要因素是视距，采用曲线隧道方案时，需对停车视距进行验算，尽量避免采用需加宽的圆曲线半径和长大下坡接小半径平曲线隧道的平面组合方案，保证隧道前后路线线形协调与均衡。水下隧道受施工工法限制，盾构隧道一般采用不设超高的大半径平曲线，沉管隧道一般采用直线。

2 由于光线的剧烈变化以及横断面宽度、路面状况和行车环境的改变，隧道进出口是事故多发地段，因此，洞内一定距离与洞外一定距离保持线形一致是必要的。"3s行程线形一致"的规定自实施以来，其必要性和作用受到肯定。线形一致的理想线形是直线和圆曲线，但实践证明，在地形条件特别复杂的地段，若过分追求理想线形，往往造成工程规模和造价大幅增加，或为满足3s行程将线形指标降低，采用小半径的圆曲线，反而使行车安全性降低。因此，本次修订提出特殊困难地段(采用直线或圆曲线造成工程规模急剧增加或行车安全性降低)经技术经济论证后可在洞口段布设缓和曲线，但需避免急剧的方向改变，注重线形的均衡协调性，同时采取相应的交通工程措施，保障行车安全。

3 通常情况下,隧道与路基建筑限界宽度不同,断面的变化易诱发交通事故,形成通行瓶颈,影响通行能力和服务水平,因此需采取交通工程或土建工程过渡措施,来解决路基和洞内路面宽度的顺适过渡问题,如设置标志、标线、安全护栏、警示牌、信号等,使驾驶员能预知并逐渐适应驾驶环境的变化,避免车辆冲撞洞门墙、电缆槽。

4~5 参照国外相关标准以及国内科研成果与运营经验,隧道最大纵坡一般不大于3%,当受地形、地质条件等限制,高速公路、一级公路的中、短隧道最大纵坡可适当加大,但通常不大于4%。隧道拟采用大于3%的纵坡时,需根据公路等级、隧道长度,考虑隧道所在地区的气候、海拔、主要车辆类型和交通流组成、隧道运营管理水平、隧道内安全设施配备标准等因素,对纵坡值进行论证与交通安全评价后,再慎重使用。

第8.0.4条对照规范

➢《小交通量农村公路工程技术标准》(JTG 2111—2019)

9.0.3 单车道隧道路线平、纵面技术指标应符合下列规定:
  1 两隧道口之间应保证通视,平面线形宜采用直线。
  2 纵坡不应小于0.3%,不宜大于3%,困难路段不宜大于4%,但短于100m的隧道可不受此限制。
  3 隧道内的纵坡宜设置为单向坡。

➢《公路隧道设计规范 第一册 土建工程》(JTG 3370.1—2018)

4.3.1 应根据地质、地形、路线走向、通风等因素确定隧道平面线形。设曲线时,不宜采用设超高和加宽的圆曲线。隧道不设超高的圆曲线最小半径应符合表4.3.1的规定。隧道平面线形需采用设超高的圆曲线时,其超高值不宜大于4.0%。当设计速度为20km/h时,圆曲线半径不宜小于250m。隧道内每条车道的视距均应符合现行《公路路线设计规范》(JTG D20)的视距要求。

表4.3.1 隧道不设超高的圆曲线最小半径(m)

路 拱	设计速度(km/h)					
	120	100	80	60	40	30
≤2.0%	5 500	4 000	2 500	1 500	600	350
>2.0%	7 500	5 250	3 350	1 900	800	450

4.3.2 高速公路、一级公路隧道应设计为上、下行分向行驶的双洞隧道,双洞隧道宜按分离式隧道布置。下列情况可按其他形式布置:

  1 洞口地形狭窄、桥隧相连、连续隧道群、周边建筑物限制或为减少洞外占地的短隧道、中隧道,可按小净距隧道布置。

  2 洞口地形狭窄、周边建筑物限制展线特别困难的短隧道,可按连拱隧道布置。

  3 桥隧相连、洞口地形狭窄或有特殊要求的长隧道、特长隧道的洞口局部地段,可按分岔隧道布置。

4.3.4 隧道纵坡形式,宜采用单向坡,地下水发育的长隧道、特长隧道可采用双向坡。隧道内竖曲线最小半径和最小长度应符合表4.3.4的规定。

表4.3.4 竖曲线最小半径和最小长度(m)

设计速度(km/h)	120	100	80	60	40	30	20
凸形竖曲线最小半径	17 000	10 000	4 500	2 000	700	400	200
凹形竖曲线最小半径	6 000	4 500	3 000	1 500	700	400	200
竖曲线最小长度	100	85	70	50	35	25	20

4.3.5 隧道内纵断面线形应考虑行车安全、运营通风规模、施工作业和排水要求确定,最小纵坡不应小于0.3%,最大纵坡不应大于3%;短于100m的隧道可不受此限制。高速公路、一级公路的中、短隧道,受地形等条件限制时,经技术经济论证、交通安全评价后,隧道最大纵坡可适当加大,但不宜大于4%。

4.3.6 隧道洞外连接线线形应与隧道线形相协调,隧道洞口内外侧各3s设计速度行程长度范围的平、纵线形应一致。特殊困难地段,经技术经济比较论证后,洞口内外平曲线可以采用缓和曲线,但应加强线形诱导设施。

> 《公路隧道设计细则》(JTG/T D70—2010)

4.3.1 隧道平面线形应综合考虑地形地质条件、洞口接线、隧道通风、车辆运行安全和施工条件等因素,并与隧道自身建设条件及连接区间的公路整体线形协调一致而选定。当采用曲线隧道时,不宜采用设超高的平曲线,且不应采用需加宽断面的平曲线。隧道不设超高的圆曲线最小半径应符合表4.3.1-1的规定。受特殊条件限制,隧道平面线形需采用设超高的平曲线时,其超高值应按表4.3.1-2的规定进行停车视距与会车视距验算,以保证驾驶员在紧急情况下有充分的时间迅速停车,避免交通事故。

表 4.3.1-1　不设超高的圆曲线最小半径(m)

路拱坡度(%)	设计速度(km/h)						
	120	100	80	60	40	30	20
≤2.0	5 500	4 000	2 500	1 500	600	350	150
>2.0	7 500	5 250	3 350	1 900	800	450	200

表 4.3.1-2　公路停车视距与会车视距

公路等级	高速公路、一级公路				二、三、四级公路			
设计速度(km/h)	120	100	80	60	80	60	40	30	20
停车视距(m)	210	160	110	75	110	75	40	30	20
会车视距(m)	—	—	—	—	220	150	80	60	40

1　特长隧道宜采用直线型。高速公路、一级公路上的长、中隧道以及各级公路上的短隧道的平面线形应服从路线布设的需要,并且宜采用直线或较大半径的曲线。中短隧道,其平面线形宜同洞外路线线形,不应在隧道内出现过大的超高。单向行车的小半径平曲线隧道,应按行车速度进行停车视距验算;双向行车的小半径平曲线隧道,应按行车速度进行会车视距验算,必要时应对隧道进行加宽处理。

2　应保证高等级公路隧道内车辆行车安全和行车舒适性。当隧道设计速度大于或等于80km/h时,隧道内平曲线最小半径不宜小于8倍行车速度;当隧道设计速度小于80km/h时,隧道内平曲线最小半径不宜小于10倍行车速度。

3　隧道内应避免出现车辆合流、分流、交织等现象。特殊情况下,如隧道洞口分散设置,但需在隧道内进行车流分、合流时,应根据车辆合流、分流的运行速度对停车视距进行验算,并进行行车安全的专题论证。

4.3.2　隧道平面线形宜采用直线或较大半径的曲线;并保持线形的均衡过渡。隧道内不宜采用S形曲线,受地形地质条件限制确需设置S形曲线时,S形曲线两圆曲线半径之比不宜过大,以 $R_1/R_2 \leq 2$ 为宜(R_1 为大圆曲线半径,R_2 为小圆曲线半径)。

4.3.3　隧道纵断面线形,应以行车安全、排水、通风、防灾为基础,并根据施工期间的排水、出渣、材料运输等要求确定。隧道内应尽量设置缓坡,但隧道内最小纵坡不应小于0.3%。特长、长隧道最大纵坡宜控制在2.5%以下,中、短隧道最大纵坡宜控制在3%以下。中、短隧道受地形等条件限制时,应综合权衡隧道后期运营与工程建设费用,采用一定措施提高隧道行车安全性后,最大纵坡可适当加大到4%;在特别困难的条件下,经技术经济论证,最大纵坡还可加大至5%。短于100m的隧道,隧道纵坡可与隧道外路线的纵坡要求相同。

4.3.4 隧道内宜采用单向坡。地下水发育的长隧道、特长隧道可采用双向人字坡。隧道内纵坡变化处应设置大半径竖曲线平缓过渡,以保证驾驶员有足够的视线。变坡点的凸形、凹形竖曲线最小半径和最小长度应符合表4.3.4的规定。

表4.3.4 竖曲线最小半径和最小长度

设计速度(km/h)		120	100	80	60	40	30	20
凸形竖曲线半径(m)	一般值	17 000	10 000	4 500	2 000	700	400	200
	极限值	11 000	6 500	3 000	1 400	450	250	100
凹形竖曲线半径(m)	一般值	6 000	4 500	3 000	1 500	700	400	200
	极限值	4 000	3 000	2 000	1 000	450	250	100
竖曲线长度(m)		100	85	70	50	35	25	20

4.3.5 隧道内不宜设置爬坡车道。纵坡大于4%的单向双车道隧道,经运行速度验算,隧道内行车速度低于路段最低容许速度,且大型车比例较高、严重影响隧道通行能力、调整隧道纵坡较困难时,经过技术经济综合比较,根据实际情况可在隧道出口端设置爬坡车道,使大型车与小型车分离,保证小型车的运行质量,提高公路通行能力。

4.3.6 隧道洞外接线应与隧道内线形相协调,并符合以下规定:

1 隧道洞口内外各3s设计速度行程长度范围的平面线形应保持一致。

1)平面线形一致是指洞口内外处于同一个直线或圆曲线内。

2)缓和曲线内曲率不断变化,不应视为线形一致。

3)当处于下列两种情况下时,洞内外接线可采用缓和曲线或缓和曲线与圆曲线组合线形,但应在洞口内外线形诱导和光过渡等方面采取措施,保证行车安全:

①路线平纵面线形指标较高(平曲线半径大于规范规定的一般平曲线半径最小值的2倍,纵面最大纵坡小于2%),行车视距大于停车视距规定值2倍以上,且调整后工程规模增加较大时;

②隧道群之间每个洞口线形均采用理想线形有困难,在平面指标较高、处于上坡进洞,且行车视距满足要求时。

2 隧道入洞前一定距离内,应设置必要的安全设施和视线诱导标志,保证隧道洞外连接线形均衡过渡。

1)由于光线的剧烈变化以及公路宽度和行车环境的改变,隧道进出口是事故多发地段。当隧道出进段洞外设置较长、较大的下坡时,不应在洞口设置小半径的平曲线进洞。

2)隧道出洞口段洞内纵坡较大时,应避免在洞口设置小半径的平曲线出洞。

3) 双洞隧道平面分线应在保证出洞方向线形较顺畅的前提下,灵活选择进洞方向的平面分离点,进洞方向的平面指标不必过高,分离式断面长度不宜过长。

3 隧道洞口内外各 3s 设计速度行程范围的纵面线形应尽量保持一致,有条件时宜取 5s 设计速度行程。隧道洞口的纵坡,宜设置一定长度的直坡段,以使驾乘人员有较好的行车视距。当条件困难不能满足上述要求时,应采用较大的竖曲线半径;特别是当隧道设计速度大于或等于 60km/h 时,隧道洞口竖曲线半径应符合表 4.3.6 的规定。

表 4.3.6 洞门视觉所需的最小竖曲线半径

设计速度(km/h)		120	100	80	60
竖曲线半径(m)	凸形	20 000	16 000	12 000	9 000
	凹形	12 000	10 000	8 000	6 000

4 隧道洞口外应符合相应公路等级的视距规定。隧道接线设置中间分隔带时,应采用停车视距;无中间分隔带时,采用会车视距。

5 并行双洞特长及长隧道应在洞口外适当位置设置联络通道,以利于特殊情况下车辆掉头。

1) 分离式的双洞洞口外均应设置转向车道,以方便隧道维修、养护和应急抢险等。

2) 特长及长双洞隧道应在洞口外适当位置设置联络通道,联络通道形式可采用交叉"X"形。

3) 中、短隧道宜结合路段中央分隔带开口合并设置,联络通道形式可采用简易"Ⅱ"形。

4) 隧道前后 750~1 000m 内设置有中央分隔带开口时,可不设转向车道。

6 当隧道洞门内外路基(路面)宽度变化较大时,隧道洞口外与之相连的路段应设置距洞口不小于 3s 设计速度行程长度,且不小于 50m 的过渡段;在满足车道行驶轨迹条件下,保持公路断面过渡的顺适。

7 分左、右幅设置的分离式隧道,其分线(或合线)的处理,宜按左、右幅分别进行线形设计(线形分离)。对小净距或连拱隧道,受地形条件限制,宽度变化不大于 1m 时,可采用设置过渡段的方式,按中间带变宽处理。过渡段的长度宜按 4s 设计速度行程考虑。

4.3.7 当两座或两座以上隧道相邻洞口之间的距离小于表 4.3.7 规定时,可按隧道群进行设计。其测量与设计应符合以下规定:

1 当隧道长度小于 250m,相邻隧道洞口纵向间距小于 100m 时,各设计速度下均按隧道群考虑。

2 隧道群应按一座隧道进行平面控制测量、高程测量和贯通误差计算。

3 隧道群应整体考虑其平、纵线形技术指标。

4 当隧道群内洞口间距大于5s行程长度时,应符合洞门前后平面线形一致的原则。

5 当隧道群内洞口间距小于5s行程长度时,应分析洞口间距对照明的相互影响。

6 当隧道群内洞口间距小于50m时,应分析洞口间距对通风的相互影响。

7 对于高等级公路,当洞口间距小于50m时,宜设置遮光棚。

表4.3.7 隧道群洞口的最大纵向间距

设计速度(km/h)	120	100	80	60	40	30	20
相邻隧道洞口纵向间距(m)	300	250	200	160	140	100	70

JTG B01—2014

8.0.5 洞口之间小于6s设计速度行程长度的相邻隧道,应系统考虑通风、照明、安全、管理等设施及防灾、救援等需要进行整体设计。

条文说明

在山区公路建设中,遇到一些相邻洞口纵向间距很近的隧道,对于这种情况,可视为隧道群。对于隧道群,一般认为包含两类隧道:一类是洞口距离很近,相互有明显影响的隧道;另一类则是洞口距离较远,但呈连续分布的隧道。本次修订主要针对前一类隧道群。

通常认为,确定隧道群的主要因素取决于驾驶员的视觉适应特性。隧道路段驾驶员视觉特性试验结果表明,洞口段驾驶员瞳孔直径快速变化,以适应洞内外环境亮度差异(典型明暗适应过程如图8-1所示)。一般暗适应起点位于洞外,即从进洞前一定距离开始驾驶员已进入暗适应阶段(瞳孔直径开始增大),时间为进洞前2~4s;明适应在洞外有一定延续(瞳孔直径持续减小),出洞后1~3s。为此,可将明暗适应时间作为隧道群界定指标,即上游隧道明适应洞外段(1~3s) + 下游隧道暗适应洞外段(2~4s),综合取6s。在此长度范围内,驾驶员视觉变化大,容易造成视觉信息不连续,对行车安全产生不利影响。

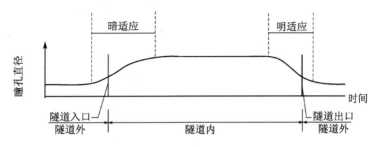

图 8-1　公路隧道明暗适应过程示意图

在隧道群区段行车,较短的时间内频繁进出隧道,视线明暗变化以及行车环境的改变,对驾驶员的心理和生理均造成一定的影响;前一隧道行车出口排出的污染空气可能对后续隧道产生二次污染,并且山区自然环境条件较差,如雨雾多、冬季路面结冰等,造成洞内外环境差异大,存在一定的交通安全隐患;隧道群路段,往往桥隧相接,应急救援难度大。因此隧道群路段各隧道平纵线形、通风、照明、交通安全、运营管理以及防灾救灾等都不再是一个单独的体系,会对彼此产生不同程度的影响。

综上所述,本次修订提出洞口之间间距小于6s设计速度行程长度的相邻隧道,应系统考虑通风、照明、安全、管理等设施及防灾、救援等进行整体设计。考虑到驾驶员视觉明暗适应过程,根据需要可设置遮阳棚等光过渡措施,以降低明暗快速转换带来的不适感,避免发生交通事故。

第8.0.5条对照规范

➤ 《公路隧道设计细则》(JTG/T D70—2010)

11.1.5 隧道洞口可根据景观及洞口环境亮度情况设置遮光棚等视觉明、暗适应构造措施。洞门墙的建筑材料宜按照就地取材的原则选取。

➤ 《公路隧道照明设计细则》(JTG/T D70/2-01—2014)

8.2.1 以下路段可设置洞外引道照明:

3 隧道与桥梁连接处、连续隧道间的路段。

8.2.2 洞外引道设置亮度与长度不宜低于表8.2.2所示值。

表8.2.2 洞外引道设置亮度与长度

设计速度 v_t(km/h)	亮度(cd/m²)	长度(m)
120	2.0	240
100	2.0	180
80	1.0	130
60	0.5	95
20~40	0.5	60

8.2.3 连续隧道间洞外路段长度小于表8.2.2规定值时,可按实际洞外路段长度设置引道照明。

8.2.4 洞外引道照明灯具布置可按道路照明进行设计。

➤ 《公路隧道通风设计细则》(JTG/T D70/2-02—2014)

4.2.3 连拱或小净距特长隧道的左右洞相邻洞口间宜采取措施避免污染空气窜流;当不可避免污染空气窜流时,通风设计应考虑窜流带来的影响。

4.2.4 上游隧道行车出口排出洞外的污染空气对下游隧道产生二次污染时,应根据污染程度综合考虑上、下游隧道的通风方式。

JTG B01—2014

8.0.6 隧道交通工程及附属设施的配置应符合下列规定:

1 隧道交通工程及附属设施的技术标准与建设规模应根据公路功能、技术等级、交通量、隧道长度等确定,并应符合公路项目交通工程及沿线设施总体设计的要求。

2 隧道内应设置标志、标线、轮廓标等安全设施。高速公路、一级公路隧道洞口两端连接过渡段的标志、标线、轮廓标及护栏等应进行专门设计。

3 特长隧道和高速公路、一级公路长隧道应设置监控设施。二级公路长隧道可根据需要设置监控设施。

4 通风设施应根据隧道长度、交通组成和交通量增长情况等,按统筹规划、一次设计、分期实施的原则设置。

5 长度 $L > 200\mathrm{m}$ 的高速公路隧道、一级公路隧道应设置照明,长度 $100\mathrm{m} < L \leqslant 200\mathrm{m}$ 高速公路光学长隧道、一级公路光学长隧道应设置照明。

二、三、四级公路的隧道可根据具体情况设置照明设施。

设置照明的隧道洞口内外亮度应顺适过渡,不设置照明的隧道应加强设置视线诱导设施。

6 特长隧道和高速公路、一级公路的长隧道,必须配置紧急呼叫设施、火灾报警设施、消防设施与通道等。

二、三级公路的长隧道,应根据需要设置紧急呼叫设施、火灾报警设施、消防设施与通道等。

7 特长隧道和高速公路、一级公路的长隧道,必须保证重要电力负荷供电可靠。

条文说明

1 交通工程及附属设施包括通风、照明、消防、通信与报警、交通监控、供配电、交通安全设施等,是实现隧道安全运营、达到服务水平的直接保障。配置的交通工程及附属设施不仅要满足隧道运营的需要,达到安全可靠、经济实用、节能环保的总体要求,还要与交通量与技术发展相适应,一次规划、设计,根据交通量发展情况分期实施。前期交通量较小时可前期配置、后期完善,以免设施规模偏大,造成设施闲置,同时也要考虑到有利于在发生事故或灾害时通过各类设施的协同联动使受损情况控制在最小范围内。

2 隧道洞口段由于断面突变易引发车辆冲撞洞门墙或电缆槽事故,为提高行车安全性,降低事故损失,提出需做好高速公路、一级公路隧道洞口两端连接过渡段的标志、标线、轮廓标及护栏的衔接过渡,必要时可在隧道入口设置防撞砂桶等防撞设施。

3 取消二级公路收费后,二级公路上的交通量尤其是大型车辆数量呈上升趋势。为保证交通安全,本次修订提出了根据需要在二级公路长隧道可设置监控设施的要求,以提高其运营管理水平。

5 公路隧道设置电光照明的目的是不间断地为驾驶员获得足够的视觉信息提供照明条件,防止因视觉信息不足而出现交通事故。结合目前隧道照明运营情况,本次修订调整了高速公路、一级公路隧道设置照明的起始长度。光学长隧道是指距洞口一个停车视距处,在道路中心线、离地面1.5m高位置不能完全看到出口的曲线隧道。

洞口段事故高发的主要诱因之一就是洞内外亮度显著差异而引起的视觉信息不足,因此,洞口段照明亮度的顺适过渡显得尤为重要。洞内外光线过渡,可采取设置人工强光过渡、设置光过渡建筑、洞外种植长青树木等措施。

6 通道包括人行横通道、车行横通道、平行通道、直接通向地面的横通道、洞外联络通道等,根据隧道土建设计以及救援需要进行配置。

7 隧道电力负荷通常根据供电可靠性和中断供电在社会、经济上所造成的损失或影响程度确定负荷等级。重要电力负荷包括:应急照明、电光标志、交通监控设施、通风及照明控制设施、紧急呼叫设施、火灾检测及报警控制设施、中央控制设施、消防水泵、基本照明、排烟风机等,其供电需可靠,故通常采用一级负荷,由两个独立电源供电。当一级负荷容量不大时,一般优先采用从邻近的电力系统取得第二低压电源,也可采用应急发电机组作为备用电源。对于隧道一级负荷中的关键负荷,如应急照明、电光标志、火灾检测与报警设施、监控系统电源等。除上述双重电源外,还要设置不间断电源装置(UPS)或应急电源装置(EPS)作为应急电源,并严禁将其他负荷接入应急供电系统。

第8.0.6条对照规范

> 《公路隧道设计规范 第二册 交通工程与附属设施》(JTG D70/2—2014)

3.0.1 公路隧道交通工程与附属设施设计应符合下列规定:
    1 交通安全设施、桥架、支架、线槽应按远期设计年限预测交通量进行设计。
    2 通风设施、照明设施应根据预测交通量统筹设计,可分期实施。
    3 交通监控设施、紧急呼叫设施、火灾探测报警设施、中央控制管理系统的设计年度取值不应低于隧道计划通车年后第5年。

4 消防灭火设施设计年度取值不应低于隧道计划通车年后第10年。

5 通道应根据隧道土建设计情况进行配置。

6 供配电设施应与其他用电设施的配置状况相适应,且应预留适当负荷容量。

7 接地与防雷设施、线缆应与其他设施的配置状况相适应。

8 应按远期设计年限预测交通量设计各类设施的预留预埋设施。

3.0.2 公路隧道交通工程与附属设施的配置等级应根据隧道单洞长度和设计年度预测隧道单洞年平均日交通量两个因素,按图3.0.2划分为A+、A、B、C、D五级。

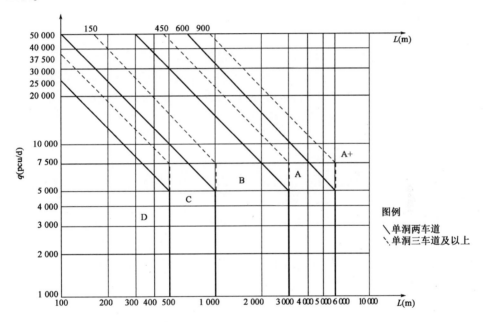

图 3.0.2 隧道交通工程与附属设施分级图

q-隧道单洞年平均日交通量(折合小客车);L-隧道单洞长度

4.2.1 隧道信息标志的设计应符合下列规定:

1 长度大于500m的隧道,宜设置隧道信息标志,版面样式与内容应符合本规范附录A的有关规定。

2 隧道信息标志宜设置在隧道入口前30~250m处。

4.2.2 隧道开车灯标志的设计应符合下列规定:

1 公路隧道应设置隧道开车灯标志。

2 隧道开车灯标志宜设置在隧道入口前 30~250m 处。
　　3 设置有隧道信息标志的,隧道开车灯标志与隧道信息标志宜合并设置。
4.2.3 隧道限高标志、限宽标志的设计应符合下列规定:
　　1 公路隧道可根据路网总体交通组织情况,设置隧道限高标志及限宽标志。
　　2 限高标志及限宽标志宜设置在隧道洞口联络通道前 50~150m 处;无联络通道时,宜设置在隧道入口前 150m 左右。
4.2.4 限速标志的设计应符合下列规定:
　　1 公路隧道宜设置限速标志,限速值可根据隧道行车条件及路网总体交通组织情况确定。
　　2 限速标志宜设置在隧道入口前 100~200m 处,可与隧道限高标志同处设置。
4.2.5 紧急电话指示标志的设计应符合下列规定:
　　1 设有紧急电话设施的公路隧道内应设置紧急电话指示标志。
　　2 紧急电话指示标志应设置于紧急电话上方,底部与检修道高差宜为 2.5m。
　　3 标志版面尺寸宜为 25cm×40cm,可根据隧道设计净空调整。
　　4 洞内紧急电话指示标志宜采用电光标志,照明方式宜为内部照明,双面显示。
4.2.6 消防设备指示标志的设计应符合下列规定:
　　1 公路隧道内应设置消防设备指示标志,版面样式与内容应符合本规范附录 A 的有关规定。
　　2 消防设备指示标志应设置于消防设备箱上方,底部与检修道高差宜为 2.5m。
　　3 标志版面尺寸宜为 25cm×40cm,可根据隧道设计净空调整。
　　4 消防设备指示标志宜采用电光标志,照明方式宜为内部照明,双面显示。
4.2.7 人行横通道指示标志的设计应符合下列规定:
　　1 设有人行横通道的公路隧道应设置人行横通道指示标志,版面样式与内容应符合本规范附录 A 的有关规定。
　　2 人行横通道指示标志应设置于人行横通道顶部,底部与检修道高差宜为 2.5m。
　　3 标志版面尺寸宜为 50cm×80cm,可根据隧道设计净空调整。
　　4 人行横通道指示标志宜采用电光标志,照明方式宜为内部照明,双面显示。
4.2.8 车行横通道指示标志的设计应符合下列规定:

1 设有车行横通道的公路隧道应设置车行横通道指示标志,版面样式与内容应符合本规范附录 A 的有关规定。

2 车行横通道指示标志应设置于车行横通道洞口右侧处,底部与检修道高差不应小于 2.5m。

3 标志版面尺寸宜为 50cm×80cm,可根据隧道设计净空调整。

4 车行横通道指示标志宜采用电光标志,照明方式宜为内部照明,双面显示。

4.2.9 疏散指示标志的设计应符合下列规定:

1 长度大于 500m 的公路隧道内应设置疏散指示标志,版面样式与内容应符合本规范附录 A 的有关规定。

2 疏散指示标志应设置于隧道两侧墙上,底部与检修道高差不应大于 1.3m,间距不应大于 50m。

3 标志版面尺寸宜为 75cm×25cm,可根据隧道设计净空调整。

4 疏散指示标志宜采用电光标志,照明方式宜为内部照明,单面显示。

4.2.10 隧道出口距离预告标志的设计应符合下列规定:

1 特长隧道内应设置隧道出口距离预告标志,版面样式与内容应符合本规范附录 A 的有关规定。

2 隧道出口距离预告标志宜设置在隧道紧急停车带迎车方向端部壁上,底部与路面边缘高差宜为 1.5m。

3 隧道出口距离预告标志宜采用反光标志。

4.2.11 紧急停车带标志的设计应符合下列规定:

1 设有紧急停车带的公路隧道内应设置紧急停车带标志。

2 紧急停车带标志应设置于紧急停车带入口前 5m 左右,底部与路面边缘高差不应小于 2.5m。

3 标志版面尺寸宜为 50cm×80cm,可根据隧道设计净空调整。

4 紧急停车带标志宜采用电光标志,照明方式宜为内部照明,双面显示。

4.2.12 紧急停车带位置提示标志的设计应符合下列规定:

1 公路隧道内紧急停车带处应设置紧急停车带位置提示标志,版面样式与内容应符合本规范附录 A 的有关规定。

2 紧急停车带位置提示标志宜设置在紧急停车带侧壁上,标志底部与检修道高差宜为 1.0m。

3 紧急停车带位置提示标志宜采用反光标志。

4.2.13 公告信息标志的设计应符合下列规定:

  1 公路隧道内宜设置公告信息标志。
  2 公告信息标志宜设置在隧道紧急停车带侧壁中部,标志竖向中心点与检修道高差宜为 1.7m。
  3 公告信息标志可采用电光标志或反光标志。

4.2.14 指路标志的设计应符合下列规定:
  1 当隧道出口与前方的高速公路出口之间的距离较短时,可在隧道内设置指路标志。
  2 隧道内指路标志可设置在隧道紧急停车带迎车面的端部或隧道顶部。
  3 隧道内指路标志宜采用反光标志。

4.2.15 线形诱导标的设计应符合下列规定:
  1 平曲线半径小于一般最小半径的曲线隧道,应设置线形诱导标。
  2 线形诱导标应设于隧道侧壁,设置间距可为 1/3 停车视距,并应保证驾驶员在曲线范围内能同时看到不少于 3 块线形诱导标。诱导标底部与路面边缘高差应为 1.2~1.5m。

4.2.16 电光标志应满足以下技术要求:
  1 电光标志防护等级不应低于 IP65。
  2 疏散指示标志的表面最小亮度不应小于 $5cd/m^2$,最大亮度不应大于 $300cd/m^2$,白色、绿色本身最大亮度与最小亮度比值不应大于 10;白色与相邻绿色交界两边对应点的亮度比不应小于 5 且不应大于 15。
  3 除疏散指示标志外的电光标志,其白色部分最小亮度不应小于 $150cd/m^2$,最大亮度不应大于 $300cd/m^2$,亮度均匀度不应小于 70%。

4.3.1 标线的设计应符合下列规定:
  1 隧道内的车行道边缘线、车行道分界线可采用振荡标线。
  2 单洞双向交通隧道的车行道分界线宜采用振荡标线。
  3 隧道内禁止跨越同向车行道分界线,在入口端应向洞外延伸 150m,在出口端应向洞外延伸 100m。
  4 设置交通信号灯的隧道,入口前应设置停止线。
  5 洞口联络通道应进行渠化。
  6 标线涂料宜采用热熔型反光涂料。

4.3.2 突起路标的设计应符合下列规定:
  1 隧道的车行道分界线上宜设置突起路标。
  2 隧道的车行道边缘线上可设置突起路标。

4.3.3 立面标记的设计应符合下列规定:

8 隧 道

　　1　宜在隧道洞门、洞内紧急停车带的迎车面端部设置立面标记。
　　2　立面标记应从检修道顶面开始,涂至2.5m高度。
4.4.1　隧道内应设置双向轮廓标。
4.4.2　轮廓标应同时设置于隧道侧壁和检修道边缘。
4.4.3　轮廓标的设置间距宜为6～15m,宜与突起路标设置于相同横断面。设置在隧道侧壁上的轮廓标,安装中心位置与路面边缘高差宜为70cm。
4.4.4　在隧道进、出口段200～300m范围内,可设置主动发光型轮廓标。
7.2.1　交通监测设施应具备检测隧道内交通信息、车辆运行状况,监视隧道交通运营状态的功能。
7.2.2　应根据控制管理对数据采集的要求、制订交通控制方案的需要,确定车辆检测器设置位置和数量。在隧道出入口处设置时,应满足下列要求：
　　1　在隧道入口前设置车辆检测器时,宜设置在联络通道前200～300m处；无联络通道时,宜设置在隧道入口前200～300m处。
　　2　在隧道出口后设置车辆检测器时,宜设置在出口后200～300m处。
7.2.3　车辆检测器应具有下列功能：
　　1　检测每一车道的交通量和速度等基本交通参数。
　　2　能检测出行车方向。
　　3　能检测出二轮摩托车及以上的所有类型的机动车,拖挂车检测为一辆车。
7.2.4　视频事件检测器的设计应符合下列规定：
　　1　视频事件检测器宜设置在洞口、紧急停车带、横通道等区域。
　　2　视频事件检测器应能检测下列事件：停车、交通堵塞、车辆行驶速度低于允许最低行驶速度、行人、车辆逆行、火灾、车辆掉物、车辆抛物。
7.2.5　摄像机的设置应符合下列规定：
　　1　摄像机应设置于隧道内、隧道外及隧道附属管理建筑处。
　　2　摄像机宜设置于隧道内紧急停车带、车行横通道、人行横通道处。
　　3　隧道外摄像机应设在距隧道口100～400m处,应能清楚地监视洞口区域的全貌和交通状况。
　　4　隧道内摄像机直线段设置间距不应大于150m,曲线段设置间距可根据实际情况适当减小,应能全程连续监视隧道内车辆运行情况和报警救援设施使用状况。
7.2.6　摄像机应满足下列技术要求：
　　1　隧道外摄像机应为配有光圈自动调节、变焦镜头、云台、全天候防护罩的低照度CCD彩色遥控摄像机。

2 未设置隧道外引导照明的隧道,隧道外摄像机宜配置夜间补偿辅助光源。

3 隧道内摄像机应为配置有自动光圈、定焦距和防护罩的低照度摄像机,应具有彩色/黑白、昼/夜自动转换功能。

4 设置于隧道洞口变电所、洞内变电所、地下风机房的摄像机应具有目标移动报警功能。

5 隧道内紧急停车带、车行横通道、人行横通道处摄像机宜有遥控功能。

7.2.7 视频监视控制设备应设置在中央控制室内。视频监视控制设备应符合下列规定:

1 监视器分辨率应高于摄像机。

2 录像设备应具有手动或自动控制功能,可进行长延时录像。

3 应具有计算机接口,并能受中央管理计算机的控制。

4 应具有对视频信号进行多路分配的功能。

5 应能对现场视频信息进行一对一或一对多方式显示。

6 应能对多路视频信号进行选择显示。

7 应能根据隧道监控系统接收或监测到的紧急电话、火灾报警和交通异常信号等,自动对显示方式进行切换或将报警区域的相关视频信号优先切换至监视器。

7.3.1 交通控制及诱导设施应具备收集和处理交通信息,并传送给中央控制室计算机,同时接收中央控制室计算机传来的有关信息或指令,进行控制与诱导的功能。

7.3.2 交通信号灯的设计应符合下列规定:

1 交通信号灯应设置在隧道入口联络通道前 20~50m 处,信号灯应由红、黄、绿和左转箭头组成。

2 隧道入口无联络通道时,交通信号灯应设置在距隧道入口一个停车视距处,且信号灯应为红、黄、绿三色信号灯。当后一隧道入口与前一隧道出口间距小于 500m 时,两隧道间可不设交通信号灯。

3 交通信号灯应显示清晰,有效显示直径不应小于 300mm,动态视认距离不应小于 200m。

7.3.3 车道指示器的设计应符合下列规定:

1 车道指示器应设置在隧道内各车行道中心线的上方。

2 车道指示器宜设置在隧道入、出口以及车行横通道等处。

3 隧道内直线段车道指示器设置间距不应大于 500m,曲线段根据具体情况可缩短设置间距。

7.3.4 车道指示器应满足下列技术要求:

1　一般位置的车道指示器应由红叉、绿箭两色灯组成。

　　2　车行横通道处的车道指示器应由红叉、绿箭两色灯和绿色左向箭头灯组成。

　　3　车道指示器应具有双面显示功能，显示图案应清晰，动态视认距离不应小于200m。

　　4　方形车道指示器有效显示尺寸不应小于350mm×350mm，圆形车道指示器有效显示直径不应小于300mm。

7.3.5　可变信息标志的设计应符合下列规定：

　　1　可变信息标志应设置在隧道入口联络通道前200～300m处。

　　2　隧道入口无联络通道时，可变信息标志宜设置在隧道入口前200～300m处。

　　3　可变信息标志可在特长、长隧道内设置，并宜设置在车行横通道前10～30m处。

7.3.6　可变信息标志应满足下列技术要求：

　　1　隧道内版面亮度不应小于3 500cd/m²，隧道外版面亮度不应小于8 000cd/m²。

　　2　版面亮度应能根据环境照度自动调节，应无眩光现象，动态视认距离不应小于200m。

　　3　应具有故障自检功能。

7.3.7　可变限速标志的设计应符合下列规定：

　　1　可变限速标志宜设置在隧道入口前50～100m处。

　　2　可变限速标志可在特长、长隧道内设置，也可由洞内可变信息标志显示相应限速值代替。

7.3.8　可变限速标志应满足下列技术要求：

　　1　隧道内版面亮度不应小于3 500cd/m²，隧道外版面亮度不应小于8 000cd/m²。

　　2　版面亮度应能根据环境照度自动调节，应无眩光现象，动态视认距离不应小于200m。

　　3　应具有故障自检功能。

7.3.9　交通区域控制单元的设计应符合下列规定：

　　1　应根据处理信息量和隧道监控模式确定交通区域控制单元规模及处理控制能力。

　　2　交通区域控制单元设置间距应按可靠、经济的原则确定。

　　3　交通区域控制单元宜设置在隧道两端洞口、横通道内、紧急停车带端部或隧道侧壁的预留洞室内。

4　隧道内的各交通区域控制单元,宜通过光纤构成光纤自愈控制环网。

7.3.10　交通区域控制单元应具有下列功能:

　　1　收集区段内各设备的检测信息,对检测信息进行分析处理和存储,并将信息上传至中央控制室计算机系统。

　　2　接收中央控制室计算机系统的信息或指令,对下端执行设备进行控制。

　　3　在中央控制室计算机或通信线路发生故障时,应能按预设程序对现场设备实施控制。

8.2.1　紧急电话设施宜按下列原则设置:

　　1　紧急电话主控设备宜设置在中央控制室。

　　2　隧道内紧急电话分机设置间距不宜大于200m。

　　3　紧急电话分机宜设置于隧道入口、隧道出口、隧道内紧急停车带、人行横通道处。

　　4　隧道内自入口起200m范围之内不应设置紧急电话分机。

8.2.2　隧道内紧急电话分机宜设置在可容人的预留洞室,预留洞室宜配隔声门并设置照明;紧急停车带处的紧急电话分机可设置在电话亭内。

8.2.3　紧急电话主控设备应具有下列功能:

　　1　汇接各紧急电话分机传输线路,控制各紧急电话分机的呼叫业务。

　　2　紧急电话主控设备和紧急电话分机之间应能全双工通话。

　　3　允许两处及两处以上紧急电话分机同时排队报警,并具有接警信息输出接口。

　　4　具有自动检测功能,可检测系统的正常和故障状态。

　　5　具有自动录音及回放功能。

　　6　具有查询统计及打印功能。

8.3.1　隧道广播可采用有线广播方式或无线广播方式。

8.3.2　隧道有线广播设施应按下列原则设置:

　　1　广播控制器宜设置在中央控制室,与中央控制室计算机相连接。

　　2　扬声器应设置在隧道入口、隧道出口处及人行横通道、车行横通道处,可在隧道内每隔50m设置。

8.3.3　隧道有线广播设施应满足下列技术要求:

　　1　应具备全呼及分组群呼功能。

　　2　应具有自动故障检测功能,能显示系统各设备工作状态。

　　3　声学特性指标不应低于《厅堂扩声系统设计规范》(GB 50371—2006)所规定的会议类扩声系统二级声学特性指标要求。

8.3.4 当采用无线广播方式时,应在隧道进口前设置醒目标志告知隧道无线广播频率。

9.2.1 隧道报警区域应根据排烟系统或灭火系统的联动需要确定,长度宜为50~100m。

9.2.2 隧道运营管理附属建筑报警区域应按现行《火灾自动报警系统设计规范》(GB 50116)确定。

9.2.3 点型火焰探测器、图像型火灾探测器的探测区域的长度不应大于报警区域长度;线型感温火灾探测器的探测区域长度宜按探测器保护区的长度确定。

9.2.4 平行通道、隧道运营管理附属建筑应分别单独划分探测区域。

9.3.1 火灾探测器应能自动检测隧道、平行通道、隧道运营管理附属建筑等的火灾,探测范围应覆盖所有报警区域,无探测盲区。

9.3.2 隧道运营管理附属建筑、平行通道等处的火灾探测器应按照现行《火灾自动报警系统设计规范》(GB 50116)设置。

9.3.3 隧道内宜选用点型火焰探测器、线型感温火灾探测器、图像型火灾探测器或其组合。

9.3.4 点型火焰探测器设置应满足下列要求:
  1 单洞车行道少于四车道时,探测器宜单侧设置;单洞车行道为四车道时,探测器应双侧交错设置。
  2 探测器宜从隧道洞口顶部以内10m处开始设置;应设置在隧道侧壁,底部距检修道高差宜为2.5~3.5m。

9.3.5 线型感温火灾探测器设置应满足下列要求:
  1 每根线型感温火灾探测器火灾探测保护车道的数量不宜超过2条。
  2 探测器宜从隧道洞口顶部以内10m处开始沿隧道连续设置;应设置在车道顶部,距隧道顶棚距离宜为0.15~0.20m。

9.3.6 图像型火灾探测器设置应满足下列要求:
  1 单洞车行道少于四车道时,探测器宜单侧设置,并设置在隧道侧壁,底部距路面高差不应小于4.5m。
  2 单洞车行道为四车道时,探测器宜设置在隧道中线上方,底部距路面高差不应小于5.2m。
  3 探测器宜从隧道洞口顶部以内10m处开始设置。

9.3.7 火灾探测器设备应为符合国家有关准入制度的产品,并满足下列技术要求:
  1 应具有灵敏度调整功能。

  2　线型感温火灾探测器应具有差、定温报警功能。
  3　火灾探测器响应时间不应大于60s。

9.4.1　隧道内手动报警按钮设置间距不应大于50m，宜与消火栓等灭火设施同址设置，按钮距检修道高差应为1.3~1.5m。

9.4.2　隧道运营管理附属建筑的手动报警按钮应按现行《火灾自动报警系统设计规范》(GB 50116)设置。

9.5.1　火灾报警控制器应能接收、显示、记录和传递火灾报警等信息，并有控制自动消防装置的功能。

9.5.2　火灾报警控制器设置应符合下列规定：
  1　室内的火灾报警控制器应设置在管理人员易于操作、视认方便的位置；安装在墙上时，控制器与门轴的距离不应小于1m，正面操作空间宽度不应小于1.2m。
  2　落地式安装的火灾报警控制器，正面操作空间宽度不应小于1.2m，设备侧面及后面的维修空间宽度均不应小于1m。
  3　设置在隧道内的火灾报警控制器应设有可靠的保护措施和明显标志。

9.5.3　火灾报警控制器每一总线回路连接设备的地址码总数宜留有一定的余量，且不宜超过200点。

9.6.1　设置火灾探测器且未设置有线广播的隧道应设置火灾声光警报器；同时设置火灾探测器和有线广播的隧道宜设置火灾声光警报器。

9.6.2　火灾声光警报器应设置于隧道中央控制室、隧道入口前方100~150m处、隧道内各报警区域，设置高度不宜小于2.5m。

9.6.3　环境噪声大于60dB的场所设置火灾声光警报器时，其声光警报器的声压级应比背景噪声至少高15dB，其他技术指标应符合现行《火灾声和/或光警报器》(GB 26851)的规定。

9.7.1　火灾探测报警系统应设有交流电源和蓄电池备用电源。

9.7.2　火灾探测报警系统主电源不应设置剩余电流动作保护和过负荷保护装置。

9.7.3　蓄电池备用电源宜采用专用蓄电池或集中设置的蓄电池，其电池维持供电时间不应小于3h。采用集中设置的蓄电池时，火灾报警控制器应采用单独的供电回路，并应保证在系统处于最大负载状态下不影响火灾报警控制器的正常工作。

9.7.4　火灾探测报警系统的隧道现场信息传输网络应采用独立传输网络；路段全线火灾探测报警系统的信息传输网络可利用公路专用通信网络。

10.1.1　消防设施与通道的设计内容应包括消防灭火设施与通道的设计。

10.1.2　消防设施与通道设计应遵循下列原则：
  1　以人员逃生为主，车辆疏散、财产保全、灭火为辅。

2 以自救为主,外部救援为辅。

10.2.1 消防灭火设施设计内容应包括灭火器、消火栓、固定式水成膜泡沫灭火装置、隧道消防给水设施及其他设施等。

10.2.2 灭火器设计应符合下列规定:

1 公路隧道内灭火器宜选用磷酸铵盐干粉手提式灭火器,灭火剂充装量不应小于5kg且不应大于8kg。

2 单洞双车道公路隧道应在隧道一侧设置灭火器,单洞三车道公路隧道宜在隧道两侧交错设置灭火器,单洞四车道公路隧道应在隧道两侧交错设置灭火器。灭火器单侧设置间距不应大于50m。

3 灭火器应成组设置在灭火器箱内,每组所设灭火器具数宜为2~3具。灭火器箱门上应注明"灭火器"字样。

10.2.3 消火栓设计应符合下列规定:

1 消火栓应成组安装在消防箱内,消防箱宜固定安装在隧道沿行车方向的右侧壁消防洞室内,单洞双向通行隧道可按单侧布设。

2 单洞双车道公路隧道消火栓间距不应大于50m,单洞三车道、四车道公路隧道消火栓间距不应大于40m。

3 消火栓应采用统一型号规格,隧道内宜选用减压稳压型消火栓。消火栓栓口直径应为65mm,水枪喷嘴口径不应小于19mm,水带长度不应超过30m。

4 消火栓栓口离地面或操作基面高度宜为1.1m,其出水方向宜与设置消火栓的墙面成90°角,栓口与消防箱内边缘的距离不应影响消防水带的连接。

5 消火栓的水枪充实水柱长度不应小于10m。

6 消火栓栓口处的出水压力大于0.5MPa时,应设置减压设施。

7 当消火栓系统压力由消防水泵直供时,每个消火栓处应设置直接启动消防水泵的按钮。

8 消防箱门上应注明"消火栓"字样。

10.2.4 固定式水成膜泡沫灭火装置设计应符合下列规定:

1 固定式水成膜泡沫灭火装置宜选用环保型3%型水成膜泡沫液,泡沫罐宜选用不锈钢材质罐体,容积宜为30L。

2 固定式水成膜泡沫灭火装置中的消防卷盘应选用长25m、口径19mm的胶管;泡沫枪应为带开关的吸气型泡沫枪,口径宜为9mm。

3 固定式水成膜泡沫灭火装置的泡沫混合液流量不应小于30L/min,连续供给时间不应小于20min,射程不应小于6m。

4 固定式水成膜泡沫灭火装置宜与消火栓一同安装于消防洞室内。

  5　固定式水成膜泡沫灭火装置阀门应有明显启闭标志。
  6　泡沫罐上醒目位置应注明泡沫液的有效使用期限。
  7　固定式水成膜泡沫灭火装置箱门上应注明"泡沫消火栓"字样。

10.2.5　隧道消防用水可采用市政自来水、地下水或地表水。当采用地表水时,应有保证枯水期时消防用水的措施。

10.2.6　隧道消防用水量应按发生一次火灾的灭火用水量确定,且不应小于表10.2.6的规定值。

表10.2.6　隧道消防用水量

隧道长度L_{en}（m）	隧道内消火栓一次灭火用水量（L/s）	同时使用水枪数量（支）	火灾延续时间（h）	用水量（m^3）
$L_{en}<1\,000$	15	3	2	108
$1\,000 \leqslant L_{en} < 3\,000$	20	4	3	216
$L_{en} \geqslant 3\,000$	20	4	4	288

注：每支水枪最小流量为5L/s。

10.2.7　隧道消防给水方式设计应满足下列要求：
  1　隧道消防给水宜采用高位消防水池供水的常高压供水系统；当无条件设置高位水池时,可采用稳高压供水系统。
  2　供给隧道消防用水的消防水泵应采用自灌式引水,并在吸水管上设置检修阀门。
  3　消防水池的补水时间不宜超过48h。
  4　消防水池的容积除应能容纳隧道内一次消防用水量外,尚应能容纳隧道内冲洗所需的调节容量。
  5　消防水池应有一次消防用水不被其他用途占用的措施。
  6　消防水池应设水位遥测装置。

10.2.8　消防给水管道设计应满足下列要求：
  1　消防给水管道宜采用内外壁热镀锌钢管、无缝钢管或内外涂塑钢管,并宜采用沟槽式连接或丝扣、法兰连接。
  2　双洞隧道的消防给水应采用环状供水管网。
  3　隧道内消防给水管道应设检修阀。当管径大于或等于100mm时,宜采用软密封闸阀。
  4　设有固定水成膜泡沫灭火装置的隧道,在给水管道引入隧道前,宜设置管道过滤装置。
  5　应设置管道伸缩器及自动排气阀等管道附属设施。

  6 消防给水管道穿越路面时,应有保护措施。

  7 寒冷地区的消防给水管道及消防水池应采取防冻保温措施。

  8 沿海地区公路隧道消防给水管道应具有防盐雾腐蚀措施。

10.2.9 设有消防给水设施的隧道,在洞口附近应设置室外消火栓和消防水泵接合器,其数量应根据隧道消防用水量计算确定。每个室外消火栓、水泵接合器流量均应按 10～15L/s 计算。

10.2.10 设有通风竖井的隧道,在联络风道口处宜设置能对火灾时产生的热空气进行降温的设施,地下机房内应设置室内消火栓系统。

10.2.11 在隧道管理用房内应设置消防器材储藏间,并应配置备用灭火器材。

11.2.2 隧道供电设计应符合下列规定:

  1 隧道一级负荷应由双重电源供电。一级负荷容量不大时,应优先从邻近的电力系统取得第二低压电源,也可采用应急发电机组作为备用电源。

  2 对于隧道一级负荷中特别重要负荷,应设置不间断电源装置(UPS)或应急电源装置(EPS)作为应急电源,并不得将其他负荷接入应急供电系统。

  3 隧道二级负荷的供电系统宜由两回路电源线路供电。

  4 两回路电源线路供电的隧道,宜采用同级电压供电。当一路电源中断供电时,另一路电源应能满足全部一级和二级负荷的供电要求。

  5 除一级负荷中的特别重要负荷外,不应按一个电源系统检修或发生故障的同时,另一电源也发生故障进行设计。

➢《公路隧道照明设计细则》(JTG/T D70/2-01—2014)

3.0.2 各级公路隧道照明设置条件应符合下列要求:

  1 长度 $L>200$m 的高速公路隧道、一级公路隧道应设置照明。

  2 长度 $100m<L\leqslant 200m$ 的高速公路光学长隧道、一级公路光学长隧道应设置照明。

  3 长度 $L>1\,000m$ 的二级公路隧道应设置照明;长度 $500m<L\leqslant 1\,000m$ 的二级公路隧道宜设置照明;三级、四级公路隧道应根据实际情况确定。

  4 有人行需求的隧道,应根据隧道长度和环境条件设置满足行人通行需求的照明设施。

  5 不设置照明的隧道应设置视线诱导设施。

➢《公路隧道通风设计细则》(JTG/T D70/2-02—2014)

1.0.7 公路隧道通风设计应统筹规划,一次设计;通风设施可根据预测交通量变化分期实施。

~~ JTG B01—2014 ~~

8.0.7 隧道应制定发生交通或火灾事故的应急处理预案。

条文说明

隧道是封闭空间,救援难度大,为此要求遵循"预防为主、防消结合"的原则,制定隧道内发生交通或火灾事故的应急处理预案,包括交通组织、应急疏散、通风排烟、消防救援、监控系统的联动控制等内容,并定期进行应急演练,提高快速、有效处置以及逃生避险、自救互救能力,保证人员、车辆安全。

~~ JTG B01—2014 ~~

8.0.8 隧道改扩建应符合下列规定:

1 应根据公路功能、技术等级结合地形、地质、路线总体、运营状况、应急救援、原有隧道现状等,对增建隧道、原址扩建、原有隧道改造及其组合方式等进行多方案比选。

2 原址扩建和新建的隧道应按现行标准执行。利用原有隧道加固改造时,隧道主体结构可维持原标准,交通工程及附属设施应采用现行标准,同时应进行交通安全评价。

3 应根据原有隧道运营状况,做好改扩建交通组织方案设计。

条文说明

为满足日益增长的交通需求,保证公路的通行能力与服务水平,公路隧道改扩建问题愈来愈突出,本次修订对隧道改扩建做出了原则性规定。

1 改扩建方案直接影响着隧道施工和工程投资以及运营安全,因此,需结合工程具体条件,进行多方案技术经济比较,合理确定改扩建方案。在满足技术标准的前提下,充分利用既有工程及设施,减少改扩建工程量。

2 改扩建隧道标准通常按现行规范标准执行,但对利用既有隧道加固改造时,其建筑限界宽度一般会低于现行标准,若采用现行标准,必须对既有隧道进行扩挖、改建,工程量大、投资大、施工风险大。为降低施工风险、节省投资,提出隧道主体结构经过全面论证后可维持原技术标准。但隧道交通工程及附属设施需采用现行标准,加强交通安全保障与交通控制设施,并采取限速等措施,保障安全行车条件。

第 8.0.8 条对照规范

➢《小交通量农村公路工程技术标准》(JTG 2111—2019)

9.0.6 隧道改扩建应结合地形、地质、路线总体、既有隧道现状等,进行增建与改扩建方案的比选。

➢《公路隧道设计规范 第一册 土建工程》(JTG 3370.1—2018)

17.2.1 隧道改扩建设计应结合路线总体设计、隧道接线条件、工程地质、既有隧道现状、交通组织、建设条件进行经济技术比较,充分利用既有隧道,合理确定改扩建形式和技术标准。

17.2.2 增建和扩建隧道的线形及横断面设计应满足现行《公路工程技术标准》(JTG B01)和本规范第 4 章的相关规定。

17.2.3 既有双洞四车道隧道扩建成六车道隧道时,宜采用原位扩建。

17.2.4 既有双洞四车道隧道扩建为八车道隧道时,可采用原位扩建或利用原有隧道再增建隧道方案。

17.2.5 既有双洞四车道连拱隧道扩建为双洞六车道隧道时,宜保留既有连拱隧道,改为同向分行,新增一个单洞三车道隧道。

17.2.6 既有双洞四车道连拱隧道扩建为双洞八车道隧道时,可保留既有连拱隧道,新增一个四车道隧道或两个两车道隧道,也可采用改连拱隧道为单洞四车道隧道,新增一个单洞四车道隧道。

17.2.8 单洞双向行驶两车道隧道扩建为双洞四车道隧道时,宜利用既有隧道,增建一个两车道隧道。

17.2.11 隧道改扩建设计应包含施工方案设计和交通组织设计,宜采用不中断交通的施工方案。

JTG B01—2014

8.0.9 隧道设计使用年限应符合表8.0.9的规定。

表8.0.9 隧道设计使用年限(年)

名称	衬砌、洞门等主体结构				可更换、修复构件
类别	特长隧道	长隧道	中隧道	短隧道	特长、长、中、短隧道
高速公路、一级公路、二级公路	100	100	100	100	30
三级公路	100	100	100	50	
四级公路	100	50	50	50	

注:可更换、修复构件为隧道内边水沟、电缆沟槽、盖板等。

条文说明

本次修订结合公路功能与重要性,以重视结构的长期耐久为导向,参照《混凝土结构耐久性设计规范》(GB/T 50476)的规定,同时考虑低等级公路隧道建设成本,对公路隧道设计使用年限做出了规定,以满足隧道结构长期稳定与正常运营需要。

第8.0.9条对照规范

➤《小交通量农村公路工程技术标准》(JTG 2111—2019)

9.0.8 隧道主体结构设计使用年限应为50年,隧道内水沟、电缆沟槽、盖板等可更换部件设计使用年限应为30年。

➤《公路工程结构可靠性设计统一标准》(JTG 2120—2020)

3.4.3 公路隧道结构的设计使用年限应符合表3.4.3的规定。

表3.4.3 公路隧道结构的设计使用年限(年)

名称	衬砌、洞门等主体结构				可更换、修复构件
类别	特长隧道	长隧道	中隧道	短隧道	特长、长、中、短隧道
高速公路、一级公路、二级公路	100	100	100	100	30
三级公路	100	100	100	50	
四级公路	100	50	50	50	

注:可更换、修复构件为隧道内边水沟、电缆沟槽、盖板等。

9 路线交叉

9.1 公路与公路平面交叉

9.1.1 平面交叉形式应根据公路网规划、地形和地质条件、相交公路的公路功能、技术等级、交通量、交通管理方式和用地条件等确定。

条文说明

9.1.1 平面交叉是公路路网中的节点,其位置和形式的选定直接影响路网整体效益的发挥以及交通安全,因此平面交叉的选址和选型必须综合考虑各种相关因素,同时应体现安全第一的原则,保证相交公路的线形指标等平面交叉各组成要素都能满足其安全要求。

第 9.1.1 条对照规范

➢《小交通量农村公路工程技术标准》(JTG 2111—2019)

10.0.4 与二、三、四级公路相交时,宜采用平面交叉。地形条件有利时,可采用立体交叉。

➢《公路路线设计规范》(JTG D20—2017)

10.1.1 平面交叉设置应满足下列条件:
  1 平面交叉应根据相交公路的功能、技术等级、区域路网的现状和规划,以及交叉区域地形、地貌条件等合理设置。
  2 一级公路、二级公路、三级公路、四级公路之间相互交叉时,平面交叉设置应符合表 10.1.1 的规定。

表10.1.1 平面交叉的设置要求

被交叉公路	公路主线				
	一级公路（干线）	一级公路（集散）	二级公路（干线）	二级公路（集散）	三级、四级公路
一级公路（干线）	严格限制	—	—	—	—
一级公路（集散）	严格限制	限制	—	—	—
二级公路（干线）	严格限制	限制	限制	—	—
二级公路（集散）	严格限制	限制	限制	允许	—
三级、四级公路	严格限制	限制	限制	允许	允许

10.1.2 平面交叉设计应遵循下列原则：

1 平面交叉位置的选择应综合考虑公路网现状和规划、地形、地物和地质条件、经济与环境因素等，宜选择在地形平坦、视野开阔处。

2 平面交叉选型应综合考虑相交公路功能、技术等级、交通量、交通管理方式、用地条件和工程造价等因素，选用主要公路或主要交通流畅通、冲突点少、冲突区小的形式。

3 平面交叉几何设计应结合交通管理方式并考虑相关设施的布置。

4 平面交叉范围内相交公路线形的技术指标应能满足视距的要求。

5 相交公路在平面交叉范围内的路段宜采用直线；当采用曲线时，其半径宜大于不设超高的圆曲线半径。纵面应力求平缓，并符合视觉所需的最小竖曲线半径值。

6 平面交叉设计应以预测的交通量为基本依据。设计所采用的交通量应为设计小时交通量。

7 平面交叉处行人穿越岔路口的设施应根据行人流量、公路技术等级和交通管理方式等设置人行横道、人行天桥或人行通道。

8 平面交叉的几何设计应与标志、标线和信号设施一并考虑，统筹布设。视距不良的小型平面交叉，可根据具体情况设置反光镜。

9 平面交叉改建时，除应收集交通量以外，还应调查交通延误以及交通事故的数量、程度、原因等现有交叉的使用状况。

10 平面交叉设计应满足相交公路对应设计车辆的通行要求。有特殊通行需求时，应根据实际通行车型，对平面交叉口的通行条件进行检验。

JTG B01—2014

9.1.2 平面交叉的交通管理方式分为主路优先、无优先交叉和信号交叉三种,应根据相交公路的公路功能、技术等级、交通量等确定所采用的方式。

条文说明

从调查研究中了解到,目前国内公路平面交叉的交通管理尚未得到充分重视,除信号交叉以外,许多用路者对其他交通管理方式及其规则尚不熟悉,导致平面交叉的交通状况较为混乱。因此,应对平面交叉的交通管理引起重视并在设计中明确其管理方式。一般来讲,当被交公路等级较低,交通量较小或相交公路中有一条为干线公路时,应考虑采用主路优先交叉;当各相交公路的功能和等级相同,交通量或行人数量很大时,可采用信号交叉;同时,信号交叉设置还应考虑交叉位置区域的电信设施条件;无优先交叉一般仅用于相交公路的等级很低、交通量不大的情况。

第9.1.2条对照规范

➢ 《公路路线设计规范》(JTG D20—2017)

10.1.3 平面交叉根据相交公路的功能、等级、交通量等可分别采用主路优先交叉、无优先交叉或信号交叉三种不同的交通管理方式,并应符合下列规定:

1 公路功能、等级、交通量有明显差别的两条公路相交,或交通量较大的T形交叉,应采用主路优先交叉交通管理方式。

2 两条相交公路或多条交叉岔路的等级均低且交通量较小时,应采用无优先交叉交通管理方式。

3 下述交叉应采用信号交叉交通管理方式:

1)两条交通量均大,且功能、等级相同的公路相交,难以用"主路优先"的规则管理时;

2)两相交公路虽有主次之别,但交通量均较大(主要公路双向交通量大于或等于750辆/h,次要公路单向交通量大于或等于300辆/h),采用"主路优先"交通管理方式会出现较频繁的交通事故和过分的交通延误时;

3)主要公路交通量相当大(主要公路双向交通量大于或等于900辆/h),而次要公路尽管交通量不大,但采用"主路优先"交通管理方式,次要公路上的车辆由于难以遇到可供驶入的主流间隙而引起不可接受的交通延误,或出现冒险驶入长

度不足的主流间隙而危及安全时;

4) 两相交公路的交通量虽未达到上述程度,但由于有相当数量的行人和非机动车穿越交叉而引起交通延误,甚至造成阻塞或交通事故时;

5) 环形交叉的入口因交通量大而出现过多的交通延误时;

6) 位于城镇路段的平面交叉。

JTG B01—2014

9.1.3　平面交叉角宜为直角,必须斜交时,交叉角应大于 45°。同一位置平面交叉岔数不宜多于 5 条。

条文说明

　　平面交叉处相交公路的交叉角度一般应采用正交或接近直角,当受条件限制不得已采用斜交方式时,交叉角度应大于 45°。为保证平面交叉范围内的交通秩序和通行效率,同一地点的平面交叉岔数不应超过 5 条,一般应以三路和四路交叉为主。

第9.1.3条对照规范

➢《小交通量农村公路工程技术标准》(JTG 2111—2019)

10.0.6　平面交叉宜正交,需要斜交时,交叉角宜大于 45°。

➢《公路路线设计规范》(JTG D20—2017)

10.1.5　平面交叉交角与岔数的确定应符合下列规定:

　1　平面交叉的交角宜为直角。斜交时,其锐角应不小于 70°;受地形条件或其他特殊情况限制时,应大于 45°。

　2　平面交叉岔数不应多于四条;岔数多于四条时应采用环形交叉。

　3　环形交叉的岔数不宜多于五条,有条件实行"入口让路"规则管理时,应采用"入口让路"环形交叉。

　4　新建公路不应直接与已建的四岔或四岔以上的平面交叉相连接。

JTG B01—2014

9.1.4　两相交公路的技术等级或交通量相近时,平面交叉范围内的设计速度可适当降低,但不宜低于路段设计速度的70%。

平面交叉右转弯车道的设计速度不宜大于40km/h;左转弯车道的设计速度不宜大于20km/h。

条文说明

从安全角度考虑,相交公路在平面交叉范围内应该有良好的线形和视距,因此其设计速度一般不得任意降低。当相交公路的等级和交通量相近时,其交通管理方式可能采用信号交叉或无优先交叉,此时主线的设计速度可适当降低。当为主路优先交叉时,次路的设计速度也可适当降低。

平面交叉内右转弯车道的设计速度过大,将难以保证相应的超高及其过渡段,同时也会明显增加用地面积;左转弯车道的设计速度过大,将会扩大交叉冲突面积,增加出现事故的概率。因此对右转弯和左转弯车道的设计速度应予控制。

第9.1.4条对照规范

▶《公路路线设计规范》(JTG D20—2017)

10.1.4 平面交叉设计速度的确定应符合下列规定:

1 平面交叉范围内主要公路的设计速度,宜与路段设计速度相同。

2 两相交公路的功能、等级相同或交通量相近时,平面交叉范围内的直行车道的设计速度可适当降低,但不应低于路段的70%。

3 次要公路因交角等原因改线,或因条件受限采用较低的线形指标时,可适当降低设计速度。

4 转弯车道的设计速度应根据路段设计速度、交通量、交叉类型、交通管理方式和用地情况等因素综合确定。

JTG B01—2014

9.1.5 平面交叉的间距应根据其对行车安全、通行能力和交通延误等的影响确定。有条件时应尽量通过支路合并等措施,减少平交口数量,增大平交口间距。一、二级公路平面交叉的最小间距应不小于表9.1.5

的规定。

表9.1.5 平面交叉最小间距

公路等级	一级公路			二级公路	
公路功能	干线公路		集散公路	干线公路	集散公路
	一般值	最小值			
间距(m)	2 000	1 000	500	500	300

条文说明

根据各国研究,平交口是各类公路交通事故相对集中的区域。平交口数量越多、间距越小,对主线运行速度和安全的影响越大。本标准要求有条件时,应采取上游支路合并、加设辅道、合并部分平交口和增设立交等方式,减少二级及二级以上公路平交口的数量,加大平交口间距。

一级公路具有两种功能,但都允许设置平面交叉。为了优先保证承担干线功能的一级公路通畅,提高其运行速度和安全,应严格限制其平面交叉数量,严格控制出入,可采取合并、设置辅道等措施尽量加大平面交叉的间距;一级公路作为集散公路时,其平面交叉必须配以齐全、完善的交通安全设施。对于二级公路,可参考以上要求和原则进行设计。

第9.1.5条对照规范

➤《公路路线设计规范》(JTG D20—2017)

10.1.7 平面交叉间距的控制应符合下列规定:

1 平面交叉的间距应根据公路功能、技术等级,及其对行车安全、通行能力和交通延误的影响确定。

2 一级公路、二级公路的平面交叉最小间距应符合表10.1.7的规定。

表10.1.7 平面交叉最小间距

公路技术等级	一级公路			二级公路	
公路功能	干线公路		集散公路	干线公路	集散公路
	一般值	最小值			
间距(m)	2000	1000	500	500	300

3 一级公路、二级公路作为干线公路时,应优先保证干线公路的畅通,采取排除纵、横向干扰的措施,平面交叉应保持足够大的间距,必要时可设置立体交叉。

4 一级公路、二级公路作为集散公路时,应合理设置平面交叉,通过支路合并等措施,减少平面交叉的数量。

JTG B01—2014

9.1.6 三级及二级以上公路的平面交叉均应进行渠化设计。

条文说明

9.1.6~9.1.7 由于我国人口密集地区乡村道路直接接入公路的现象较多,而此类交叉通常不具备平面交叉的安全条件,对公路交通安全产生了很大影响,因此,本次修订明确界定本标准中所述及的"平面交叉"一般系指等级公路间的平面交叉。而等级公路间的平面交叉(口)应进行平面交叉设计,并符合相关安全设计和指标要求。

平面交叉的渠化是提高安全性和通行能力的有效手段之一,对渠化的设置要求主要根据相交公路的功能和交通量而定。随着交通量的增长,非渠化交叉已难以适应,本标准要求三级及三级以上公路平面交叉均应做渠化设计,并实施渠化工程。与原标准要求相比较,扩大了要求实施渠化的对应技术等级范围。而对于三级公路而言,渠化工程主要是通过标线等方式实现,因此一般不会由此对工程建设和维养造成较大的费用影响。

平交口范围内的通视三角区停车视距是保证平交口设计安全性的关键要素。鉴于目前我国公路忽视平交口设计和安全检验的现状,本次修订要求各级公路的平交范围内应进行视线三角区停车视距检验。各类平交口范围内,无论是交通工程、路侧安全设施,还是行道树、乔灌木等绿化工程,均应消除对三角区视线遮挡的现象。

第9.1.6条对照规范

➤《公路路线设计规范》(JTG D20—2017)

10.1.6 二级及二级以上公路的平面交叉必须进行渠化设计;三级公路的平面交

叉应进行渠化设计；四级公路的平面交叉宜进行渠化设计。渠化设计应根据交叉形式、交通管理方式以及转向交通量、设计速度等因素，采用加铺转角、加宽路口、设置转弯车道和交通岛等方式。

JTG B01—2014

9.1.7 各级公路平交范围内应进行通视三角区停车视距检验。

第9.1.7条对照规范

➤《小交通量农村公路工程技术标准》（JTG 2111—2019）

10.0.8 平交口视距应符合下列规定：

1 在每条岔路的转弯车道上都应提供与行驶速度相适应的引道视距，如图10.0.8-1所示。

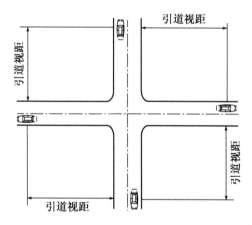

图 10.0.8-1　引道视距
注：引道视距在数值上等于停车视距。

2 两相交公路间，由各自停车视距所组成的三角区内不得存在任何有碍通视的物体，如图10.0.8-2所示。

3 条件受限制不能保证由停车视距所构成的通视三角区时，应保证主要公路的安全交叉停车视距和次要公路至主要公路边车道中心线5～7m所组成的通视三角区，如图10.0.8-3所示。安全交叉停车视距值应符合表10.0.8的规定。

9 路线交叉

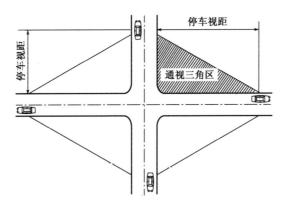

图10.0.8-2 通视三角区

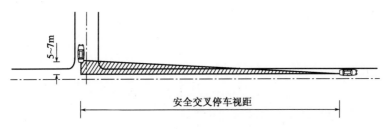

图10.0.8-3 安全交叉停车视距通视三角区

表10.0.8 安全交叉停车视距

设计速度(km/h)	100	80	60	40	30	20	15
停车视距(m)	160	110	75	40	30	20	15
安全交叉停车视距(m)	250	175	115	70	55	35	25

▶《公路路线设计规范》(JTG D20—2017)

10.3.1 引道视距应符合下列规定：

1 每条岔路上都应提供与行驶速度相适应的引道视距，如图10.3.1所示。

2 引道视距在数值上等于停车视距，但量取标准为：视点高1.2m，物高0m。各种设计速度所对应的引道视距及凸形竖曲线的最小半径应符合表10.3.1的规定。

表10.3.1 引道视距及相应的凸形竖曲线最小半径

设计速度(km/h)	100	80	60	40	30	20
引道视距(m)	160	110	75	40	30	20
引道凸形竖曲线最小半径(m)	10 700	5 100	2 400	700	400	200

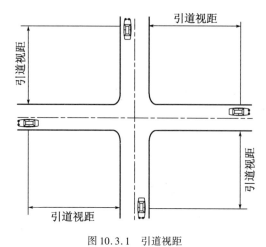

图 10.3.1　引道视距

9.2　公路与公路立体交叉

9.2.1　符合下列条件时设置立体交叉：
　　1　高速公路与各级公路交叉必须采用立体交叉。
　　2　一级公路与交通量大的公路交叉应采用立体交叉。
　　3　二、三、四级公路间的交叉，直行交通量大时，宜采用立体交叉。

条文说明

　　互通式立体交叉和分离式立体交叉同属公路与公路立体交叉的两种不同形式，为便于理解和分类，本次修订把原互通式立体交叉和分离式立体交叉两节合并一节进行说明，并对设置互通式立交以及分离式立交的条件进行了梳理归并，把部分与设计关联紧密的条文移至相关专业规范中。本条重点说明几种设置立体交叉的条件。

　　1　高速公路是完全控制出入的公路，因其交通组织方式和安全性要求，不允许设置平面交叉，因而高速公路与各级公路交叉，均必须采用立体交叉。

　　2　尽管一级公路允许设置平面交叉，但当其与交通量大的公路交叉时,为提高一级公路主线和交叉处的通行能力,应采用立体交叉。

3 当二、三、四级公路之间相互交叉时,如交叉处各线的交通量以直行交通量为主,转向交通量很小时,宜视条件选用立体交叉。

第9.2.1条对照规范

➢《小交通量农村公路工程技术标准》(JTG 2111—2019)

10.0.2 与高速公路相交叉应采用分离式立体交叉。

10.0.3 与一级公路相交叉宜采用立体交叉。

➢《公路路线设计规范》(JTG D20—2017)

11.1.1 公路与公路立体交叉分为互通式立体交叉和分离式立体交叉,设置立体交叉应符合下列规定:

1 高速公路与各级公路相交必须采用立体交叉。

2 一级公路同交通量大的其他公路交叉应采用立体交叉。

3 二级、三级公路间的交叉,直行交通量大时或有条件的地点宜采用立体交叉。

➢《公路立体交叉设计细则》(JTG/T D21—2014)

3.3.1 各级公路节点应按下列规定选用立体交叉:

1 高速公路:应完全限制接入,所有节点应采用立体交叉,入口和出口匝道的接入间距和数量应受到严格控制。

2 一级公路:应部分限制接入。当具干线功能时,与一级公路相交的节点应采用立体交叉;与二级公路相交的节点宜采用立体交叉;与二级以下公路相交的节点应根据接入控制要求确定是否采用立体交叉。当具集散功能时,与具集散功能的一级公路相交的节点宜采用立体交叉;与一级以下公路相交的节点应根据接入控制和设计通行能力要求等确定是否采用立体交叉。

3 二级公路:根据接入控制要求、设计通行能力、现场条件和综合效益等,与二级及二级以下公路相交的个别节点可采用立体交叉。

JTG B01—2014

9.2.2 立体交叉分为互通式立体交叉和分离式立体交叉,符合下列条件时应设置互通式立体交叉:

1 高速公路与承担干线和集散功能的公路相交时。
2 高速公路与连接其他重要交通源的连接线公路相交时。
3 作为干线功能的一级公路与其他干线公路和集散公路相交时。
4 一级公路采用平面交叉冲突交通量较大,通过渠化或信号控制仍不能满足通行能力要求时。

条文说明

本条是在第 9.2.1 条设置立体交叉条件的基础上,进一步说明设置互通式立体交叉的条件。本条文主要根据"公路与公路交叉技术标准"专题研究成果修订。

选定互通式立体交叉的位置要考虑的主要因素首先是路网分布与路网系统的主要节点,即主线与沿线主要公路的相交点和与主要交通发生源连接线的相交点。其次是主线和被交叉公路条件,要求交叉范围内的主线技术指标,如出入口端部的视距和主线横坡等,能提供安全的分合流条件并能与匝道顺适连接;被交叉公路则应具有与互通式立体交叉出入交通量相适应的通行能力,并能为交通发生源提供近便的连接。此外,还应考虑地质和地形条件,以及用地、文物、规划、景观和环保等社会和环境因素。

高速公路设置互通式立体交叉的条件主要是交通条件和社会需求。一是在其影响区域内有适量的交通发生源;二是其附近有重要的政治、经济中心或交通集散地。专题研究结果表明,交通发生源的大小可以间接用影响区域内人口数、GDP 和客货运量等来衡量,其中人口数是一个最主要的指标。根据国内统计资料,一座互通式立体交叉直接影响区域内的人口在 4.5 万~10 万人之间。而当社会因素成为设置互通式立体交叉的主要条件时,交通量的大小可能不是控制因素,但也应有一定的数量,以保证其具有基本的综合效益。本条文提出的互通式立体交叉设置条件,是指在这些情况下首先要考虑的设置地点,最终的设置还要综合考虑沿线交通流的组织和互通式立体交叉的合理间距等。

一级公路设置互通式立体交叉的条件除交通条件和社会需求外,当综合效益与修建平面交叉相当或更好时,亦应考虑设置互通式立体交叉。在设置条件的掌握上,当一级公路作为干线公路时,只要满足规定的条件就应设置互通式立体交叉,以减少横向干扰;当一级公路作为集散公路时,如果交通条件允许且平面交叉的间距满足规定要求,互通式立体交叉的设置亦可适当从严掌握。

第 9.2.2 条对照规范

> **《公路路线设计规范》（JTG D20—2017）**

11.1.2 符合下列条件时应设置互通式立体交叉：
　　1　高速公路间及其同一级公路相交处。
　　2　高速公路、一级公路同通往县级以上城市、重要的政治或经济中心的主要公路相交处。
　　3　高速公路、一级公路同通往重要工矿区、港口、机场、车站和游览胜地等的主要公路相交处。
　　4　高速公路同通往重要交通源的公路相交而使该公路成为其支线。
　　5　承担干线功能的一级公路间及其与其他干线公路和集散公路相交。
　　6　一级公路上,当平面交叉的通行能力不能满足需要或出现频繁的交通事故。
　　7　由于地形或场地条件等原因设置互通式立体交叉的综合效益大于设置平面交叉。

> **《公路立体交叉设计细则》（JTG/T D21—2014）**

3.3.3 互通式立体交叉类型的选择应符合下列规定：
　　1　被交叉公路为双车道公路或具集散功能的一级公路的互通式立体交叉,宜采用一般互通式立体交叉。
　　2　高速公路之间、高速公路与具干线功能的一级公路之间或具干线功能的一级公路之间相交叉的互通式立体交叉,宜采用枢纽互通式立体交叉。
　　3　设置匝道收费站的互通式立体交叉可按一般互通式立体交叉设计。
　　4　一般互通式立体交叉可采用平面交叉型。
　　5　枢纽互通式立体交叉宜采用完全立体交叉型。
　　6　当个别方向无交通转换需求,或虽存在少量交通转换需求但完全连通特别困难时,可采用不完全互通型,未连通方向的交通转换功能应通过路网交通组织由邻近节点承担,并应与完全互通型综合比较论证后确定。

5.3.2 符合下列条件者应设置互通式立体交叉：

1 高速公路之间及其与一级公路相交处。

2 高速公路、一级公路与通往县级以上城市、重要的政治或经济中心的主要公路交叉处。

3 高速公路、一级公路与通往重要工矿区、港口、机场、车站和游览胜地等重要交通源的主要公路交叉处。

4 具干线功能的一级公路之间相交处。

5 当平面交叉的通行能力不足或出现频繁的交通事故时。

6 当有地形或场地条件可利用，使设置互通式立体交叉的综合效益大于设置平面交叉时。

JTG B01—2014

9.2.3 符合本标准第9.2.1条规定条件，但不符合本标准第9.2.2条规定条件时宜设置分离式立体交叉。

条文说明

本条在第9.2.1和9.2.2条的前提下，说明设置分离式立体交叉的条件。

高速公路除互通式立体交叉外，其余交叉必须设置分离式立体交叉。

一级公路设置分离式立体交叉的条件主要是交通条件，即主要取决于平面交叉是否能处理来自于各向的交通量。当一级公路作为干线公路时，应优先保证主线直行交通的通行。由于分离式立体交叉不能提供交通转换的条件，因此该交叉的交通转换需求应该是可以忽略的，否则应通过其他措施将转弯交通引至其他平面交叉或互通式立体交叉。

第9.2.3条对照规范

➤《公路路线设计规范》(JTG D20—2017)

11.1.3 符合下列条件时应设置分离式立体交叉：

1 高速公路同其他各级公路交叉,除因交通转换而设置互通式立体交叉外,均必须设置分离式立体交叉。

2 承担干线功能的一级公路同其他各级公路的交叉,除因交通转换需要而设互通式立体交叉外,为减少平面交叉,且相交的公路又不能截断时,应采用分离式立体交叉。

3 二级、三级、四级公路间的交叉,直行交通量很大或地形条件适宜,且不考虑交通转换时,可设置分离式立体交叉。

▶《公路立体交叉设计细则》(JTG/T D21—2014)

5.3.3 符合下列条件者应设置互通式立体交叉:

1 高速公路之间及其与一级公路相交处。

2 高速公路、一级公路与通往县级以上城市、重要的政治或经济中心的主要公路交叉处。

JTG B01—2014

9.2.4 互通式立体交叉分为枢纽互通式立交和一般互通式立交,设置应符合下列规定:

1 相邻互通式立体交叉的间距不宜小于4km。

受地形条件或其他特殊情况限制,经论证相邻互通式立体交叉的间距需适当减小时,其上一互通式立体交叉加速车道终点至下一互通式立体交叉减速车道起点之间的距离不得小于1 000m,且应进行专项交通工程设计,设置完善、醒目的标志、标线和警示、诱导设施。

相邻互通式立体交叉的间距小于上述规定的1 000m最小值,且经论证必须设置时,应将两互通式立体交叉合并设置为复合式互通式立体交叉。

2 相邻互通式立体交叉的最大间距不宜大于30km。在人烟稀少地区,其间距可适当加大,但应在适当位置设置"U形转弯"设施。

3 互通式立体交叉与服务区、停车区、客运汽车停靠站、隧道等其他重要设施之间的距离应能满足设置出口预告标志的需要。

4 互通式立体交叉匝道设计速度应符合表9.2.4的规定。

表9.2.4　互通式立体交叉匝道设计速度

匝道形式		直连式	半直连式	环形匝道
匝道设计速度(km/h)	枢纽互通式立体交叉	50～80	40～80	40
	一般互通式立体交叉	40～60	40～60	30～40

5　互通式立体交叉匝道车道数应根据匝道交通量和匝道长度确定。主线与匝道或匝道与匝道的分、合流连接部,应保持车道数的平衡。

条文说明

本条对互通式立体交叉形式间距、匝道设计速度和匝道车道数确定等做出规定。

互通式立体交叉按照功能分为枢纽互通式立体交叉和一般互通式立体交叉。枢纽互通式立体交叉主要指高速公路相互交叉的互通式立体交叉。枢纽互通式立体交叉,要求匝道能尽量为自由流提供条件,交叉范围内的各向交通流无交叉冲突。一般互通式立体交叉则主要指高速公路或一级公路与双车道公路相交叉的互通式立体交叉。当高速公路与一级公路、一级公路与一级公路相交叉时,一般亦为枢纽互通式立体交叉。如果因为设置收费站等而采用的是一般互通式立体交叉形式,也应归为一般互通式立体交叉。

在拟定互通式立体交叉的形式时,交叉公路的功能、总出入交通量、收费制式以及是否合并设置收费设施等决定了互通式立体交叉的基本类型。地形、地质、用地规划和施工期间维持临时通车等现场条件、直行和转弯交通量的分布以及是否需分期修建等决定了匝道的具体布局。同时,还要考虑其安全、环境和经济等因素。

1　互通式立交的最小间距

专题研究成果表明,高速公路的安全和运营性能在很大程度上取决于互通式立体交叉的间距。一方面,在高速公路交通事故中,有很大一部分发生在互通式立体交叉范围内,特别是进出口匝道和变速车道范围内。如果互通式立体交叉的间距过小,事故率的增大是显而易见的;另一方面,如果过分强调加大互通式立体交叉的间距,又会使高速公路与当地路网难以有机联结,从而影响高速公路的骨架作用和路网整体效益的发挥。因此,在互通式立体交叉的规划和设计中,间距的控制十分重要。

互通式立体交叉的最小间距是保证交通安全的一项控制性指标。研究结果表明,当相邻互通式立体交叉间的距离超过设置3个出口预告标志所要求的距离时,间距的大小对安全几乎没有明显的影响,因此最小间距的确定主要取决于标志设置的需要,即最小间距等于两互通式立体交叉相邻侧的构造长度加上标志设置所需要的距离。在确定枢纽互通式立体交叉和一般互通式立体交叉的平均构造长度时,统计分析了国内153座互通式立体交叉的资料,同时对比分析了大量的立交模型,再经综合分析后取值。最后计算得出的互通式立体交叉一般最小间距为3.9km,标准中取值4.0km,即规定相邻互通式立体交叉的间距不宜小于4km。此值与德国、日本等国的规定值相近或相同。且要求对于路网密集地区,有条件时应尽量加大互通式立交间距。

当间距达不到一般最小间距的要求时,即使在相邻互通式立体交叉之间增设辅助车道,也会因频繁的交通合流与分流等导致运营问题和事故率的增加,因此小于一般最小间距的方案不得轻易采用。

若因交通需要和受条件限制必须设置近距离的互通式立体交叉时,应经技术经济论证并有切实可行的安全保证措施时,本标准规定互通式立体交叉的最小间距应以相邻互通式立体交叉之间的净距离(即上一互通式立体交叉加速车道终点至下一互通式立体交叉减速车道起点之间的距离)进行控制。该净距离的确定主要取决于维持相邻互通式立体交叉间交通流稳定的需要。专题研究结果表明,车辆从减速车道起点开始对上游主线直行交通的影响长度约为600m。从加速车道终点开始对下游主线直行交通的影响长度约为500m。再结合最少设置两个出口预告标志所需要的距离等因素考虑,规定两相邻互通式立体交叉之间的净距离最少为1 000m。对于按照此要求进行间距实际控制的互通式立交区域,本次修订增加要求:应进行交通工程设施专项设计,应设置完善、醒目的标志、标线和警示、诱导设施,最大限度消除互通式立交区域分、合流交通流交织而可能产生的行车安全问题。

在特殊情况下,如果净距离小于1 000m的规定值,则应设置成复合式的互通式立体交叉,以辅助车道或集散道路将两互通式立体交叉直接连接,或将两座互通式立体交叉合并为一座进行设计。无论哪种方案,辅助车道、集散道路或交织段均应确保交通交织所需要的最小长度,并应尽可能合并出入口。

2 互通式立交的最大间距

互通式立体交叉的最大间距是为满足管理、维修和错过出口车辆折返的需要。在人烟稀少地区,当在规定的最大距离范围内确无必要设置互通式立体交叉时,应在适当的位置设置专供汽车掉头用的 U 形转弯车道。在设置转弯设施时,应尽量利用主线桥孔和服务设施等。

在规划高速公路互通式立体交叉时,尚应注意互通式立体交叉的合理密度。合理的互通式立体交叉密度,既可以充分发挥高速公路的效益,同时又能保证高速公路的车流保持相对稳定的状态。互通式立体交叉的密度与高速公路影响区域内的交通需求有关,其衡量指标主要是平均间距。专题研究在统计了国内 155 条段高速公路互通式立体交叉平均间距的基础上,提出了在规划阶段可供参考的范围,即高速公路互通式立体交叉的平均间距在一般地区为 15~25km,在大城市周围和主要工业区为 5~10km。

3 互通式立交与相关设施间的距离

互通式立体交叉与服务区、停车区、客运汽车停靠站和隧道等其他重要设施相邻时,控制其最小间距时所考虑的因素仍为满足标志设置的需要和维持其间交通流稳定的需要等。

4 互通式立交的匝道设计速度

匝道设计速度是指匝道基本路段的设计速度,应结合主线设计速度、互通式立交功能、类型和匝道的形式论证确定。匝道设计速度确定,概括起来讲一般有两种方法:一种是根据互通式立体交叉的类型和匝道形式取值;另一种是根据主线的设计车速取值。前者是国外最常用的方法。本次修订依据专题研究成果并综合了国内外经验,根据互通式立体交叉类别和匝道形式提供了匝道设计车速的取值范围,在实际使用中尚应结合主线设计速度予以确定。

5 互通式立交匝道的车道数确定

匝道车道数除主要依据交通量来确定外,还应考虑匝道的长度。对于较长的单车道匝道,应考虑为快速车辆提供超车的条件,必要时可增加至两条车道。

第9.2.4条对照规范

▶《公路路线设计规范》(JTG D20—2017)

11.1.4 互通式立体交叉分为枢纽互通式立体交叉和一般互通式立体交叉,设置应符合下列规定:

1 高速公路间、或高速公路与承担干线功能的一级公路间、或承担干线功能的一级公路间的互通式立体交叉,应为枢纽互通式立体交叉。

2 高速公路、承担干线功能的一级公路与承担集散功能的一级公路及其他公路相交的互通式立体交叉,应为一般互通式立体交叉。

11.1.5 互通式立体交叉的间距应符合下列规定:

1 大城市、重要工业园区附近的高速公路,其互通式立体交叉的平均间距宜为5~10km;其他地区宜为15~25km。

2 高速公路相邻互通式立体交叉的最小间距,不宜小于4km。因路网结构或其他特殊情况限制,经论证相邻互通式立体交叉的间距需适当减小时,其上一互通式立体交叉加速车道渐变段终点至下一互通式立体交叉的减速车道渐变段起点间的距离,不得小于1 000m,且应进行专项交通工程设计,设置完善、醒目的标志、标线和警示、诱导设施;小于1 000m且经论证必须设置时,应将两者合并设置为复合式互通式立体交叉。

3 高速公路相邻互通式立体交叉的间距不宜大于30km,西部荒漠戈壁、草原地区和人口稀疏的山区可增大至40km;超过时,应设置与主线立体分离的U形转弯设施。

4 非高速公路互通式立体交叉的最小间距,可参照上述规定执行。条件受限时,经对交织段的通行能力验算后可适当减小间距。

11.1.6 互通式立体交叉与相邻的其他有出入口的设施或隧道之间的距离应符合下列规定:

1 互通式立体交叉与服务区、停车区、客运汽车停靠站之间的距离应能满足设置出口预告标志的需要。条件受限制时,间距可适当减小,但上一入口终点至下一个出口起点的距离不应小于1 000m;小于1 000m且经论证必须设置时,应按复合式互通式立体交叉的方式处理。

2 隧道出口与前方互通式立体交叉间的距离,应满足设置出口预告标志的需要;条件受限制时,隧道出口至前方互通式立体交叉出口起点的距离不应小于1000m,小于时应在隧道入口前或隧道内设置预告标志。

3 互通式立体交叉加速车道渐变段终点至前方隧道进口的距离(以 m 计)以不小于设计速度(以 km/h 计)的 1 倍长度为宜。

11.3.1 互通式立体交叉的匝道设计速度应符合表11.3.1 的规定。

表 11.3.1 匝道设计速度

匝道类型		直连式	半直连式	环形匝道
匝道设计速度（km/h）	枢纽互通式立体交叉	80、70、60、50	80、70、60、50、40	40
	一般互通式立体交叉	60、50、40	60、50、40、	40、35、30

注:1. 右转弯匝道宜采用上限或中间值。
　　2. 直连式或半直连式左转弯匝道宜采用上限或中间值。

11.4.1 高速公路应在全长范围内或重要节点之间的较长路段内保持固定基本车道数。相邻的两路段间,一个方向行车道上的基本车道数的变化不得大于1。

11.4.2 高速公路上,主线与匝道的分、汇流处应保持车道数的平衡,即图11.4.2所示的各部分的车道数,应满足式(11.4.2)的规定。

$$N_C \geq N_F + N_E - 1 \qquad (11.4.2)$$

式中:N_C——分流前或汇流后的主线车道数;
　　　N_F——分流后或汇流前的主线车道数;
　　　N_E——匝道车道数。

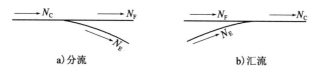

图 11.4.2　分、汇流处的车道数平衡

11.4.3 高速公路保持基本车道数 N_B 连续的路段,当互通式立体交叉的匝道车道数 $N_E > 1$ 时,出、入口应增设辅助车道,如图11.4.3所示。

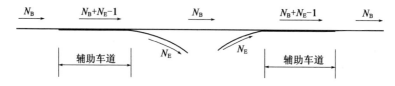

图 11.4.3　双车道出入口的辅助车道

▶《公路立体交叉设计细则》(JTG/T D21—2014)

5.4.1 高速公路互通式立体交叉的平均间距应符合下列规定：
    1 大城市或大型工业区附近，平均间距宜为 5～10km。
    2 其他地区，平均间距宜为 15～25km。

5.4.2 高速公路相邻互通式立体交叉的间距不宜大于表 5.4.2 的规定值。受沿线路网密度和交通源的分布等影响，当间距超过该规定值时，应在相邻互通式立体交叉之间加设 U 形转弯设施，且 U 形转弯设施与相邻互通式立体交叉的最大间距应符合表 5.4.2 的规定值。

表 5.4.2　高速公路相邻互通式立体交叉的最大间距

地 区 类 别		最大间距(km)
一般地区		30
特殊地区	大城市或大型工业园区附近	20
	荒漠戈壁和草原地区	40

5.4.3 互通式立体交叉之间、互通式立体交叉与其他设施之间的距离不宜小于表 5.4.3 的规定值。

表 5.4.3　互通式立体交叉及其他设施的最小间距

相邻设施种类	最小间距(km)
一般互通式立体交叉与枢纽互通式立体交叉之间	4.5
一般互通式立体交叉之间	4.0
互通式立体交叉与服务区、停车区、U 形转弯设施之间	

5.4.4 受路网结构或其他特殊情况限制，当互通式立体交叉之间、互通式立体交叉与其他设施之间的距离不能满足本细则第 5.4.3 条的规定时，经论证间距可适当减小，但应符合下列规定：
    1 当相邻互通式立体交叉或其他设施分别独立设置时，相互之间的净距不应小于表 5.4.4 的规定值(图 5.4.4)。

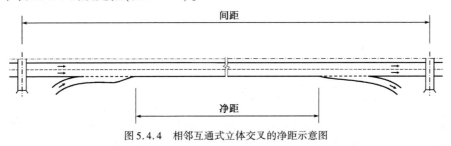

图 5.4.4　相邻互通式立体交叉的净距示意图

表 5.4.4 互通式立体交叉及其他设施的最小净距

主线设计速度(km/h)		120	100	80	60
互通式立体 交叉之 间最小净距(m)	主线单向双车道	800	700	650	600
	主线单向3车道	1 000	900	800	700
	主线单向4车道	1 200	1 100	1 000	900
互通式立体交叉与 服务区、停车区之间 最小净距(m)	主线单向双车道	700	650	600	600
	主线单向3车道	900	850	800	700
	主线单向4车道	1 100	1 000	900	800

2 当相邻互通式立体交叉的净距小于表5.4.4的规定值,且经多方案比选论证两者必须设置时,应根据其距离大小,利用辅助车道、集散道或匝道连接形成复合式互通式立体交叉。

3 应提前设置完善的下游互通式立体交叉或其他设施的出口预告等指路标志。

5.4.5 互通式立体交叉及其他设施与隧道之间的距离应符合下列规定:

1 隧道出口端与前方主线出口的间距宜满足设置全部指路标志的需要。当受现场条件限制时,间距可适当减小,但隧道与前方主线出口之间的净距不宜小于表5.4.5-1的规定值[图5.4.5a)],且应提前于出隧道之前开始设置完善的出口预告等指路标志。

表 5.4.5-1 隧道与前方主线出口之间的最小净距

主线设计速度(km/h)		120	100	80	60
最小净距(m)	主线单向双车道	500	400	300	250
	主线单向3车道	700	600	450	350
	主线单向4车道	1 000	800	600	500

2 主线入口与前方隧道之间的净距不宜小于表5.4.5-2的规定值[图5.4.5b)]。

表 5.4.5-2 主线入口与前方隧道之间的最小净距

主线设计速度(km/h)	120	100	80	60
最小净距(m)	125	100	80	60

3 当地形特别困难,不能满足上述净距要求而互通式立体交叉及其他设施必须设置时,应结合运行速度控制和隧道特殊结构设计等,提出完善的交通组织、管理和运行安全保障措施,经综合分析论证后确定设计方案。

5.4.6 互通式立体交叉及其他设施与主线收费站之间的距离应符合下列规定:

9 路线交叉

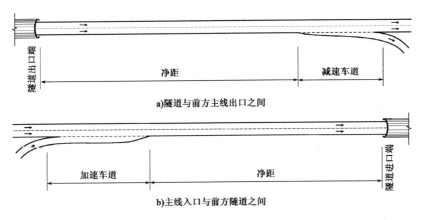

图 5.4.5 主线出、入口与隧道之间的净距示意图

1 收费站与前方主线出口的间距宜满足设置全部指路标志的需要。当受现场条件限制时,间距可适当减小,但收费站与前方主线出口之间的净距[图 5.4.6a)]不宜小于 600m;主线入口与前方收费站之间的净距[图 5.4.6b)]不宜小于 200m。

2 当因现场条件限制不能满足本条第 1 款的净距要求时,主线出、入口与收费站之间宜采用辅助车道相连接,且收费站与前方主线出口之间的辅助车道长度[图 5.4.6c)]不宜小于 600m;主线入口与前方收费站之间的辅助车道长度[图 5.4.6d)]不宜小于表 5.4.6 的规定值。

3 当按净距或辅助车道长度控制间距时,收费站前方出口预告等指路标志应提前于收费站之前开始设置完善。

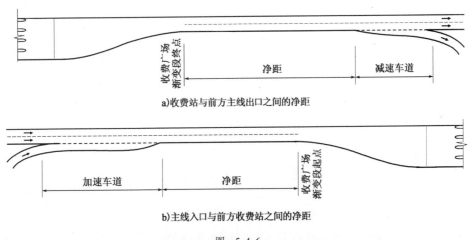

图 5.4.6

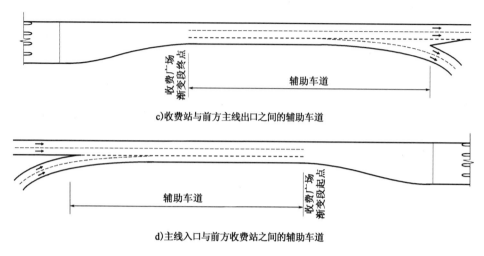

c)收费站与前方主线出口之间的辅助车道

d)主线入口与前方收费站之间的辅助车道

图 5.4.6 主线出、入口与主线收费站的间距控制示意图

表 5.4.6 主线入口与收费站之间的辅助车道最小长度

主线设计速度(km/h)	120	100	80	60
辅助车道最小长度(m)	500	450	400	350

JTG B01—2014

9.2.5 公路与公路立体交叉跨线桥桥下净空应符合本标准第3.6.1条的规定,并应满足桥下公路的视距要求,其结构形式应与周围环境相协调。

条文说明

在进行分离式立体交叉跨线桥布孔时,往往仅注意到了跨路的需要,当被跨公路位于曲线段时,仅满足桥下公路宽度的要求就有可能造成视距的不足。因此,从安全出发,本标准将视距等要求提到了与建筑限界的要求同等重要的地位。

第9.2.5条对照规范

➢《公路路线设计规范》(JTG D20—2017)

11.2.1 互通式立体交叉区域应具有良好的通视条件。

11.2.2 主线分流鼻之前应保证判断出口所需的识别视距。识别视距应符合表7.9.5的规定。条件受限制时,识别视距应大于1.25倍的主线停车视距。

11.2.3 匝道全长范围内的停车视距应不小于表11.2.3的规定。

表11.2.3 匝道停车视距

设计速度(km/h)	80	70	60	50	40	35	30
停车视距(m)	110(135)	95(120)	75(100)	65(70)	40(45)	35	30

注:积雪冰冻地区,应不小于括号内的数值。

11.2.4 汇流鼻前,匝道与主线间应具有如图11.2.4所示的通视三角区。

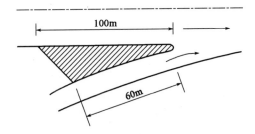

图11.2.4 汇流鼻前通视三角区

11.2.5 匝道出口位置应明显,易于识别,宜将出口分流鼻设置在跨线桥前;当设置在跨线桥后时,匝道出口至跨线桥的距离不应小于150m。

▶ **《公路立体交叉设计细则》(JTG/T D21—2014)**

13.3.5 下穿公路的净空应满足相应公路等级的建筑限界要求。当下穿公路有规划方案或采用分期修建方案时,应按批准的规划公路标准预留建筑限界。

9.3 公路与铁路相交叉

9.3.1 高速公路、一级公路与铁路相交叉时,必须设置立体交叉。

条文说明

　　9.3.1~9.3.2 设置公路与铁路立体交叉是消除平交道口安全隐患的主要途径,因而铁路与公路交叉应优先考虑设置立体交叉。

　　高速公路为控制出入公路,一级公路为根据需要控制出入的公路,与铁路交叉时必须设置立体交叉。

　　路段旅客列车设计速度140km/h的地段,列车速度高、密度大,若设平面交叉安全性很差,因此同公路交叉亦必须设置立体交叉。本条修订增加了"高速铁路"的内容。

第 9.3.1 条对照规范

➤《公路路线设计规范》(JTG D20—2017)

12.1.2 公路与铁路交叉形式的选择应根据公路和铁路的等级、交通量(年客货运量)、安全、经济等因素综合确定。原则上应考虑设置立体交叉。

12.2.1 公路与铁路交叉时,新建的公路或铁路项目应首选立体交叉。

12.2.2 高速公路、一级公路与铁路交叉,必须设置立体交叉。

JTG B01—2014

9.3.2 高速铁路、准高速铁路和路段旅客列车设计行车速度为 140km/h 的铁路与公路相交叉时,必须设置立体交叉。

第 9.3.2 条对照规范

➤《公路路线设计规范》(JTG D20—2017)

12.2.3 高速铁路、城际铁路和路段旅客列车设计行车速度为 140km/h 及以上的铁路与公路相交叉时,必须设置立体交叉。

JTG B01—2014

9.3.3 公路、铁路相交叉,符合下列情况之一者应设置立体交叉:
    1 铁路与二级公路相交叉时。
    2 路段旅客列车设计行车速度为 120km/h 的铁路与公路相交叉时。
    3 由于铁路调车作业对公路上行驶的车辆会造成较严重延误时。
    4 受地形等条件限制,采用平面交叉会危及行车安全时。

第 9.3.3 条对照规范

➤《公路路线设计规范》(JTG D20—2017)

12.2.4 公路与铁路交叉,符合下列情况之一时应设置立体交叉:

  1 Ⅰ级铁路与公路交叉；
  2 铁路路段旅客列车设计行车速度大于或等于120km/h的地段与公路交叉；
  3 铁路与二级公路交叉；
  4 由于铁路调车作业对公路上行驶的车辆会造成较严重延误；
  5 受地形等条件限制,采用平面交叉会危及公路行车安全；
  6 结合地形或桥涵构造物情况,具备设置立体交叉条件。

JTG B01—2014

9.3.4 铁路跨越公路上方时,其跨线桥下净空及布孔应符合本标准第3.6.1条公路建筑限界、第4.0.15条视距的规定,以及对前方信息识别的要求。

  铁路穿越公路下方时,公路跨线桥下净空应符合现行铁路净空限界标准的规定。

第9.3.4条对照规范

▶《公路路线设计规范》(JTG D20—2017)

12.2.7 铁路上跨公路时,其设计应符合下列要求：
  1 铁路跨线桥的跨径与净高必须符合公路建筑限界的规定。
  2 铁路跨越二级公路、三级公路、四级公路时,严禁在行车道上设置中墩。铁路跨越四车道高速公路、一级公路时,不得在中间带设置中墩。铁路跨越六车道及以上高速公路、一级公路时,必须在中间带设置中墩时,中墩两侧必须设防撞护栏,并留足设置防撞护栏和护栏缓冲变形的安全距离。
  3 铁路跨线桥所跨越的宽度应包括该路段公路标准横断面宽度及其所附属的变速车道、爬坡车道、边沟等的宽度。
  4 铁路跨线桥的跨径与布孔应留有足够的侧向余宽,不得将墩、台设置在公路边沟、排水沟以内,并满足公路视距和对前方公路识别的要求。不能满足公路视距与对前方公路识别要求时,应设置边孔。
  5 铁路跨越公路时,其铁路跨线桥应设置防落网。
  6 铁路跨线桥及其引道的排水系统应自成体系,跨线桥桥面雨水不得直接排至公路建筑限界范围内。

JTG B01—2014

9.3.5 公路、铁路平面相交时,宜为正交;必须斜交时,交叉角度应大于45°,且道口应符合侧向瞭望视距的规定。

条文说明

公路、铁路平面相交时,应以正交或接近正交为宜。当必须斜交时,交叉角应大于45°,以缩短道口的长度与宽度,避免小型机动车和非机动车的车轮陷入铁轨轮缘槽内。

汽车驾驶者侧向最小瞭望视距是指汽车驾驶者在距道口相当于该级公路停车视距并不小于50m处,应能看到两侧铁路上火车的范围。火车司机相对应的最小瞭望视距如表9-1。

表9-1 最小瞭望视距

路段旅客列车设计行车速度（km/h）	火车司机最小瞭望视距（m）	汽车驾驶员侧向最小瞭望视距（m）
140	1 200	470
120	900	400
100	850	340
80	850	270

第9.3.5条对照规范

➤ 《公路路线设计规范》（JTG D20—2017）

12.3.1 公路与铁路平面相交时,宜为正交;必须斜交时,交叉角度应大于45°。

12.3.2 道口应设置在汽车瞭望视距不小于表12.3.2规定值的地点,并应符合下列要求:

表12.3.2 汽车瞭望视距

路段旅客列车设计行车速度（km/h）	120	100	80
汽车瞭望视距（m）	400	340	270

1 道口不得设置在铁路站场、道岔、桥头、隧道洞口及有调车作业的地段

附近。

2 受地形等条件限制汽车在距铁路最外侧钢轨 5m 处停车后,汽车驾驶者的侧向瞭望视距小于表 12.3.2 规定的道口必须设置看守。

JTG B01—2014

9.3.6 铁路与公路平行相邻时,铁路用地界与高速公路用地界间距不宜小于 30m,与一、二级公路用地界间距不应小于 15m,与三、四级公路用地界间距不应小于 5m。

9.4 公路与乡村道路相交叉

9.4.1 公路与乡村道路相交叉的位置、形式、间距等的确定,应考虑县、乡(镇)土地利用总体规划中农业耕作机械需求。必要时应结合规划,对农业机耕道作适当调整或归并。

条文说明

公路与乡村道路交叉,一方面影响公路沿线群众生产和生活的便利性,另一方面也直接关系到公路行车安全和沿线群众的生命财产安全。由于我国部分人口密集地区乡村道路直接随意接入公路的现象较为普遍、对公路交通安全影响大,因此,应限制乡村道路随意接入公路的现象,有条件时应尽量结合规划,对乡村道路和农业机耕道进行适当调整和归并。

第 9.4.1 条对照规范

➢ 《公路路线设计规范》(JTG D20—2017)

12.4.1 公路与乡村道路的交叉设计应纳入公路交叉设计部分的总体设计,统筹规划,合理布局。公路与乡村道路交叉的形式、位置、间隔等应根据县级和乡(镇)土地利用总体规划中农业耕作机械需求布设。必要时应结合规划,对农业机耕道作适当调整或归并。

JTG B01—2014

9.4.2 高速公路与乡村道路相交叉必须设置通道或天桥。

一级公路与乡村道路相交叉宜设置通道或天桥。

二、三级公路与乡村道路相交叉应设置平面交叉,四级公路与乡村道路相交宜设置平面交叉,地形条件有利或公路交通量大时宜设置通道或天桥。

二、三、四级公路与乡村道路相交时,应对其交叉范围一定长度的路段进行改造,使其达到四级公路的标准。

二级及二级以上公路位于城镇或人口稠密的村落或学校附近时,宜设置专供行人横向通行的人行地道或人行天桥。

条文说明

各级公路、乡村道路交叉时,选择交叉方式的原则为:高速公路与乡村道路交叉,必须采用分离式立体交叉。一级公路与乡村道路交叉时,若一级公路作为集散公路,一般采用平面交叉,也可利用辅道合并交叉数量,必要时设置分离式立体交叉,其目的是控制平面交叉的数量和间距,尽量减少横向干扰,增强行车安全和提高道路通行能力;若一级公路作为干线公路,应根据需要严格控制出入,设置分离式立体交叉。二、三、四级公路与乡村道路交叉时,一般采用平面交叉。乡村道路与等级公路平面交叉时,应对其前后一定范围进行改造,使其不低于四级公路标准。

第9.4.2条对照规范

➤ **《公路路线设计规范》(JTG D20—2017)**

12.4.2 公路与乡村道路交叉设置应符合下列规定:

1 高速公路与乡村道路相交叉必须设置通道或天桥。

2 一级公路与乡村道路相交叉宜设置通道或天桥。

3 二级、三级公路与乡村道路相交叉应设置平面交叉,四级公路与乡村道路相交宜设置平面交叉,地形条件有利或公路交通量大时宜设置通道或天桥。

4　二级、三级、四级公路与乡村道路相交时，应对其交叉范围一定长度的路段进行改造，使其达到四级公路的标准。

5　二级及二级以上公路位于城镇或人口稠密的村落或学校附近时，宜设置专供行人横向通行的人行通道或人行天桥。

JTG B01—2014

9.4.3　车行通道的净空应符合下列规定：

1　通行拖拉机、畜力车时，通道净高应不小于2.70m；通行农用汽车时，通道净高应不小于3.20m。

2　通道净宽应根据交通量和通行农业机械类型选用，一般应不小于4.00m；通道过长或敷设排水渠时，宜视情况加宽。

条文说明

本标准规定的各类通道的净高、净宽要求均为适用一般情况下的低限值。具体项目中宜根据通道功能和实际通行交通特征，在调查分析的基础上确定合理的净高和净宽值。

第9.4.3条对照规范

▶《公路路线设计规范》（JTG D20—2017）

12.4.4　通道设计应符合下列要求：

1　通道的间隔以400m左右为宜。农业机械化程度高的地区和人烟稀少地区间隔宜适当加大。

2　通道的交叉角以90°为宜。必须斜交时，其交叉的锐角应不小于60°；受地形条件或其他特殊情况限制时，应不小于45°。

3　通道处的乡村道路平面线形宜为直线。其两侧的直线长度应不小于20m。

4　通道处的乡村道路纵面线形应为直坡，坡度宜不大于3%，构造物不得设于凹形竖曲线底部。通道应采用自流排水方式做好排水设计。

5　通道的最小净空应根据通行车辆不同按表12.4.4的数值采用，必要时可加大桥下净空。

表12.4.4 通 道 净 空 要 求

净高	通行拖拉机、畜力车时	≥2.70m
	通行农用汽车时	≥3.20m
净宽	按交通量和通行农业机械类型选用	≥4.00m
	通道过长或敷设排水渠时	视情况增宽

JTG B01—2014

9.4.4 人行通道净高应不小于2.20m;净宽应不小于4.00m。

第9.4.4条对照规范

▶《公路路线设计规范》(JTG D20—2017)

12.4.6 人行通道设计应符合下列规定：
1 人行通道的最小净高应不小于2.20m,最小净宽应不小于4.00m。
2 下穿高速公路、一级公路的人行通道应利用中间带设置采光井。
3 人行通道除设梯道外,应视情况设置坡道,其坡度不应陡于1∶8。
4 人行通道必须做好排水设计,不得因积水影响通行。

JTG B01—2014

9.4.5 车行天桥桥面净宽按交通量和通行农业机械类型可选用4.50m或7.00m;其汽车荷载应符合本标准第7.0.2条有关四级公路汽车荷载等级的规定。

第9.4.5条对照规范

▶《公路路线设计规范》(JTG D20—2017)

12.4.5 天桥设计应符合下列要求：
1 主要公路为路堑地段或地形条件有利时可设置天桥,并以正交为宜,其主要技术指标可参照四级公路相关标准执行,桥面净宽应不小于4.50m。
2 天桥的车道荷载等级应不低于公路-Ⅱ级,并设置限载标志。
3 跨越高速公路、一级公路的天桥,应设防撞护栏和防落网。
4 天桥的桥面雨水不得直接排至公路路面。

9.4.6 人行天桥桥面净宽应大于或等于3.00m；其人群荷载应符合本标准第7.0.8条的规定。

第9.4.6条对照规范

➢ 《公路路线设计规范》(JTG D20—2017)

12.4.7 人行天桥设计应符合下列规定：
1 人行天桥的净宽应不小于3.00m。
2 人群荷载应不小于3kN/m²，行人密集地区应不小于3.5kN/m²。
3 人行天桥除设梯道外，有条件时应设置坡道，其坡度不应陡于1:4。
4 跨越高速公路、一级公路的人行天桥，应设防落网。

9.5 公路与管线等相交叉

9.5.1 电信线、电力线、电缆、管道等均不得侵入公路建筑限界，不得妨害公路交通安全和人员安全，并不得损害公路的构造和设施。

条文说明

9.5.1~9.5.5 本节条文修订依据2011年7月1日起执行的《公路安全保护条例》(中华人民共和国国务院令，第593号)的规定。同时，修订参考了最新的相关行业标准、规范，如：《1000kV架空输电线路设计规范》(GB 50665—2011)、《110kV~750kV架空输电线路设计规范》(GB 50545—2010)、《±800kV直流架空输电线路设计规范》(GB 50790—2013)、《油气输送管道穿越工程设计规范》(GB 50423—2007)、《输气管道工程设计规范》(GB 50251—2003)、《输油管道工程设计规范》(GB 50253—2003)等，对原条文规定值进行了核对和补充。

第9.5.1条对照规范

➢ 《公路路线设计规范》(JTG D20—2017)

12.5.10 各种管线跨越公路的设施，不得侵入公路建筑限界，不得妨碍公路交通安全、损害公路设施,也不得对公路及其设施形成潜在威胁。

JTG B01—2014

9.5.2 架空送电线路与公路相交叉时,宜为正交;必须斜交时,交叉角度应大于45°。架空送电线路跨越公路时,送电线路导线与公路交叉处距路面的最小垂直距离必须符合相应送电线路标称电压规定的要求。

第9.5.2条对照规范

> **《公路路线设计规范》**(JTG D20—2017)

12.5.1 公路与架空输电线路相交,以正交为宜。必须斜交时,其交叉的锐角应大于45°。

12.5.2 公路从架空输电线路下穿过时,应从导线最大弧垂点与杆塔间通过,并使输电线路导线与公路交叉处的距路面垂直距离不小于表12.5.2的规定值。

表12.5.2 架空输电线路导线距路面的最小垂直距离

架空输电线路标称电压(kV)	35~110	154~220	330	500	750	1 000		±800 直流
						单回路	双回路逆相序	
距路面最小垂直距离(m)	7.0	8.0	9.0	14.0	19.5	27.0	25.0	21.5

12.5.3 架空输电线路导线与路面的垂直距离,应根据导线运行温度情况或覆冰无风情况求得的最大弧垂,以及根据最大风速情况或覆冰情况求得的最大风偏进行计算确定。

JTG B01—2014

9.5.3 原油管道、天然气输送管道与公路相交叉时,宜为正交;必须斜交时,交叉角度应大于30°。

第9.5.3条对照规范

> **《公路路线设计规范》**(JTG D20—2017)

12.5.5 公路与油气输送管道相交时,以正交为宜。必须斜交时,其交叉的锐角不宜小于30°。

◈ JTG B01—2014 ◈

9.5.4 管道与各级公路相交叉且采用下穿方式时,应设置地下通道(涵)或套管。通道或套管应按相应公路等级的汽车荷载等级进行验算。

第9.5.4条对照规范

▷《**公路路线设计规范**》(JTG D20—2017)

12.5.6 油气输送管道与各级公路相交叉且采用下穿方式时,应设置地下通道(涵)或套管。

12.5.7 穿越公路的地下专用通道(涵)的埋置深度,除应符合石油天然气行业标准的荷载相关规定外,尚应符合现行《公路桥涵设计通用规范》(JTG D60)的有关规定,并按所穿越公路的车辆荷载等级进行验算。穿越公路的保护套管其顶面距路面底基层的底面应不小于1.0m。

◈ JTG B01—2014 ◈

9.5.5 严禁易燃、易爆、高压等管线设施利用或通过公路桥梁和隧道。

第9.5.5条对照规范

▷《**公路路线设计规范**》(JTG D20—2017)

12.5.8 严禁有毒有害、易燃易爆、高压等管线设施利用公路桥梁跨越河流。输送有毒有害、易燃易爆物质的管线穿(跨)越河流时,管线距特大桥、大桥、中桥的距离,应不小于100m;距小桥的距离,应不小于50m。

12.5.9 严禁有毒有害、易燃易爆、高温高压等管线设施通过公路隧道。

9.6 动物通道

9.6.1 公路应结合沿线放牧及野生动物迁徙需要,选择合理位置设置必要的动物通道。

9.6.2 穿越草原区域的封闭公路,应根据放牧等需要修建沿公路通行的便道(牧道)。

条文说明

9.6.1~9.6.2 本条从公路沿线生态环境保护的角度,对公路动物通道和放牧便道等做出了要求。公路在可能阻碍野生动物正常迁徙通道时,应考虑设置合理的动物迁徙通道。同时,应考虑沿线群众生产、放牧等需要,设置必要的便道和牧道。

10 交通工程及沿线设施

10.1 一般规定

10.1.1 交通工程及沿线设施的建设规模与标准应根据公路网规划、公路的功能、等级、交通量、运营条件等综合论证确定。

条文说明

　　交通工程及沿线设施是公路的重要组成部分。其建设规模与技术标准对于发挥公路功能、保障行车安全、提高服务水平和通行能力都有非常重要的作用,要求根据公路网规划、公路的功能、等级、交通量、运营条件等综合论证确定。这里的综合论证是指要在考虑技术、经济、环境等条件的同时还要结合我国公路的建设经验进行综合论证,能够准确反映我国公路建设的实践经验,可操作性强,同时适应我国东西部地区不同经济水平的发展需求。

第 10.1.1 条对照规范

➢《公路路线设计规范》(JTG D20—2017)

13.1.2 公路沿线设施的建设规模应根据公路及设施功能、交通量等论证确定,与互通式立体交叉、隧道、特大桥等构造物应保持合理的间距。

➢《高速公路交通工程及沿线设施设计通用规范》(JTG D80—2006)

1.0.4 高速公路交通工程及沿线设施的设计交通量应采用该高速公路主体工程的预测交通量。

3.0.1 高速公路交通工程及沿线设施的技术标准和建设规模,应根据交通调查和该公路工程项目预测交通量确定。

3.0.3 制定交通工程及沿线设施总体设计方案时,应对公路工程项目所在地区的路网现状、发展规划、交通环境等进行调查,拟定提高公路运输能力、经济效益,降低交通事故程度的措施、方案。

4.2.1 应根据高速公路在公路网中的位置及其功能,结合与之相衔接、平行、交叉等公路项目的关系,考虑高速公路联网后交通流的监控与组织,以及管理、服务、救助、收费等的要求。

> 《公路交通安全设施设计规范》(JTG D81—2017)

3.4.1 公路交通安全设施的设置规模,应根据确定的设计目标,综合考虑所在路网规划、公路功能、技术等级、交通量、车型组成和环境等因素合理确定。

3.4.2 主要干线公路应根据本规范的规定设置系统、完善的交通标志、标线、视线诱导设施、隔离栅、必需的防落网和防眩设施;桥梁与高路堤路段必须设置路侧护栏;整体式断面中间带宽度小于或等于12m时,必须连续设置中央分隔带护栏;不同形式的护栏连接时,应进行过渡设计;中央分隔带开口处必须设置开口护栏;出口分流三角端应设置防撞垫。

3.4.3 次要干线公路应根据本规范的规定设置完善的交通标志、标线、视线诱导设施及必需的隔离栅、防落网;桥梁与高路堤路段必须设置路侧护栏;一级公路整体式断面中间带宽度小于或等于12m时,必须连续设置中央分隔带护栏;不同形式的护栏连接时,应进行过渡设计;高速公路中央分隔带开口处必须设置开口护栏;一级公路应根据需要设置防眩设施。

3.4.4 主要集散公路应根据本规范的规定设置较完善的交通标志、标线及必需的视线诱导设施、隔离栅;桥梁与高路堤路段必须设置路侧护栏;一级公路整体式断面中间带应设置保障行车安全的隔离设施。

3.4.5 次要集散公路应根据本规范的规定设置较完善的交通标志、标线及必需的视线诱导设施;桥梁与高路堤路段应设置路侧护栏。

3.4.6 支线公路应根据本规范的规定设置交通标志,在视距不良、急弯、陡坡等路段应设置交通标线及必需的视线诱导设施;路侧有不满足计算净区宽度要求的悬崖、深谷、深沟、江河湖海等路段应设置路侧护栏。

3.4.7 公路连续长、陡下坡路段,应根据本规范的规定并结合交通安全综合分析的结果论证是否设置避险车道。设置避险车道时,应设置配套的交通标志、标线及隔离、防护、缓冲等设施。

3.4.8 风、雪等危及公路行车安全的路段,应根据本规范的规定设置防风栅、防雪栅、积雪标杆等交通安全设施;根据运营管理和交通管理需求,可根据本规范的规定设置限高架、减速丘、凸面镜等交通安全设施。

◈ JTG B01—2014 ◈

10.1.2 交通工程及沿线设施总体设计应符合公路总体设计的要求,相互匹配,协调统一,充分发挥公路的整体效益。

条文说明

交通工程总体设计是公路工程总体设计的重要组成部分。强调交通工程及沿线设施与公路主体工程总体设计的协调一致,要求各种设施之间应相互匹配、协调统一、互为补充,使其布局和方案合理,并与主体工程有机衔接,发挥公路整体效益。

第10.1.2条对照规范

➢《小交通量农村公路工程技术标准》(JTG 2111—2019)

12.1.1 沿线设施包括服务设施和管理设施,应坚持统筹规划、总体设计、分步实施的原则。

➢《高速公路交通工程及沿线设施设计通用规范》(JTG D80—2006)

1.0.7 高速公路交通工程及沿线设施设计必须与主体工程的设计相配合。新建或改(扩)建公路工程设计应采用运行速度进行安全性评价,据以采取调整公路平、纵线形技术指标,或设置交通安全设施,或采取相应管理措施,以增进行车安全。

4.1.1 高速公路交通工程及沿线设施总体设计,是高速公路总体设计的重要组成部分,应协调内部及其外部各专业间的关系,确定总体与各项设施的技术标准、建设规模、主要技术指标,以符合安全、环保、可持续发展的总体目标,提高安全、服务、管理水平。

4.1.2 交通工程及沿线设施总体设计应根据公路在路网中的功能、作用,综合考虑管理体制、控制出入、收费制式,以及高速公路联网、近期与远期等各种因素,准确体现主体工程的设计意图,在安全性评价的基础上,优化、完善设计方案,以提供运行安全、行驶舒适、服务周到的交通环境。

4.2.2 应在公路工程主体设计的基础上,根据服务水平、车道数以及路段、交叉、桥梁、隧道等所处的地理位置、路侧自然环境、平纵技术指标、路基横断面型式等科学确定技术标准、正确运用交通工程及沿线设施的技术指标,做出符合实际情况的设计方案。

4.2.10 在总体设计方案的论证中,不仅应对设计、施工、维修、营运、管理等各阶段进行成本效益分析,还应从安全、环保、可持续发展等社会效益进行全过程、全方位的综合分析,采用综合效益最佳的总体设计方案。

4.3.1 交通工程及沿线设施总体设计与高速公路主体工程总体设计应同步进行并交互设计,相辅相成,各负其责。

4.3.2 根据主体工程的技术标准、建设规模及其远期规划,提出交通工程及沿线设施的技术标准与建设规模,经协调并确认后执行。

4.3.3 根据主体工程总体设计拟定交通工程及沿线设施总体设计方案,经协调、商定后执行,并划定同确定后的主体工程总体设计之间的界面等。

4.3.4 根据主体工程提出的原则指导意见、要求和设计意图,制定交通工程及沿线设施各设施设计方案,并协调各设施间的衔接与配合。

4.3.5 对主体工程设计进行安全性评价,反馈优化、完善设计方案的建议,或调整、补充设置交通工程设施。

4.3.6 主体工程总体设计经共同确认后,应在主体工程和交通工程及沿线设施的设计文件中以相同设计方案进行总体设计,其相关的主要内容为:

(1)交通工程及沿线设施的技术标准与建设规模。
(2)交通安全设施、服务设施、管理设施的设置方案。
(3)收费制式及其主线收费站、匝道收费站的设置方案。
(4)路侧、中间带、挡土墙、桥梁、隧道等人工构造物上的标志、护栏基础形式和设置方式;护栏的防撞等级;紧急出口、避险车道的位置设置与方案。
(5)服务设施、管理设施等的供水设计方案,及其排污处理方案。
(6)服务设施、管理设施、收费广场的综合排水设计方案,及其同主体工程排水设计的衔接方案。
(7)通信管道埋设位置,及其通过桥涵、隧道等人工构造物的方案。
(8)同主体工程土方基础工程施工的相关设计方案。
(9)应急处理预案的应急方案及其相应的设施与技术措施。
(10)超限超载检测站选址与设置方案。

➢《公路交通安全设施设计规范》(JTG D81—2017)

1.0.4 公路交通安全设施应结合路网与公路技术条件、地形条件、交通条件、环境条件进行总体设计,交通安全设施之间、交通安全设施与公路土建工程和其他设施之间应互相协调、配合使用。

3.1.2 公路交通安全设施应进行总体设计。

3.1.3 公路交通安全设施的总体设计应在充分收集项目及所在路网规划、技术规定、设计图纸和交通安全评价结论,以及现场调研的基础上进行。

3.1.4 公路交通安全设施的总体设计应包括项目和路网特征分析、设计目标、设置规模、结构设计标准、设计协调与界面划分等内容。

3.1.5 除本规范第3.1.4条的规定外,公路改扩建交通安全设施的总体设计还应根据既有公路调查与综合分析的结论,包括既有设施的再利用方案和临时交通安全设施的设计方案等。

JTG B01—2014

10.1.3 交通工程及沿线设施应按照"保障安全、提供服务、利于管理"的原则进行设计。

条文说明

由于交通工程及沿线设施是保障行车安全、提升服务水平、提高通行能力、强化管理的必要设施,是公路现代化、智能化的重要标志,应在总结我国公路特别是高速公路,在交通安全、服务、管理等设施建设运营维护等方面的经验与教训的基础上,充分吸收国外先进技术,并保持相对的延续性、先进性、前瞻性,按照"保障安全、提供服务、利于管理"的原则进行设计。

第10.1.3条对照规范

➤《小交通量农村公路工程技术标准》(JTG 2111—2019)

12.1.2 沿线设施的设计应综合考虑安全、经济、环保等因素,便于服务,利于管理。

➤《高速公路交通工程及沿线设施设计通用规范》(JTG D80—2006)

1.0.5 高速公路交通工程及沿线设施应包括交通安全设施、服务设施和管理设施。各项设施的设计应结合项目所在地区路网规划和公路总体设计的要求,遵照"安全第一、服务用户、科学管理"的原则精心设计,以保障行车安全,为用路者提供良好的服务。

4.2.5 协调交通安全设施、服务设施、管理设施各专业间的设计界面等,制作总体设计各项设施布置总图,检核其科学性、合理性,防止漏项、重复。

> 《公路交通安全设施设计规范》(JTG D81—2017)

1.0.5 公路交通安全设施设计应坚持以人为本、预防为主、系统设计、重点突出的原则。应在交通安全综合分析的基础上,优先设置主动引导设施,根据需要设置被动防护设施。

3.3.1 应结合项目和路网特征分析结果,从服务、安全、管理、环境、成本等方面提出交通安全设施的设计目标。

JTG B01—2014

10.1.4 交通工程及沿线设施包括交通安全设施、服务设施和管理设施三种,各项设施应按统筹协调、总体设计的原则设置,并应结合交通量的增长与技术发展状况等逐步补充、完善。

条文说明

公路交通工程及沿线设施由交通安全设施、服务设施和管理设施组成,这些设施应按统筹规划、总体设计的原则配置,其最重要的是做好前期的总体规划设计,确定系统的设置规模,一次性征用土地和实施基础工程、地下管线及预留预埋工程等,依据技术发展和交通量增长情况等分期配置设备,逐步补充完善,最终形成系统规模。

第10.1.4条对照规范

> 《公路交通安全设施设计规范》(JTG D81—2017)

3.6.1 公路交通安全设施应加强与公路土建工程和服务设施、管理设施之间的协调,从运行安全的角度优化土建工程和服务设施、管理设施的设置,避免缺项、漏项和出现安全隐患。公路交通安全设施的总体设计应符合公路总体设计的要求。

3.6.2 对影响公路土建工程和服务设施、管理设施设计方案的交通安全设施,应根据设计工序的要求,由交通安全设施设计单位提出相关设计标准、方案或要求。

3.6.3 在交通安全设施平面布设图上,应标示出沿线公路监控外场设备、照明灯柱等管理设施和服务设施等的设置位置。各类设施相互遮挡时,应予以调整,或同杆设置。

3.6.4 应根据现行《公路交通工程及沿线设施设计通用规范》(JTG D80)的规定,明确交通安全设施与公路土建工程和服务设施、管理设施之间的设计界面。

～ JTG B01—2014 ～

10.1.5 对于改扩建工程,交通工程及沿线设施应配合公路主体工程的改扩建方案,提供配套的交通工程及沿线设施的设计和施工组织方案。

第10.1.5条对照规范

> **《高速公路交通工程及沿线设施设计通用规范》**(JTG D80—2006)

1.0.8 高速公路交通工程及沿线设施应与主体工程同步规划、设计、施工,其中管理设施的监控系统、收费系统、通信系统、配电、照明、房屋建筑等,可根据交通量增长及路网发展状况采取"总体规划、一次设计、分期实施"的原则做出分期修建设计,但与主体工程相关的基础工程、管道等应在主体工程实施时一并预留或预埋。各系统的分期设计方案应充分考虑到未来科技进步的影响。

4.1.3 交通工程及沿线设施的交通安全设施、服务设施、管理设施除应保持其各自特性和相对独立外,还应相互匹配、互联互动,并可扩展联网管理,使之成为统一、协调、完整的系统工程。

4.2.3 根据交通量和项目所在地区的社会、经济条件,合理确定建设规模,处理好近期与远期的关系,使交通工程及沿线设施得以充分利用,实现公路建设的可持续发展。

4.2.6 根据高速公路所处路网的位置及沿线城镇分布,分层次拟定指示、指路标志的设置方案;结合高速公路平、纵、横面设计及其路段、构造物所处的地理位置、自然环境等情况,拟定交通安全设施的设置原则、路侧与桥梁护栏的防撞等级、应急处理方案与措施。

4.2.7 服务设施的布设除应符合本项目的需要和间距规定外,还应考虑高速公路联网后对驾乘者和车辆服务的需求,拟定服务设施的合理位置及其间距。

4.2.8 管理设施的设计应以实施联网管理为目标,注重对交通流数据的采集、处理、决策与发布,逐步实现公路信息化、决策科学化。

4.2.9 根据高速公路的设计交通量,拟定交通工程及沿线设施分期实施原则,划定征地范围,确定预留项目、管道预埋等方案。

> 《公路交通安全设施设计规范》(JTG D81—2017)

1.0.6 新建公路交通安全设施设计宜考虑公路运营养护因素的影响。改扩建公路交通安全设施设计应在对既有公路开展调查与综合分析的基础上,结合改扩建后的公路、交通、环境条件进行,对既有设施应合理利用并加以完善。

3.3.2 公路改扩建项目应提出既有交通安全设施再利用、临时交通安全设施设置的设计目标。

> 《高速公路改扩建交通工程及沿线设施设计细则》(JTG/T L80—2014)

1.0.4 高速公路改扩建交通工程及沿线设施设计应在对既有公路开展调查与评价的基础上,结合主体工程改扩建方案进行,其总体设计应与主体工程的总体设计同步进行。

4.0.1 高速公路改扩建交通工程及沿线设施的总体设计应根据对既有公路调查与评价的结论,并结合主体工程改扩建方案进行。

4.0.2 总体设计应与主体工程的总体设计同步进行,应包括交通工程及沿线设施改扩建的主要方案及方案比选、结合项目特点针对交通安全和节能环保等目标拟采取的具体应对措施、既有设施再利用方案、临时交通工程及沿线设施的设计内容及主要方案、交通工程及沿线设施的造价测算等。

4.0.3 制订交通工程及沿线设施的总体设计方案时,应综合考虑主体工程的设计方案、既有公路的安全性评价结果和改扩建交通组织方案等因素。交通工程及沿线设施的设计指标不宜低于相同技术标准的新建高速公路。

10.2 交通安全设施

10.2.1 交通安全设施包括交通标志、标线、护栏、视线诱导设施、隔离栅、防落网、防眩设施、防风栅、防雪(沙)栅、积雪标杆等。

第 10.2.1 条对照规范

> 《小交通量农村公路工程技术标准》(JTG 2111—2019)

11.1.1 交通安全设施主要包括交通标志、交通标线、护栏、视线诱导设施和其他交通安全设施等。

▶《公路交通安全设施设计规范》(JTG D81—2017)

1.0.3 公路交通安全设施设计内容包括交通标志、交通标线(含突起路标)、护栏和栏杆、视线诱导设施、隔离栅、防落网、防眩设施、避险车道和其他交通安全设施(含防风栅、防雪栅、积雪标杆、限高架、减速丘和凸面镜)等。

JTG B01—2014

10.2.2 交通安全设施应根据公路功能、交通组成、公路环境、运营条件等设置，以满足交通安全管理与服务的需求。

10.2.3 公路应设置完善的交通标志和标线，并应符合下列规定：

  1 交通标志、标线应总体布局、合理设置，重要信息应重复设置或连续设置。

  2 交通标志的位置应保证其视认性，与其他标志或设施不应相互遮挡。

  3 交通标志与标线应根据实际需求配合使用，应互为补充、含义一致，并与其他设施相协调。

条文说明

  理想的公路条件、交通条件、环境条件是保证交通安全出行的三大因素，公路交通标志的设置反映了上述条件的真实信息。公路交通标志是以不熟悉周边路网体系但对行驶路线有一定规划的公路使用者为对象，综合考虑周边路网与公路技术等级、交通量、交通组成、设计速度、气象和环境条件等因素，根据公路的功能、驾驶员的行为特征和交通标志的类型，合理设置。

  交通标志的信息内容根据行动点的距离需要逐级转递，通过重复设置或连续设置的方式加强公路使用者对信息的认知。如互通式立交出入口指引系列标志信息通过逐级指引，具备一定的连续性。同一位置的标志信息内容，信息量太大，会影响辨认效果和行车安全，所以内容需要甄选，为正常速度行驶的公路使用者提供容易识别和理解的信息。

  调研中，关于平面交叉口的安全问题，各地反映比较强烈，主要是认为平面交叉口的物理渠化和安全设施设置不够完善,无信号设置,路权优先指示(停车让行标志、减速让行标志)不明确或者缺乏等。因此,平面交叉口的标志要结合平面交叉口的交通渠化,考虑相交公路的路权分配和地点名称信息,设置完整的警告、禁令、指示、指路标志和必要信号灯、警示灯等设施。

标志视认性主要是指标志文字及符号的可见性和易读性,就版面内容而言,包括了字体、高宽比、笔画粗细、字频、间隔、行距、符号的轮廓大小等。因此交通标志一般设置在车辆行驶方向驾驶员最容易看到的位置,如设置在行车方向右侧、左侧和行车道上方。不同标志设置时要协调前后标志之间的位置,避免相互遮挡。标志设置路段有监控设施、照明设施时,也要协调相互位置,避免被遮挡。多车道公路标志设置时,还要考虑内侧车道被外侧车道大型车辆遮挡的情况,在行车道内侧或上方采用门架式的支撑结构增设必要的标志。

第10.2.3条对照规范

> **《小交通量农村公路工程技术标准》**(JTG 2111—2019)

11.2.1 交通标志设置应符合下列规定:

1 交通标志应满足现行《道路交通标志和标线》(GB 5768)对标志颜色、图案和形状的要求。

2 交通标志设置应总体布局、突出重点、合理设置。

3 急弯、陡坡、连续弯道、村镇、学校、隧道等路段应根据需求设置相应的交通标志。

4 四级公路(Ⅰ类)、四级公路(Ⅱ类)与三级及以上公路交叉的非灯控平交口,应在四级公路(Ⅰ类)、四级公路(Ⅱ类)上设置停车让行标志。

11.2.2 交通标志结构形式及标志材料应符合下列规定:

1 交通标志结构形式宜采用单柱式。

2 交通标志可采用非金属材料或再生材料。

3 在满足视认性时,交通标志可利用路侧山体岩石、木板、砖砌体等结构设置。

> **《公路交通安全设施设计规范》**(JTG D81—2017)

4.1.1 交通标志的分类、颜色、形状、线条、字符、图形、尺寸和设置等,应符合现行

《道路交通标志和标线》(GB 5768)的规定。

4.1.3 交通标志的设计应从便于驾驶人清晰辨识、正确理解、快速反应的角度出发,综合考虑公路功能、技术等级、路网布局、交通条件、环境条件、公路使用者及交通管理需求等因素,合理选择设置参数,科学确定设置方案。

4.1.4 交通标志的设计应考虑路网、路线和路段不同层面的信息需求,采用总体布局、逐层推进、重点设置的方法。

4.2.2 交通标志应针对具体路段情况,在交通安全综合分析的基础上进行系统布局和综合设置,与路段的实际交通运行状况相匹配。同一位置的交通标志数量不宜过多,交通标志之间不得相互矛盾。

4.2.10 除特殊情况外,交通标志应设置在公路前进方向的车行道上方或右侧,其他位置的交通标志应仅视为正常位置的补充。交通标志设置具体位置应符合现行《道路交通标志和标线》(GB 5768)的规定,对于单向车道数大于或等于三条、交通量较大、大型车辆较多、视认条件不良等设置条件,应根据交通工程原理对交通标志的具体设置位置进行计算论证。

5.1.1 交通标线的分类、颜色、形状、字符、图形、尺寸,应符合现行《道路交通标志和标线》(GB 5768)和《公路交通标志和标线设置规范》(JTG D82)的规定。公路交通标线颜色的色度性能应符合现行《道路交通标线质量要求和检测方法》(GB/T 16311)的规定。

5.1.2 公路交通标线的设置应满足下列要求:
    1 交通标线的设置应与交通组织及交通运行情况相匹配。
    2 交通标线应与公路几何设计相协调。
    3 交通标线应与交通标志等其他设施配合使用。

5.1.4 交通标线应采用反光标线,在交通标线正常使用年限内,交通标线的逆反射亮度系数应满足夜间视认性要求。突起路标与标线涂料配合使用时,应选用定向反光型,其颜色应与标线颜色一致。设置于对向车行道分界线、隧道内的突起路标,应采用双向反光型。

➢《公路交通标志和标线设置规范》(JTG D82—2009)

1.0.3 采用分段建设的同一条公路采用的交通标志和标线的设置原则和标准应保持一致。

1.0.4 公路交通标志和标线应结合周边路网、交通、社会环境和自然环境条件设置,并与其他设施相协调。交通标志和标线应根据实际需求配合使用,其含义应相互协调,并利于公路使用者的视认。

2.1.2 公路交通标志和标线的设置,应以不熟悉周围路网体系的公路使用者为设计对象,为其提供清晰、明确、简洁的信息,并使其具有足够的发现、认读和反应时间。

2.1.3 公路交通标志和标线应在路网分析的基础上,综合考虑公路条件、交通条件、气象和环境条件等因素,根据各种交通标志和标线的功能、驾驶人的行为特征和交通管理的需要进行设置。

2.1.4 公路交通标志和标线与城镇交通标志和标线,应相互协调。

2.1.5 交通标志和标线所提供的信息,应全部与交通管理和服务有关。

2.1.6 交通标志和标线设置条件发生变化时,应及时更换或去除。

2.1.7 交通标志的设置应全面、系统、连续、均衡,避免信息过载、信息不足或内容相互矛盾、有歧义。

2.1.8 连续设置的纵向或横向交通标线,应根据需要每隔10~15m设置排水缝;其他标线有可能阻水时,应沿排水方向设置排水缝。排水缝宽度可为3~5cm。

2.1.9 新建公路开放交通时,应根据规定设置交通标志和标线。施工或养护期间,如开放交通,应设置临时交通标志和标线。工程结束后,应及时撤除不再发挥作用的交通标志和标线。

JTG B01—2014

10.2.4 公路路侧护栏设置应符合下列规定:

1 公路路侧净区的宽度不足时,应按护栏设置原则确定是否设置护栏。

2 桥梁与高路堤路段必须设置路侧护栏。

3 路侧有悬崖、深谷、深沟、江河湖泊等路段应设置路侧护栏。

4 高速公路和作为干线的一级公路,整体式断面中间带宽度小于或等于12m时,必须连续设置中央分隔带护栏。

5 应根据车辆驶出路外可能造成的伤害程度,结合公路设计速度、几何指标、交通量、交通组成等因素合理确定护栏防护等级。

6 不同形式的护栏相接时应进行过渡设计。

条文说明

1~3 公路路侧净区的宽度与公路的交通量、运行速度、平曲线半径和路基边坡坡度有关。公路路侧净区的宽度不满足安全要求,净区范围内有无法移除的障碍物时,应按护栏设置原则确定是否设置护栏。《公路护栏安全性能评价标准》(JTG B05-01—2013)将护栏的防护等级分为八级。各等级公路进行公路护栏的设计时需根据路侧危险程度选择相应的防护等级。当路线采用最小值或低限的技术指标时,完善安全及防护设施。在急弯、陡坡、连续下坡、视距不良、路侧险要、桥梁、高路堤、悬崖、深谷、深沟、江河湖泊等路段,结合路侧安全净区情况设置相应防护等级护栏。

4 为防止车辆穿越中央分隔带闯入对向车道,减少二次事故,需要设置中央分隔带护栏。调研中部分省份对于小于12m的中央带,采取低于主线的路基形式,并采用铺设沙砾、植草树等缓冲设施,使车辆驶入后能陷入、阻挡并停驶。如果这种方式经论证、实验后能够满足阻止车辆越过中央分隔带驶向对向车道时,也可以采用。

6 经调研,中央分隔带开口处的活动护栏、不同等级和形式的护栏过渡段以及护栏的端头部位的事故率较高,主要是因为这些路段的防护等级不能满足一定的防撞要求。

第10.2.4条对照规范

> 《小交通量农村公路工程技术标准》(JTG 2111—2019)

11.4.2 桥梁段应设置护栏,防护等级不应低于二(B)级。

11.4.3 行车道外侧3m内有下列情况时,应设置护栏,防护等级不应低于一(C)级:

1 深度30m以上的悬崖、深谷、深沟等的路段;
2 江、河、湖、海、沼泽等水深1.5m以上水域;
3 小半径曲线外侧3m内或填方段坡底有居民房屋的路段。

11.4.4 行车道外侧3m内有下列情况时,宜设置护栏,防护等级不应低于一(C)级:

1 边坡坡度陡于1:1,且填方大于4m的路段;
2 急弯或连续下坡路段小半径曲线外侧,且填方大于4m的路段。

11.4.6 护栏的设置位置应符合下列规定:

1 路侧护栏宜设置在路肩上,可设置在等于或缓于1:6的边坡上。路肩宽度不足,且边坡陡于 1:4 时,应对路肩进行加宽。

2 特殊情况下,也可设置于坡度在 1:4~1:6 的边坡上,设置时应保持护栏在路面以上的高度不变,护栏迎撞面与路肩外边缘间水平距离应小于 0.75m,并应保证护栏结构外侧的土压力,护栏迎撞面前的边坡应平整、没有突起部分。

➤ 《高速公路交通工程及沿线设施设计通用规范》(JTG D80—2006)

5.1.4 路侧安全距离不足或车辆偏离驶出边缘车道,会危及驾乘者及其车辆安全或第三方安全时,应在路侧或中间带设置护栏。

➤ 《公路交通安全设施设计规范》(JTG D81—2017)

6.1.1 公路路侧或中央分隔带应通过保障合理的净区宽度来降低车辆驶出路外或驶入对向车行道事故的严重程度。净区宽度计算方法应符合本规范附录 A 的规定。计算净区宽度得不到满足时,应按护栏设置原则进行安全处理。

6.1.2 护栏设计应体现宽容设计、适度防护的理念。

6.2.4 路侧计算净区宽度范围内有下列情况时,事故严重程度等级为中,应设置护栏:

1 二级及二级以上公路边坡坡度和路堤高度在图 6.2.4 的 I 区、II 区阴影范围之内的路段,三级、四级公路路侧有深度 30m 以上的悬崖、深谷、深沟等的路段;

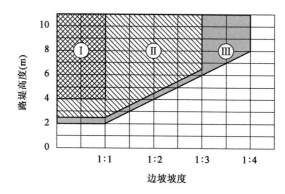

图 6.2.4 边坡坡度、路堤高度与设置护栏的关系

2 有江、河、湖、海、沼泽等水深 1.5m 以上水域的路段;

3 有 I 级铁路、一级公路等;

4 高速公路、一级公路路外设有车辆不能安全越过的照明灯、摄像机、交通标志、声屏障、上跨桥梁的桥墩或桥台、隧道入口处的检修道或洞门等设施的路段。

6.2.6 高速公路和作为干线的一级公路,整体式断面中间带宽度小于或等于

12m,或者 12m 宽度范围内有障碍物时,必须设置中央分隔带护栏。中央分隔带事故严重程度可根据下列条件确定:

1 中央分隔带宽度小于 2.5m 且采用整体式护栏形式时,事故严重程度等级为高。

2 符合下列条件时,事故严重程度等级为中:

1)对双向 6 车道高速公路,或未设置左侧硬路肩的双向 8 车道及以上高速公路,中央分隔带宽度小于 2.5m 并采用分设式护栏形式,同时中央分隔带内设有车辆不能安全穿越的障碍物的路段。

2)对双向 6 车道及以上一级公路,中央分隔带宽度小于 2.5m 并采用分设式护栏形式,同时中央分隔带内设有车辆不能安全穿越的障碍物的路段。

3 不符合本条第 1、2 款规定的条件时,事故严重程度为低。

6.2.10 设置路基护栏的防护等级应符合表 6.2.10 的规定。

表 6.2.10 路基护栏防护等级的选取

公路等级	设计速度 (km/h)	事故严重程度等级		
		低	中	高
高速公路	120	三(A、Am)级	四(SB、SBm)级	六(SS、SSm)级
	100、80			五(SA、SAm)级
一级公路	60	二(B、Bm)级	三(A、Am)级	四(SB、SBm)级
二级公路	80、60		三(A)级	
三级公路、 四级公路	40	一(C)级	二(B)级	三(A)级
	30、20		一(C)级	二(B)级

注:括号内为护栏防护等级的代码。

6.2.11 存在下列情况时,导致事故发生可能性增加或后果更严重的路段,宜在表 6.2.10 的防护等级上提高 1 个等级:

1 二级及二级以上公路纵坡等于或接近于现行《公路工程技术标准》(JTG B01)规定的最大纵坡值的下坡路段;二级及二级以上公路圆曲线半径等于或接近于现行《公路工程技术标准》(JTG B01)规定的最小半径的路段外侧。

2 设计交通量中,总质量大于或等于 25t 的车辆自然数所占比例大于 20% 时。

6.2.12 年平均日设计交通量(AADT)小于 2 000 辆小客车且设计速度小于或等于 60km/h 的公路,宜进行交通安全及经济综合分析,确定是否设置护栏及护栏的防护等级。需要设置护栏时,其防护等级可在表 6.2.10 的基础上降低 1 个等级,但最小不得低于一(C)级。

6.2.14 不同防护等级或不同结构形式的护栏之间连接时,应进行过渡段设计。

护栏过渡段的防护等级应不低于所连接护栏中较低的防护等级。

6.2.15 高速公路、一级公路及作为干线的二级公路的隧道出入口等位置,护栏应进行过渡段设计;作为集散的二级公路及三级、四级公路的隧道出入口等位置,护栏宜进行过渡段设计。

6.3.1 桥梁护栏和栏杆设置应遵循下列原则:

1 各等级公路桥梁必须设置路侧护栏。

2 高速公路、作为次要干线的一级公路桥梁必须设置中央分隔带护栏,作为主要集散的一级公路桥梁应设置中央分隔带护栏。

3 设计速度小于或等于60km/h的公路桥梁设置人行道(自行车道)时,可通过路缘石将人行道(自行车道)和车行道进行分离;设计速度大于60km/h的公路桥梁设置人行道(自行车道)时,应通过桥梁护栏将人行道(自行车道)与车行道进行隔离。

6.3.2 根据车辆驶出桥外或进入对向车行道可能造成的事故严重程度等级,应按表6.3.2的规定选取桥梁护栏的防护等级,并应符合下列规定:

1 二级及二级以上公路小桥、通道、明涵的护栏防护等级宜与相邻的路基护栏相同。

2 公路桥梁采用整体式上部结构时,中央分隔带护栏的防护等级可按路基中央分隔带护栏的条件来确定。

3 因桥梁线形、桥梁高度、交通量、车辆构成、运行速度或其他不利现场条件等因素易造成更严重碰撞后果的路段,经综合论证,可在表6.3.2的基础上提高1个或以上等级。其中,跨越大型饮用水水源一级保护区和高速铁路的桥梁以及特大悬索桥、斜拉桥等缆索承重桥梁,防护等级宜采用八(HA)级。

表6.3.2 桥梁护栏防护等级的选取

公路等级	设计速度 (km/h)	车辆驶出桥外或进入对向车行道的事故严重程度等级	
		高:跨越公路、铁路或饮用水水源一级保护区等路段的桥梁	中:其他桥梁
高速公路	120	六(SS、SSm)级	五(SA、SAm)级
一级公路	100、80	五(SA、SAm)级	四(SB、SBm)级
	60	四(SB、SBm)级	三(A、Am)级
二级公路	80、60	四(SB)级	三(A)级
三级公路	40、30	三(A)级	二(B)级
四级公路	20		

注:括号内为护栏防护等级的代码。

6.3.8 当桥梁护栏与路基护栏的结构形式不同时,应进行过渡段设计。相邻路基未设置护栏时,桥梁护栏应进行端部处理。

6.3.9 高速公路、一级公路及作为干线的二级公路的桥梁与隧道衔接处,桥梁护栏应进行过渡段设计;作为集散的二级公路及三级、四级公路的桥梁与隧道衔接处,桥梁护栏宜进行过渡段设计。

6.4.1 中央分隔带开口护栏设置应遵循下列原则:

  1 高速公路的中央分隔带开口必须设置中央分隔带开口护栏。

  2 作为次要干线的一级公路在禁止车辆掉头的中央分隔带开口处可设置中央分隔带开口护栏。

  3 中央分隔带开口护栏宜设置在中央分隔带开口处的公路中心线位置,设置长度应能有效封闭中央分隔带开口。

  4 中央分隔带开口护栏的高度应与中央分隔带护栏的高度协调一致。

  5 中央分隔带开口护栏上部应设置轮廓标或反射体,颜色和设置高度宜与中央分隔带保持一致。

  6 位于有防眩要求路段的中央分隔带开口护栏上宜设置防眩设施。

6.4.2 中央分隔带开口护栏防护等级宜与相邻路段保持一致。线形良好路段经论证可低于相邻路段1~2个等级,但高速公路中央分隔带开口护栏不得低于三(Am)级。

6.5.2 防撞端头、防撞垫的防护等级如表6.5.2所示,应根据公路的设计速度选取。因运行速度、交通量等因素易造成更严重碰撞后果的路段,应结合实际防护需求提高防撞端头、防撞垫的防护等级。

表6.5.2 护栏防撞端头和防撞垫防护等级适用条件

设计速度(km/h)	设计防护速度(km/h)	防 护 等 级
120	100	三(TS)级
100	80	二(TA)级
80	60	一(TB)级

注:1. 括号内为护栏端头防护等级的代码。
  2. 设计速度为60km/h的公路上游端头可根据实际情况确定是否设置防撞端头。

10.2.5 轮廓标的设置应符合下列规定:

  1 高速公路、一级公路的主线及其互通式立体交叉,服务区、停车区等处的进出匝道、连接道、中央分隔带开口以及避险车道等应连续设置轮廓标。

2 二级及二级以下公路的视距不良路段、车道数或车道宽度有变化的路段及连续急弯陡坡路段宜设置轮廓标,其他路段视需要可设置轮廓标。

3 隧道内应设置轮廓标。

条文说明

视线诱导设施可分为轮廓标、分合流诱导标、线形诱导标三种。轮廓标以指示公路线形轮廓为主要目标,诱导驾驶员视线,使行车更安全、舒适。轮廓标设置于一般路边。隧道内一般设置在隧道壁和检修道顶部。

第10.2.5条对照规范

➢ 《小交通量农村公路工程技术标准》(JTG 2111—2019)

11.5.2 隧道内应设置轮廓标。视距不良路段、车道数或车道宽度有变化的路段、急弯路段及连续急弯陡坡等路段,宜设置轮廓标。

➢ 《高速公路交通工程及沿线设施设计通用规范》(JTG D80—2006)

5.4.1 高速公路主线、出入口、匝道以及线形变化较大的路段,应视需要设置轮廓标、分流或合流诱导标、线形诱导标等视线诱导标。

5.4.2 高速公路主线应连续设置轮廓标,轮廓标的设置间距最大为50m。

主线为曲线的路段或匝道处,轮廓标的间距不应大于表5.4.2规定。

表5.4.2 曲线路段、匝道处轮廓标间距

圆曲线半径(m)	<90	90~≤180	180~≤275	275~≤375	375~≤1 000	1 000~<2 000	≥2 000
间距(m)	8	12	16	24	32	40	48

主线路基宽度变化处以及傍山、临河等路段,轮廓标应适当加密。

➢ 《公路交通安全设施设计规范》(JTG D81—2017)

7.2.1 轮廓标的设置应符合下列规定:

1 高速公路、一级公路的主线及其互通式立体交叉、服务区、停车区等处的进出匝道和连接道及避险车道应全线连续设置轮廓标,中央分隔带开口路段应连续

设置轮廓标。二级及二级以下公路的视距不良路段、设计速度大于或等于60km/h的路段、车道数或车行道宽度有变化的路段及连续急弯陡坡路段宜设置轮廓标,其他路段视需要可设置轮廓标。

2 隧道侧壁应设置双向轮廓标。隧道内设有高出路面的检修道时,在检修道顶部靠近车行道方向的端部或检修道侧壁应增设轮廓标。

3 轮廓标应在公路前进方向左、右侧对称设置。高速公路、一级公路,按行车方向配置白色反射体的轮廓标应安装于公路右侧,配置黄色反射体的轮廓标应安装于中央分隔带。二级及二级以下公路,按行车方向配置的左右两侧的轮廓标均为白色。避险车道轮廓标颜色为红色。隧道路段、二级及二级以下公路,轮廓标宜设置为双面反光形式。

4 直线路段轮廓标设置间距不应超过50m,曲线路段轮廓标设置间距不应大于表7.2.1的规定。公路路基宽度、车道数量有变化的路段及竖曲线路段,可适当加密轮廓标的间隔。

表7.2.1 曲线路段轮廓标的设置间距

曲线半径(m)	≤89	90~179	180~274	275~374	375~999	1 000~1 999	≥2 000
设置间距(m)	8	12	16	24	32	40	48

5 设置于隧道检修道上的轮廓标应保持同一高度,设置于其他位置的轮廓标反射器中心高度宜为60~75cm。有特殊需要时,经论证可采用其他高度。

6 在设置轮廓标的基础上,可辅助设置其他形式的轮廓显示设施,如在护栏立柱上粘贴反光膜等。

7 安装轮廓标时,反射体应面向交通流,其表面法线应与公路中心线成0°~25°的角度。

8 在线形条件复杂的路段应设置反光性能较高、反射体尺寸较大的轮廓标。

JTG B01—2014

10.2.6 公路隔离栅设置应符合下列规定:

1 高速公路、一级公路需要控制出入的路段两侧宜连续设置,也可利用天然屏障间隔设置。

2 其他公路可根据需要设置。

条文说明

高速公路和需要控制出入的一级公路,专供汽车行驶且车速较高,为防止行人、牲畜误入公路,保证行车安全,需要设置隔离栅禁行封闭,禁止行人、牲畜进入这些公路。天然屏障指公路路侧遇到水渠、池塘、湖泊等天然阻隔或桥梁、隧道等。针对不同方式做出专门的端头围封。

第10.2.6条对照规范

> **《高速公路交通工程及沿线设施设计通用规范》**(JTG D80—2006)

5.5.1 高速公路沿线两侧应连续设置隔离栅。

桥梁、隧道等人工构造物处,或挡土墙高度大于1.5m,或两侧有天然屏障的地段,可不设置隔离栅,但隔离栅与人工构造物或天然屏障相连接处应予以封闭。

> **《公路交通安全设施设计规范》**(JTG D81—2017)

8.2.1 除符合下列条件之一的路段外,高速公路、需要控制出入的一级公路沿线两侧必须连续设置隔离栅,其他公路可根据需要设置:

1 路侧有水面宽度超过6m且深度超过1.5m的水渠、池塘、湖泊等天然屏障的路段;

2 高度大于1.5m的路肩挡土墙或砌石等陡坎的填方路段;

3 桥梁、隧道等构造物,除桥头、洞口需与路基隔离栅连接以外的路段;

4 挖方高度超过20m且坡度大于70°的路段。

8.2.2 隔离栅遇桥梁、通道、车行和人行涵洞时,应在桥头锥坡或端墙处进行围封。

8.2.3 隔离栅遇跨径小于2m的涵洞时可直接跨越,跨越处应进行围封。

8.2.4 隔离栅的中心线可沿公路用地范围界限以内20~50cm处设置。

8.2.5 在进出高速公路、需要控制出入的一级公路的适当位置可设置便于开启的隔离栅活动门。

8.2.6 高速公路、需要控制出入的一级公路在行人、动物无法误入分离式路基内侧中间区域时,可仅在分离式路基外侧设置隔离栅;在行人、动物可误入分离式路基内侧中间区域的条件下,应在分离式路基内侧需要的位置设置隔离栅。分离式路基段遇桥梁、通道、车行和人行涵洞时,应按本规范第8.2.2条的规定处理。

JTG B01—2014

10.2.7 公路防落网设置应符合下列规定:

1 公路跨越铁路、通航河流、交通量较大的其他公路时。

2 公路路堑边坡可能有落石并影响交通安全的路段。

条文说明

防落网包括防落物网和防落石网。防落石网设置时应根据路堑边坡的地质条件和土体、岩石的稳定性,经计算在公路建筑限界内有可能落石并影响安全的路段设置。

第10.2.7条对照规范

> **《公路交通安全设施设计规范》**(JTG D81—2017)

9.2.1 防落物网设置应符合下列要求:

1 上跨饮用水水源保护区、铁路、高速公路、需要控制出入的一级公路的车行或人行构造物两侧均应设置防落物网。

2 公路跨越通航河流、交通量较大的其他公路时,应设置防落物网。

3 需要设置防落物网的桥梁采用分离式结构时,应在桥梁内侧设置防落物网。

4 防落物网应进行防腐和防雷接地处理,防雷接地的电阻应小于10Ω。

5 防落物网的设置范围为下穿铁路、公路等被保护区的宽度(当上跨构造物与公路斜交时,应取斜交宽度)并各向路外延长10~20m,其中上跨铁路的防落物网的设置范围还应符合相关规定。

9.2.2 防落石网设置应符合下列要求:

1 根据路堑边坡的地质条件和土体、岩石的稳定性,在高速公路或一级公路建筑限界内有可能落石,经落石安全性评价对公路行车安全产生影响的路段,应对可能产生落石的危岩进行处理或设置防落石网,二级及二级以下公路有可能落石并影响交通安全的路段,可根据需要设置防落石网。

2 防落石网应充分考虑地形条件、地质条件、危岩分布范围、落石运动途径及与公路工程的相互关系等因素后加以设置。防落石网宜设置在缓坡平台或紧邻公路的坡脚宽缓场地附近,通过数值计算确定落石的冲击动能、弹跳高度和运动速度,并选取满足防护强度和高度要求的防落石网。

> JTG B01—2014

10.2.8 高速公路和一级公路应根据需要设置防眩设施。

条文说明

　　防眩设施主要包括防眩板、防眩网和植树防眩三种形式。设有中央分隔带的公路,夜间交通量较大,行车产生眩光影响对向车道行车时,设置防眩设施可对眩光产生遮挡,提高行车安全和舒适性。

　　一级公路平面交叉口位置设置防眩设施时,容易对转向车辆产生遮挡,导致交叉口的视距不良,因此该处的中央分隔带开口两侧防眩设施的高度可在两侧一定范围内逐步降低,对于设计速度大于或等于80km/h时采用100m长度,设计速度60km/h时采用60m长度,防眩设施由正常高度降至开口处的0高度。

第10.2.8条对照规范

> 《高速公路交通工程及沿线设施设计通用规范》(JTG D80—2006)

5.7.1 防眩板设置条件

　　(1)夜间交通量大或大型车比例较高的直线较长的路段;或中间带宽度等于或小于2m的路段应设置防眩板。

　　(2)中间带宽度等于或大于12m,或上下行车道中心线高差大于2m,或路段有连续照明时,可不设置防眩板。

　　(3)设置防眩板的路段,应验算其停车视距,不满足停车视距规定的路段必须采取相应的技术措施。

　　(4)凹形竖曲线底部设置防眩板时,应适当增加防眩板的高度。

5.7.2 防眩板结构设计应符合表5.7.2规定。

表5.7.2　防眩板结构设计参数

设 计 要 素	直线路段	平、纵线形组合路段
遮 光 角(°)	8	8~15
防眩高度(cm)	160~170	120~180
板宽(cm)	8~25	
间距(cm)	50~100	

5.7.3 条件适宜时,可采用植物防眩,其设置条件可参照防眩板的相关规定。

> 《公路交通安全设施设计规范》(JTG D81—2017)

10.1.2 防眩设施的设置不得影响公路的停车视距。

10.1.3 防眩设施设置应经济合理、因地制宜。

10.2.1 高速公路、一级公路中央分隔带宽度小于9m且符合下列条件之一者,宜设置防眩设施:

1 夜间交通量较大,且设计交通量中,大型货车和大型客车自然交通量之和所占比例大于或等于15%的路段;

2 设置超高的圆曲线路段;

3 凹形竖曲线半径等于或接近于现行《公路工程技术标准》(JTG B01)规定的最小半径值的路段;

4 公路路基横断面为分离式断面,上下车行道高差小于或等于2m时;

5 与相邻公路、铁路或交叉公路、铁路有严重眩光影响的路段;

6 连拱隧道进出口附近。

10.2.2 非控制出入的一级公路平面交叉、中央分隔带开口两侧各100m(设计速度80km/h)或60m(设计速度60km/h)范围内可逐渐降低防眩设施的高度,由正常高度逐步过渡到开口处的0高度,否则不应设置防眩设施。穿村镇路段不宜设置防眩设施。

10.2.3 公路沿线有连续照明设施的路段,可不设置防眩设施。

10.2.4 在干旱地区,中央分隔带宽度小于3m的路段不宜采用植树防眩。

JTG B01—2014

10.2.9 连续长、陡下坡路段设置避险车道时,应设置配套的标志、标线及隔离、防护、缓冲等安全设施。

第10.2.9条对照规范

> **《高速公路交通工程及沿线设施设计通用规范》(JTG D80—2006)**

5.10.1 高速公路可在适当位置设置供急救、消防、管理等特定车辆在紧急状况下使用的紧急出口,为失控车辆提供避险的车道等特殊交通安全设施。

5.10.3 避险车道

连续长陡下坡路段宜结合地形设置避险车道。

> **《公路交通安全设施设计规范》(JTG D81—2017)**

11.1.1 避险车道应设置交通标志、标线、轮廓标等交通安全设施。

11.1.2 高速公路避险车道宜设置照明、监控等管理设施,其他等级公路根据需要可设置照明、监控等管理设施。各等级公路的避险车道应在适当位置设置救援电话告示标志。

11.1.3 避险车道应设置完备的排水系统。

11.2.1 在连续下坡路段,应根据车辆组成、坡度、坡长、平曲线等公路线形和交通特征以及交通事故等因素,在货车因长时间连续制动而制动失效风险高的路段结合路侧环境确定是否设置避险车道以及具体设置位置。

11.2.2 避险车道宜设置在连续下坡路段右侧视距良好、车辆不能安全转弯的主线平曲线之前或路侧人口稠密区之前的路段。避险车道宜沿较小半径的平曲线路段的切线方向,如设置在直线或大半径曲线路段时,避险车道与主线的夹角宜小于5°。

11.2.3 避险车道入口之前宜采用不小于表11.2.3规定的识别视距。条件受限制时,识别视距应大于1.25倍的主线停车视距。

表11.2.3 避险车道入口的识别视距

制动床入口设计速度(km/h)	120	100	80	60
识别视距(m)	350~460	290~380	230~300	170~240

11.2.4 避险车道的设置位置及形式宜结合地形、线形条件确定,设置位置处宜避开桥梁,并应避开隧道。

JTG B01—2014

10.2.10 为集散公路的一级公路,整体式断面中间带应设置隔离设施。

10.2.11 风、雪、沙等危及公路行车安全的路段,应设置防风栅、防雪(沙)栅、积雪标杆等安全设施。

条文说明

防风栅一般设在公路上路侧横风与公路轴线交角大于30°,且设计速度大于或等于80km/h的公路上常年存在风力大于七级路段,或者设计速度小于80km/h的公路上常年存在风力大于八级的路段。

防雪栅一般设在风雪量较大且持续时间长、风向变化不大的路段。积雪标杆一般设在降雪量较大且持续时间长,而且积雪覆盖行车道的公路路段。

第10.2.11条对照规范

➢ **《小交通量农村公路工程技术标准》**(JTG 2111—2019)

11.6.3 积雪影响公路行车安全的路段,可设置积雪标杆。

➢ **《公路交通安全设施设计规范》**(JTG D81—2017)

12.1.1 公路防风栅设计应符合下列规定:
1 受强侧风影响路段,防风栅应与交通标志、交通标线(含彩色防滑标线)等设施统筹考虑。
2 桥梁上设置防风栅时,应对桥梁气动稳定性和桥梁受力进行验证。

12.1.2 公路上路侧横风与公路轴线交角大于30°,且符合下列条件之一时,可在路侧上风侧设置防风栅:
1 设计速度大于或等于80km/h的公路上常年存在风力大于七级的路段;
2 设计速度小于80km/h的公路上常年存在风力大于八级的路段;
3 隧道洞口、垭口、大桥等路段,瞬时风速大于表12.1.2的规定值时。

表12.1.2 行车安全风速

公路设计速度(km/h)	100	80	60	40	20
风速(m/s)	15	17	19	20	20

12.2.1 公路防雪栅设计应符合下列规定:
1 防雪栅设计应有效降低风吹雪对车行道上车辆的不利影响,同时兼顾对公路路基的防护。
2 防雪栅应设置在公路迎风一侧。当地形开阔、积雪量过大、风力很大时,可设置多排防雪栅。

12.2.2 在风吹雪量较大且持续时间长、风向变化不大的路段,可设置固定式防雪栅。在风向多变、风力大、雪量多的路段,可采用移动式防雪栅。

12.3.1 公路积雪标杆设计应符合下列规定:
1 公路积雪标杆宜设置在公路土路肩上,设置位置不得侵入公路建筑限界以内。
2 积雪标杆的设置间距可参考轮廓标的设置间距。

12.3.2 降雪量较大、持续时间长且积雪覆盖车行道的公路路段,可设置积雪标杆。

10.3　服务设施

10.3.1　服务设施包括服务区、停车区和客运汽车停靠站。

10.3.2　服务区、停车区的位置应根据区域路网、建设条件、景观和环保要求等规划和布设。客运汽车停靠站的位置宜根据地区公路交通规划、公路沿线城镇分布、出行需求布设。

条文说明

10.3.1～10.3.2　服务设施是公路交通运输体系的基本组成部分，是体现公路交通文化的窗口。服务设施应依据路网规划、公路服务水平和交通量的增长情况，全省或区域内总体规划，区分功能和规模大小，有重点、分层次地分期建设。

本次修订延续《标准》03版的原则，服务设施包括服务区、停车区和客运汽车停靠站。可结合服务区、停车区的地理位置和人文环境在服务区、停车区内设置观景台。

设置客运汽车停靠站时，还要结合公路项目所在地区的公路运输规划和对公共交通客运路线及停靠站点规划。调研公路运输管理部门的实际需求，避免不适应的情况。

第10.3.2条对照规范

➢《小交通量农村公路工程技术标准》（JTG 2111—2019）

12.2.1　可根据出行需求，结合自然环境、村镇分布等选择布置客运汽车停靠站、小型停车区、服务站等服务设施。

➢《高速公路交通工程及沿线设施设计通用规范》（JTG D80—2006）

6.1.3　服务区、停车区的位置应结合路网规划，相邻高速公路服务设施所提供的服务项目、内容，以及沿线人文景观等条件确定。

6.1.4　公共汽车停靠站可根据沿线城镇分布、出行需求，并结合服务区或互通式立体交叉设置。

10.3.3 服务区设置应符合下列规定：

1 高速公路应设置服务区,作为干线的一、二级公路宜设置服务区。服务区平均间距宜为50km；当沿线城镇分布稀疏,水、电等供给困难时,可增大服务区间距。

2 高速公路服务区应设置停车场、加油站、车辆维修站、公共厕所、室内外休息区、餐饮、商品零售点等设施。根据公路环境和需求可设置人员住宿、车辆加水等设施。

3 作为干线的一、二级公路服务区宜设置停车场、加油站、公共厕所、室外休息点等设施,有条件时可设置餐饮、商品零售点、车辆加水等设施。

条文说明

10.3.3～10.3.4 在关于服务区间距的调研中,不同地域和经济发展水平的省份意见不同。从调研问卷的统计分析来看,有的认为15～30km的服务设施设置间距过密,有59.3%的人认为服务区的合理间距为50km,有56.99%的人认为服务设施之间的合理间距在15～30km。大多数意见基本上与《标准》03版是一致的。

戈壁、荒漠地区人烟稀少,水、电、气资源缺乏；山区高速公路由于地形复杂,服务设施选址困难,满足50km的设置间距非常困难。交通运输部交公路发〔2011〕400号"关于西部沙漠戈壁与草原地区高速公路建设执行技术标准的若干意见"中,也明确规定了"对于交通量较小,供水、供电困难路段,其服务区间距可适当加大。"

《日本高速公路设计要领》(1991年版)规定服务设施之间的标准间距为15km,最大间距为25km；服务区之间标准间距为50km,最大间距为100km；美国的服务设施间距一般为65～80km；德国的高速公路服务站平均52km一处,加油站平均30km一处。

综上所述,规定服务区的基本间距仍为50km,停车区基本间距15～25km,对沿线水、电、气供应困难地区可适当加大。

调研中还有很多省份反映服务区内应提供气象信息、路况信息、互联网接入服务、银行服务等服务。编写组认为宜根据服务区所在的位置节点和沿线服务实际需求由公路建设项目论证确定是否设置这些功能,也鼓励有条件和有需求的公路建设项目设置,以提升公路的服务能力和水平。

第10.3.3条对照规范

> 《高速公路交通工程及沿线设施设计通用规范》(JTG D80—2006)

6.2.1 服务区应设置停车场、公共厕所、加油站、车辆维修、餐饮与小卖部等配套设施。

6.2.2 服务区的平均间距不宜大于50km;最大间距不宜大于60km。

6.2.3 服务区的建筑规模,应根据交通量、交通组成、沿线城镇布局、用地条件等因素确定,其用地、建筑面积不宜超过表6.2.3规定。

表6.2.3 服务区用地和建筑面积

服务设施	用地面积(hm²/处)	建筑面积(m²/处)
服务区	4.000 0 ~ 5.333 3	5 500 ~ 6 500

注:①服务区用地面积不含服务区出入口加减速车道、贯穿车道以及填(挖)方边坡、边沟等的用地。
②四车道高速公路采用下限值,六车道高速公路采用上限值。
③八车道高速公路服务区用地和建筑面积可根据交通量、交通组成等经论证后确定,但分别不宜超过8.000 0hm²/处和8 000m²/处。
④当停车区与服务区共建时,其用地和建筑面积为服务区与停车区规定值之和。

6.2.4 服务区的布设宜采用分离式,可对称布设或非对称布设。地形条件适宜时,亦可采用集中式或其他形式。

6.2.5 服务区内各类设施应按功能分区布置,将为人服务的设施和为车服务的设施以及服务区内的附属设施分开设置。

6.2.6 服务区广场应结合服务主楼、停车场、公共厕所、加油站、维修站等的布设,作交通流线设计。其中人流、车流的路线应明确、简捷、安全。

6.2.7 服务区的停车场的车位数与停车方式,应根据交通量、交通组成设计,应方便停放、进出自如,且充分利用场地。

6.2.8 服务区附属设施的房屋建筑,应根据功能分区、交通流线、停车方式确定其平面布置。服务主楼宜布置在景观、朝向较好的位置,且结合自然环境进行景观设计。

6.2.9 服务区的生活废水等应进行污水处理和综合治理。

JTG B01—2014

10.3.4 停车区设置应符合下列规定：

1 高速公路应设置停车区，作为干线的一、二级公路宜设置停车区。停车区可在服务区之间布设一处或多处，停车区与服务区或停车区之间的间距宜为 15~25km。

2 停车区应设置停车场、公共厕所、室外休息区等设施。

第10.3.4条对照规范

> 《高速公路交通工程及沿线设施设计通用规范》（JTG D80—2006）

6.3.1 停车区应设置停车场、公共厕所、长凳，只给用路者提供最低限度的服务。

6.3.2 停车区可在服务区之间布设一处或多处，其平均间距不宜大于15km；最大间距不宜大于25km。

6.3.3 停车区的布设宜采用分离式，但无须对称布置。

6.3.4 停车区的建筑规模，应根据交通量、交通组成、公路用地条件等因素确定，其用地、建筑面积不宜超过表6.3.4规定。

表6.3.4 停车区用地和建筑面积

服务设施	用地面积(hm^2/处)	公共厕所面积(m^2/处)
停车区	1.0000~1.2000	60~110

注：1. 停车区用地面积不含停车区出入口加减速车道以及填(挖)方边坡、边沟等的用地。
  2. 四车道高速公路宜采用下限值，六、八车道高速公路可采用上限值。

6.3.5 停车区宜结合沿线自然环境、工程条件等布置。有条件时宜结合周围环境、地形条件等，设置在便于眺望大型人工构造物、自然风景的地点，或适合休息的位置。

JTG B01—2014

10.3.5 客运汽车停靠站应设置车辆停靠和乘客候车设施，可与服务区结合设置。

第10.3.5条对照规范

> 《公路路线设计规范》（JTG D20—2017）

13.4.1 高速公路主线侧不应设置客运汽车停靠站。

JTG B01—2014

10.3.6 作为集散的一、二级公路和三、四级公路可根据需要设置加油站、公共厕所及客运汽车停靠站等设施。

条文说明

10.3.5～10.3.6 从调研结果看,各地对一、二级公路服务设施的需求明显,特别是运距较长的公路或旅游公路,对服务设施需求更加突出。一些省份根据实际需求已在这些公路上设置了服务设施,如陕西省公路局针对二级公路上没有服务区,陕北、陕南等很多干线公路如厕难的问题,在国道312、210、316、108等干线公路上,规划、建设了50多个卫生服务区。服务区造型新颖、干净卫生、标志鲜明,大大方便了驾乘人员,丰富了公路内涵。

关于客运汽车停靠站,调研结果表明,浙江、江苏、湖北等经济发达地区,建议结合城乡公交一体化的发展,在等级公路断面中考虑客运汽车停靠站的设置,明确加减速车道及站台长度,并与公路建设同步实施完成。浙江省近几年实施的公路项目均考虑了港湾式客运汽车停靠站,间距不等,位置多靠近村镇附近。调研中普遍认为高速公路主线设置客运汽车停靠站不利于安全、难以管理。目前我国高速公路几乎没有在主线上设置的情况,个别项目虽然有设置,但后期运营中也未使用。因此本次修订不建议在高速公路主线设置客运汽车停靠站。如需设置时,可结合服务区论证设置,也可结合互通式立交和收费站,设置在公路收费站前的连接线上或被交公路上。

第10.3.6条对照规范

➢《小交通量农村公路工程技术标准》(JTG 2111—2019)

12.2.5 服务站内可根据需要选择设置停车场、休息区、加油站、公共厕所等。

➢《高速公路交通工程及沿线设施设计通用规范》(JTG D80—2006)

6.4.1 公共汽车停靠站的布置可根据公路沿线城镇布局、城镇人口、公共交通状况与客流量、自然与地形条件等确定。

6.4.2 公共汽车停靠站宜与服务区、互通式立体交叉合并设置。

独立设置的公共汽车停靠站应结合主线平、纵面设计,确保公共汽车出、入公共汽车停靠站的运行安全,并必须采取相应措施严格保证乘客上、下及等候时的安全。

6.4.3 上、下行线的公共汽车停靠站,应易于识别,相互间的联络必须利用人行通道或设置专用联络通道。公共汽车停靠站必须设置防止乘客等进入高速公路的设施,以确保车辆、人员的安全。

10.4 管理设施

10.4.1 管理设施包括监控、收费、通信、供配电、照明和管理养护等设施,应符合下列规定:

1 高速公路应设置监控、收费、通信、供配电、照明和管理养护设施。其他等级的公路可根据需求设置。

2 监控、收费、通信、供配电、照明和管理养护等设施应根据交通量进行总体设计、分期实施,并据此实施基础工程、地下管线及预留预埋工程等。

条文说明

10.4.1~10.4.2 确定监控设施规模和内容的主要因素有:运营管理、交通量、服务水平、通行能力、交通组成、公路条件、建设投资等多个方面,很难定量描述。本次修订,主要基于我国公路通行能力和服务水平的现有理论基础,根据交通运营管理和交通安全的需要,从功能要求、适应范围等各方面,针对所有公路,将监控设施规模分为 A、B、C、D 四级。A 级主要适用于采用全程监控的高速公路;B 级主要适用于采用分段监控的高速公路;C 级主要适用于作为干线的一、二级公路,采用特殊路段监控或重点区域监控;D 级主要适用于集散公路和支线公路,采用点式监控。这种分类方法,不再以交通流密度指标作为分类依据,而是以公路功能为基础,重点体现交通安全、运营管理以及应急救援三大需求,并与公路等级对应,以便设计过程中执行。

JTG B01—2014

10.4.2 监控设施应符合下列规定：

1 监控设施分为 A、B、C、D 四个等级。

A级：应全线设置视频监视、动态信息发布及交通诱导设施，结合收费站、特大桥、隧道前、互通式立交、服务区等重点或有特殊需求路段，设置交通事件检测、交通量检测、环境信息检测、匝道控制设施。实现全线的全程监控、动态信息发布和交通诱导。

B级：应在收费站、特大桥、互通式立交、服务区等重点或有特殊需求路段，设置视频监视、交通事件检测、交通量检测、环境信息检测、匝道控制、动态信息发布及交通诱导设施。实现全线的重点监控、动态信息发布和交通诱导。

C级：宜在特大桥、服务区、客运汽车停靠站、公路平面交叉口等重点或有特殊需求路段，设置视频监视、交通事件检测、交通量检测、动态信息发布及交通诱导设施。

D级：可在特大桥、加油站、客运汽车停靠站、主要公路平面交叉口等重点或有特殊需求路段，设置交通量检测、现场交通信息提示及交通诱导设施。

2 各等级监控设施的适用范围可依据表10.4.2确定。

表10.4.2 各等级监控设施的适用范围

监控设施等级	适用范围
A	高速公路（全程监控）
B	高速公路（分段监控）
C	干线一级、二级公路
D	集散公路、支线公路

3 当桥梁、隧道设置结构监测、养护监测等设施时，应与路段的监控设施统一规划设计，协调管理。

第10.4.2条对照规范

➤《高速公路交通工程及沿线设施设计通用规范》(JTG D80—2006)

7.3.1　一般规定

(2) A级管理设施的监控系统分类,规定如表7.3.1-1。

表7.3.1-1　监 控 系 统 分 类

分类	A2		A1	
	A22系统配置	A21系统配置	A12系统配置	A11系统配置
适用范围	四、六车道高速公路服务水平一、二级的路段	四、六车道高速公路服务水平达到二级下限的路段	八车道高速公路服务水平一、二级的路段。四、六车道高速公路特大桥、特长隧道等特殊区段	八车道高速公路服务水平达到二级下限的路段。六车道高速公路服务水平低于二级的路段

(3) 监控系统的各项设备的设计交通量应符合表7.3.1-2规定。

表7.3.1-2　监控系统各项设备的设计交通量

设 备 名 称	设计交通量
监控系统机电设备及其外场设备基础	预测的第5年交通量
管道及桥梁、隧道等构造物区段的外场设备基础	预测的第20年交通量

JTG B01—2014

10.4.3　收费设施应符合下列规定:

1　收费设施应与公路设计采用的服务水平相协调。收费广场出口和入口的收费车道数均不应小于2条。新建收费设施应同步建设ETC车道。

2　省界主线收费站宜采用合建方式。

3　收费系统机电设备可按开通后的第15年交通量配置;收费岛、收费广场、地下通道、收费大棚等设施宜按开通后第15年的交通量配置;收费广场用地、站房用地、建筑和土方工程用地应按开通后第20年的交通量实施。

4 客车应采用分车型收费方式,货车宜采用计重收费方式。

条文说明

1 随着交通智能化的发展,ETC 收费是智慧交通发展的需求,也是解决我国收费广场拥堵的最有效手段。ETC 收费系统只有规模化才能发挥其效益。目前,京、津、冀、鲁、晋和沪、苏、浙、皖、赣、闽已实现华北、华东两大地区的 ETC 系统联网,全国除西藏自治区外,所有省份均设置了 ETC 收费系统。交通运输部要求,到 2015 年底实现全国 ETC 系统联网。未来随着技术的发展进步,还会实现多车道自由流的不停车收费系统。因此,本次修订规定新建的收费设施应同步建设 ETC 车道。

2 收费公路跨省建设时,需要设置主线收费站。综合考虑占地、投资和服务等因素,合建主线收费站的方式优于两省各自单独建设全幅主线收费站。合建方式主要有两种模式:一种为两省合建全幅收费广场模式;另一种为省界双方选择合适地点(可能在某一方境内)各建半幅收费广场模式。

3 本次修订,根据我国公路发展现状和趋势,结合我国目前收费广场建设现状和多数省份的实施经验,将收费机电设施的计算交通量调整为与收费土建计算交通量一致。对应收费机电、收费土建和征地收费车道数计算交通量取值年份规定的用词上分别采用了"可"、"宜"、"应",选用时各地区可根据自身的建设现状确定合适的计算年份。一级公路收费车道数的计算中,收费机电设施取值年份宜选用 5 年。

4 从我国对超限超载车辆的治理效果来看,计重收费是限制超载车辆的有效方式。目前,我国除西藏、海南外,其他省份地区均已实现货车计重收费。

第 10.4.3 条对照规范

➢ **《高速公路交通工程及沿线设施设计通用规范》**(JTG D80—2006)

7.4.1 一般规定

(1)收费系统设计应服从公路路网规划,缩短收费服务时间,提高收费服务水平。

(2)收费系统各项设备的设计交通量应符合表 7.4.1 规定。

表 7.4.1　收费系统各项设备的设计交通量

设　备　名　称	设计交通量
收费系统机电设备	预测的第 5 年交通量
收费岛、收费广场、收费车道、路面、地下通道、天棚	预测的第 15 年交通量
收费广场用地、站房房屋、站房区用地、相关土方工程	预测的第 20 年交通量

JTG B01—2014

10.4.4　通信设施应符合下列规定：

1　通信设施应满足监控、收费和管理等业务需求，结合路网统一规划、统一标准、统一体制，提供语音、数据、图像信息服务平台。

2　高速公路的通信管道应按远期规划设计。通信管道敷设容量应综合考虑交通专网需求、社会租赁需求和扩容要求确定。省与省之间应保证一条用于干线联网的通信管道。

条文说明

2　关于管道租赁情况，根据调研结果，各省情况不完全相同。有些地区容量需求多达 18~24 孔，有些地区的管道仅使用了用于基本业务的 2~3 孔，有 50% 以上的空置。因此本次修订不再规定通信管道的数量，宜根据实际的使用需求确定，并保证省与省之间联通。

第 10.4.4 条对照规范

> 《高速公路交通工程及沿线设施设计通用规范》(JTG D80—2006)

7.5.1　一般规定

(1)通信系统应根据高速公路通信网络规划，统一技术标准，统一进网要求，保证已建和在建高速公路通信系统的互联互通。

(2)通信系统应为用路者与管理者提供语音、数据、图像信息交互服务宽带网络平台。

JTG B01—2014

10.4.5 供配电、照明设施应符合下列规定：

1 应根据公路特点、系统规模、负荷性质、用电量、电源条件、电网发展规划，在满足近期要求的同时，兼顾远期发展需要，合理确定外部电源、自备应急电源的供配电系统方案。

2 高压输电线路工程应结合工程特点、规模和远期发展状况，施工临时用电和运营永久性用电相结合实施。

3 收费广场、服务区广场、避险车道、检测点(站)等应设置照明设施，位于城市出入口路段的互通式立体交叉、特大桥、机场高速公路、环城高速公路可设置照明设施。

条文说明

2 以往在公路建设中，施工用电的变配电设施、高压输电线路工程在项目建设完成后大部分进行了拆除甚至废弃，但随后又要重新建设道路营运时需要的变电所或高压输电线路，两个时期的建设需求没有兼顾，重复建设、资源浪费。对公路交通工程及沿线设施在建设和运营时期的用电负荷进行统筹分析，做到"永临结合"是近年多个省份公路建设中推行的措施，能够较好地减少基础设施的重复建设，避免浪费，体现了节约和可持续科学发展理念。本次修订规定，供配电系统、高压输电线路工程应施工临时用电和运营永久性用电相结合实施。

3 调研问卷结果显示,69%的意见认为：公路收费广场、互通式立交、大桥、隧道、避险车道有必要设置照明设施。有65%的意见认为现有收费广场等道路照明开启和关闭时间合理，但控制方式灵活性较差。

从实际工程建设看，多数公路工程基本按照《标准》03版的规定，在公路收费广场、服务区设置照明设施，位于城市出入口路段的互通立体交叉、特大桥设置照明设施。在非城镇化互通立交和特殊大型桥梁中设置照明的项目日益减少。即使设置照明，规模也在不断减小，因为互通立交区和桥梁照明对夜间行车安全的增强作用不大，但却需要投入大量建设资金和运营管理费用。

随着人们对道路运营安全意识的日益提高,公路沿线出现了检测点(站)、避险车道等重要的管理、安全防护和救护类设施,更多的道路使用者希望在这些路段设置照明设施,满足安全方面的需要。另外,机场高速公路、环城高速公路由于靠近城区,夜间交通量较大,在建成的项目中基本上都设置了照明设施。因此本次修订增加了在检测点(站)、紧急避险车道等重要段落设置照明设施的要求,互通立交区、桥梁、机场高速公路、环城高速公路可按经济条件和路网特征慎重选取指标,合理设置照明设施规模。

第10.4.5条对照规范

> 《高速公路交通工程及沿线设施设计通用规范》(JTG D80—2006)

7.6.10 公路收费广场、服务区、管理区等场区应设置照明;城市附近的互通式立体交叉可设置照明。

7.6.11 服务区的停车场宜设置高杆灯照明,照度宜为15~30lx、均匀度应大于0.3。

7.6.12 收费广场车道数大于或等于12时宜设高杆灯照明;小于12时宜设中杆灯照明,其照度宜为20~40lx、均匀度应大于0.4。

7.6.13 收费天棚应设车道照明,照度宜为30~50lx。

JTG B01—2014

10.4.6 管理中心、管理分中心、管理站(所)宜结合公路管理需求设置。

第10.4.6条对照规范

> 《高速公路交通工程及沿线设施设计通用规范》(JTG D80—2006)

7.7.1 管理机构的房屋建筑选址和规模应根据高速公路总体设计、交通量、交通环境、管理机构布局,以及当地建筑、人文、景观等确定。

7.7.2 管理机构的房屋建筑的规模宜按预测的第20年交通量确定。

7.7.3 管理机构中监控、通信系统的用地和建筑面积指标宜符合表 7.7.3 规定。

表 7.7.3 监控、通信系统的用地和建筑面积指标

管理机构类型	用地面积(hm²/处)	建筑面积(m²/处)
监控通信中心	2.0	5 000 ~ 8 000
监控通信分中心	1.333 3 ~ 1.667	3 000 ~ 4 000
监控通信站	0.333 3 ~ 0.667	800 ~ 1 200

注:1. 监控、通信系统房屋建筑的用地为不包含填(挖)方边坡、边沟等的场区用地面积。
　　2. 八车道高速公路监控分中心、通信分中心的用地和建筑面积指标可根据交通量、交通组成等经论证后确定,但分别不应超过 2.500 0hm²/处和 6 000m²/处。
　　3. 八车道高速公路监控所、通信站的用地和建筑面积指标可根据交通量、交通组成等经论证后确定,但分别不应超过 1.200 0hm²/处和 2 000m²/处。

7.7.4 监控、通信中心与监控、通信分中心除设置管理办公楼外,还应根据实际情况设置锅炉房、变配电室、水泵房、传达室、宿舍、食堂、浴室、文体活动用房、车库等。

7.7.5 监控、通信、收费分中心可同收费站合并建设,并充分考虑各功能部分的合并运用。

(1)各级通信中心为有人通信站;收费站、服务区所设通信站为无人通信站。

(2)有人通信站除设置通信机械室外,应根据实际需要配置相应的值班室、休息室及文件资料室等辅助房屋。

7.7.6 收费站的用地和建筑面积指标宜符合表 7.7.6 规定。

表 7.7.6 收费站用地和建筑面积指标

收费站类型	用地面积(hm²/座)	建筑面积(m²/座)
主线收费站	0.866 7 ~ 1.000 0	1 500 ~ 1 700
匝道收费站	0.333 3 ~ 0.466 7	800 ~ 1 000

注:1. 表中用地面积和建筑面积指标:主线收费站系按 12 条车道;匝道收费站系按 6 条车道计算之值。收费车道数每增加或减少 1 条时,用地面积指标应相应增加或减少 0.041 7 ~ 0.466 7hm², 建筑面积指标应相应增加或减少 100m²。
　　2. 表中用地面积为不包含填(挖)方边坡、边沟等的场区用地面积。
　　3. 八车道高速公路主线收费站的用地和建筑面积指标可根据交通量、交通组成等经论证后确定,但分别不应超过 1.500 0hm²/座和 2 000m²/座。
　　4. 八车道高速公路匝道收费站的用地和建筑面积指标可根据交通量、交通组成等经论证后确定,但分别不应超过 0.600 0hm²/座和 1 200m²/座。

7.7.7 收费站房屋建筑应包括:收费天棚、收费主楼以及供水、供暖、供电、食宿等附属用房,必要时还可另设停车场及车库。

7.7.8 收费站主体建筑为收费主楼,宜靠近收费广场,应有好的朝向。监控室的室内净高不应低于3.0m。

❧ JTG B01—2014 ❧

10.4.7 养护设施应根据公路养护业务需求设置养护工区和道班房。高速公路宜设置养护工区,其他等级公路宜设置道班房。

第10.4.7条对照规范

➢ 《高速公路交通工程及沿线设施设计通用规范》(JTG D80—2006)

7.7.9 养护工区应能满足高速公路养护和维修的要求,宜每40~50km设置一处,也可与监控通信分中心或收费站合建。合建时,除建筑风格应保持一致外,各功能分区应保持相对独立。

❧ JTG B01—2014 ❧

10.4.8 公路管理养护管理设施宜结合地形和业务范围选址合建。

10.4.9 公路管理房屋建筑应布局合理、经济适用、环保节能,与周围环境相协调。房屋建筑规模宜根据设计交通量确定。

附录 A 公路服务水平分级

A.0.1 本次修订依据专题研究成果,采用 v/C 值来衡量拥挤程度,作为评价服务水平的主要指标,同时采用小客车实际行驶速度与自由流速度之差作为次要评价指标,将服务水平分为六级,分别代表一定运行条件下驾驶员的感受。具体的服务水平划分如表 A.0.1-1～表 A.0.1-3 所示。

表 A.0.1-1 高速公路路段服务水平分级

服务水平等级	v/C 值	设计速度(km/h)		
		120	100	80
		最大服务交通量 [pcu/(h·ln)]	最大服务交通量 [pcu/(h·ln)]	最大服务交通量 [pcu/(h·ln)]
一	$v/C \leq 0.35$	750	730	700
二	$0.35 < v/C \leq 0.55$	1 200	1 150	1 100
三	$0.55 < v/C \leq 0.75$	1 650	1 600	1 500
四	$0.75 < v/C \leq 0.90$	1 980	1 850	1 800
五	$0.90 < v/C \leq 1.00$	2 200	2 100	2 000
六	$v/C > 1.00$	0～2 200	0～2 100	0～2 000

注:v/C 是在基准条件下,最大服务交通量与基准通行能力之比。基准通行能力是五级服务水平条件下对应的最大小时交通量。

表 A.0.1-2 一级公路路段服务水平分级

服务水平等级	v/C 值	设计速度(km/h)		
		100	80	60
		最大服务交通量 [pcu/(h·ln)]	最大服务交通量 [pcu/(h·ln)]	最大服务交通量 [pcu/(h·ln)]
一	$v/C \leq 0.3$	600	550	480
二	$0.3 < v/C \leq 0.5$	1 000	900	800
三	$0.5 < v/C \leq 0.7$	1 400	1 250	1 100

续上表

服务水平等级	v/C 值	设计速度(km/h)		
		100	80	60
		最大服务交通量 [pcu/(h·ln)]	最大服务交通量 [pcu/(h·ln)]	最大服务交通量 [pcu/(h·ln)]
四	0.7<v/C≤0.9	1 800	1 600	1 450
五	0.9<v/C≤1.0	2 000	1 800	1 600
六	v/C>1.0	0~2 000	0~1 800	0~1 600

注：v/C 是在基准条件下，最大服务交通量与基准通行能力之比。基准通行能力是五级服务水平条件下对应的最大小时交通量。

表 A.0.1-3　二、三、四级公路路段服务水平分级

服务水平	延误率(%)	设计速度(km/h)										
		80				60				≤40		
		速度(km/h)	v/C			速度(km/h)	v/C			速度(km/h)	v/C		
			禁止超车区(%)				禁止超车区(%)				禁止超车区(%)		
			<30	30~70	≥70		<30	30~70	≥70		<30	30~70	≥70
一	≤35	≥76	0.15	0.13	0.12	≥58	0.15	0.13	0.11	≥48	0.14	0.12	0.10
二	≤50	≥72	0.27	0.24	0.22	≥56	0.26	0.22	0.20		0.25	0.19	0.15
三	≤65	≥67	0.40	0.34	0.31	≥54	0.38	0.32	0.28		0.37	0.25	0.20
四	≤80	≥58	0.64	0.60	0.57	≥48	0.58	0.48	0.43		0.54	0.42	0.35
五	≤90	≥48	1.00	1.00	1.00	≥40	1.00	1.00	1.00		1.00	1.00	1.00
六	>90	<48	—	—	—	<40	—	—	—		—	—	—

注：1. 设计速度为 80km/h、60km/h 和 40km/h 时，路面宽度为 9m 的双车道公路，其基准通行能力分别为：2 800pcu/h、2 500pcu/h 和 2 400pcu/h。

2. v/C 是在基准条件下，最大服务交通量与基准通行能力之比。基准通行能力是五级服务水平条件下对应的最大小时交通量。

3. 延误率为车头时距小于或等于 5s 的车辆数占总交通量的百分比。

根据交通流状态，各级服务水平分定性描述如下：

1　一级服务水平，交通流处于完全自由流状态。交通量小，速度高，行车密度小，驾驶员能自由地按照自己的意愿选择所需速度，行驶车辆不受或基本不受交通流中其他车辆的影响。在交通流内驾驶的自由度很大，为驾驶员、乘客或行人提供的舒适度和方便性非常优越。较小的交通事故或行车障碍的影响容易消除，在事故路段不会产生停滞

排队现象,很快就能恢复到一级服务水平。

2 二级服务水平,交通流状态处于相对自由流的状态,驾驶员基本上可按照自己的意愿选择行驶速度,但是开始要注意到交通流内有其他使用者,驾驶人员身心舒适水平很高,较小交通事故或行车障碍的影响容易消除,在事故路段的运行服务情况比一级差些。

3 三级服务水平,交通流状态处于稳定流的上半段,车辆间的相互影响变大,选择速度受到其他车辆的影响,变换车道时驾驶员要格外小心,较小交通事故仍能消除,但事故发生路段的服务质量大大降低,严重的阻塞后面形成排队车流,驾驶员心情紧张。

4 四级服务水平,交通流处于稳定流范围下限,但是车辆运行明显地受到交通流内其他车辆的相互影响,速度和驾驶的自由度受到明显限制。交通量稍有增加就会导致服务水平的显著降低,驾驶人员身心舒适水平降低,即使较小的交通事故也难以消除,会形成很长的排队车流。

5 五级服务水平,为交通流拥堵流的上半段,其下是达到最大通行能力时的运行状态。对于交通流的任何干扰,例如车流从匝道驶入或车辆变换车道,都会在交通流中产生一个干扰波,交通流不能消除它,任何交通事故都会形成长长的排队车流,车流行驶灵活性极端受限,驾驶人员身心舒适水平很差。

6 六级服务水平,是拥堵流的下半段,是通常意义上的强制流或阻塞流。这一服务水平下,交通设施的交通需求超过其允许的通过量,车流排队行驶,队列中的车辆出现停停走走现象,运行状态极不稳定,可能在不同交通流状态间发生突变。

附录 B 货车停车视距、识别视距

B.0.1 货车停车视距

停车视距和货车停车视距对照如表 B.0.1-1、表 B.0.1-2 所示。

表 B.0.1-1 高速公路、一级公路停车视距和货车停车视距

设计速度(km/h)	120	100	80	60
停车视距(m)	210	160	110	75
货车停车视距(m)	245	180	125	85

表 B.0.1-2 二、三、四级公路停车视距和货车停车视距

设计速度(km/h)	80	60	40	30	20
停车视距(m)	110	75	40	30	20
货车停车视距(m)	125	85	50	35	20

货车停车视距在下坡路段,应随坡度大小进行修正,其值如表 B.0.1-3 所示。

表 B.0.1-3 货车停车视距

纵坡坡度(%)		设计速度(km/h)									
		120	110	100	90	80	70	60	50	40	30	20
下坡方向	0	245	210	180	150	125	100	85	65	50	35	20
	3	265	225	190	160	130	105	89	66	50	35	20
	4	273	230	195	161	132	106	91	67	50	35	20
	5	—	236	200	165	136	108	93	68	50	35	20
	6	—	—	—	169	139	110	95	69	50	35	20
	7	—	—	—	—	—	—	—	70	50	35	20
	8	—	—	—	—	—	—	—	—	—	35	20
	9	—	—	—	—	—	—	—	—	—	—	20

B.0.2 识别视距

识别视距(identifying sight distance)是指车辆以一定速度行驶中,驾驶员自看清前方分流、合流、交叉、渠化、交织等各种行车条件变化时的导流设施、标志、标线,做出制动减速、变换车道等操作,至变化点前使车辆达到必要的行驶状态所需要的最短行驶距离。不同设计速度对应的识别视距如表 B.0.2 所示。

表 B.0.2 不同设计速度对应的识别视距

设计速度（km/h）	120	100	80	60
识别视距(m)	350(460)	290(380)	230(300)	170(240)

注:括号中为行车环境复杂、路侧出入口提示信息较多时应采取的视距值。

附件一 交通运输部办公厅关于《公路工程技术标准》(JTG B01—2014)第 6.0.10 条补充说明的通知

（交办公路函[2019]1255 号）

各省、自治区、直辖市、新疆生产建设兵团交通运输厅(局、委)：

2014 版《公路工程技术标准》(JTG B01，以下简称《标准》)发布以来，在指导全国公路工程建设工作中发挥了重要作用。近期部分省份反映，一些高速公路改扩建工程项目中，20 米及以下跨径的既有空心板桥梁数量较多，其抗剪承载能力难以满足《标准》6.0.10 条的荷载标准要求，且难以通过加固予以提升。为充分利用既有桥梁、确保公路桥梁建设与运营安全，经组织有关单位专家研究论证，结合各省调研情况，现对《标准》6.0.10 条作出补充说明如下：

一、拼接加宽利用的既有桥涵，应满足《标准》6.0.10 条的要求。

二、20 米及以下跨径拟拼接加宽利用的既有桥梁，不满足《标准》6.0.10 条第 3 款极限承载能力要求但使用状况良好的，为充分利用现有桥梁、并减少浪费，当满足以下条件及要求时，可按照分车道布载的计算方法进行验算(详见附件)，经论证后通过分车道管理予以利用。

　　1. 经检测评估，桥梁技术状况良好；
　　2. 拆除重建对交通运行、社会环境、资源节约等具有较大的不利影响；
　　3. 通过严格采用分车道交通组织管理方式，实现运营安全。

三、拼宽桥梁，采用分车道交通组织管理时应严格按以下要求执行。

1. 按车辆类型在拼宽桥梁施行分车道交通组织管理，降低拼宽桥中既有桥梁的荷载效应。既有桥梁部分主要承担轻型车荷载，新建桥梁部分主要承担重型车荷载。

2. 采用分车道交通组织管理方式和实梁承载力试验确定继续使用的空心板桥梁，应急或维养时应采取交通疏导措施以控制实际通行荷载，有关单位加强对利用部分桥梁的日常检查。

附件：分车道交通组织管理典型断面示例及计算方法。

交通运输部办公厅
2019 年 9 月 2 日

附件 分车道交通组织管理典型断面示例及计算方法

一、典型分车道交通组织管理布载示意图

四车道高速公路(桥面宽度 28 米或 26 米)桥梁两侧拼接加宽扩建为八车道(桥面宽度 42 米)时,其典型分车道交通组织管理布载示意图如图 1 所示:

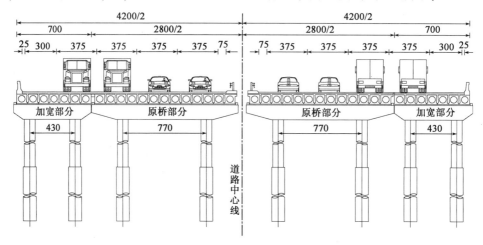

图 1 拼接加宽空心板桥梁分车道交通组织管理布载示意图(尺寸单位:cm)

二、特殊情况下拟拼接利用的既有空心板桥的计算方法

1. 按车辆类型分车道布载的计算方法计算各空心板的横向分布系数,按照《标准》第 7.0.4 条所规定的车道荷载影响线布载计算荷载效应。其公式与计算图式如下:

$$m = \frac{1}{2}\sum \eta_i + \frac{\beta}{2}\sum \eta_j$$

式中:m——某梁考虑分车道交通组织管理布载的横向分布系数;

β——轻车与重车轴重比,可根据调查实际交通荷载综合确定,最小不宜超过 1/10;

η_i——某梁横向影响线重车分车道交通组织管理位置影响线纵坐标;

η_j——某梁横向影响线轻车分车道交通组织管理位置影响线纵坐标。

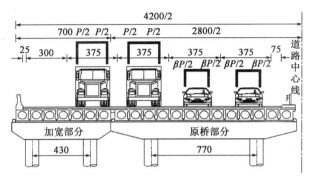

图2 分车道交通组织管理布载横向分配系数示意图(尺寸单位:cm)

在计算某梁横向分配系数时,不再考虑横向位置的车辆最不利布置,而是按分车道交通组织管理的车辆固定位置作为横向分布计算荷载位置。

2.考虑到事故、道路维修等情况,分车道交通组织管理模式下的轻车道仍然存在通行重车的概率,故其设计荷载效应不得低于《标准》第7.0.4条所规定的汽车荷载(55吨五轴车)效应值。

3.既有空心板(或采取加固措施后)的各项承载能力应大于分车道布载计算方法效应值与《标准》第7.0.4条所规定的汽车荷载(55吨五轴车)效应值中的最大值。

4.可采用抽样检测和实桥试验等方法确定既有桥梁结构的极限承载能力。抽样检验时应在拟利用桥梁中随机抽取试验梁,同等条件下考虑选用技术状态较差的进行试验。桥梁的实测承载能力应大于其理论计算值。

附件二　公路安全保护条例

（中华人民共和国国务院令第593号）

（经2011年2月16日国务院第144次常务会议通过，自2011年7月1日起施行。）

第一章　总　　则

第一条　为了加强公路保护，保障公路完好、安全和畅通，根据《中华人民共和国公路法》，制定本条例。

第二条　各级人民政府应当加强对公路保护工作的领导，依法履行公路保护职责。

第三条　国务院交通运输主管部门主管全国公路保护工作。

县级以上地方人民政府交通运输主管部门主管本行政区域的公路保护工作；但是，县级以上地方人民政府交通运输主管部门对国道、省道的保护职责，由省、自治区、直辖市人民政府确定。

公路管理机构依照本条例的规定具体负责公路保护的监督管理工作。

第四条　县级以上各级人民政府发展改革、工业和信息化、公安、工商、质检等部门按照职责分工，依法开展公路保护的相关工作。

第五条　县级以上各级人民政府应当将政府及其有关部门从事公路管理、养护所需经费以及公路管理机构行使公路行政管理职能所需经费纳入本级人民政府财政预算。但是，专用公路的公路保护经费除外。

第六条　县级以上各级人民政府交通运输主管部门应当综合考虑国家有关车辆技术标准、公路使用状况等因素，逐步提高公路建设、管理和养护水平，努力满足国民经济和社会发展以及人民群众生产、生活需要。

第七条　县级以上各级人民政府交通运输主管部门应当依照《中华人民共和国突发事件应对法》的规定，制定地震、泥石流、雨雪冰冻灾害等损毁公路的突发事件（以下简称公路突发事件）应急预案，报本级人民政府批准后实施。

公路管理机构、公路经营企业应当根据交通运输主管部门制定的公路突发事件应急预案,组建应急队伍,并定期组织应急演练。

第八条 国家建立健全公路突发事件应急物资储备保障制度,完善应急物资储备、调配体系,确保发生公路突发事件时能够满足应急处置工作的需要。

第九条 任何单位和个人不得破坏、损坏、非法占用或者非法利用公路、公路用地和公路附属设施。

第二章 公 路 线 路

第十条 公路管理机构应当建立健全公路管理档案,对公路、公路用地和公路附属设施调查核实、登记造册。

第十一条 县级以上地方人民政府应当根据保障公路运行安全和节约用地的原则以及公路发展的需要,组织交通运输、国土资源等部门划定公路建筑控制区的范围。

公路建筑控制区的范围,从公路用地外缘起向外的距离标准为:

(一)国道不少于20米;

(二)省道不少于15米;

(三)县道不少于10米;

(四)乡道不少于5米。

属于高速公路的,公路建筑控制区的范围从公路用地外缘起向外的距离标准不少于30米。

公路弯道内侧、互通立交以及平面交叉道口的建筑控制区范围根据安全视距等要求确定。

第十二条 新建、改建公路的建筑控制区的范围,应当自公路初步设计批准之日起30日内,由公路沿线县级以上地方人民政府依照本条例划定并公告。

公路建筑控制区与铁路线路安全保护区、航道保护范围、河道管理范围或者水工程管理和保护范围重叠的,经公路管理机构和铁路管理机构、航道管理机构、水行政主管部门或者流域管理机构协商后划定。

第十三条 在公路建筑控制区内,除公路保护需要外,禁止修建建筑物和地面构筑物;公路建筑控制区划定前已经合法修建的不得扩建,因公路建设或者保障公路运行安全等原因需要拆除的应当依法给予补偿。

在公路建筑控制区外修建的建筑物、地面构筑物以及其他设施不得遮挡公路标志,不得妨碍安全视距。

第十四条 新建村镇、开发区、学校和货物集散地、大型商业网点、农贸市场等

公共场所,与公路建筑控制区边界外缘的距离应当符合下列标准,并尽可能在公路一侧建设:

(一)国道、省道不少于 50 米;

(二)县道、乡道不少于 20 米。

第十五条 新建、改建公路与既有城市道路、铁路、通信等线路交叉或者新建、改建城市道路、铁路、通信等线路与既有公路交叉的,建设费用由新建、改建单位承担;城市道路、铁路、通信等线路的管理部门、单位或者公路管理机构要求提高既有建设标准而增加的费用,由提出要求的部门或者单位承担。

需要改变既有公路与城市道路、铁路、通信等线路交叉方式的,按照公平合理的原则分担建设费用。

第十六条 禁止将公路作为检验车辆制动性能的试车场地。

禁止在公路、公路用地范围内摆摊设点、堆放物品、倾倒垃圾、设置障碍、挖沟引水、打场晒粮、种植作物、放养牲畜、采石、取土、采空作业、焚烧物品、利用公路边沟排放污物或者进行其他损坏、污染公路和影响公路畅通的行为。

第十七条 禁止在下列范围内从事采矿、采石、取土、爆破作业等危及公路、公路桥梁、公路隧道、公路渡口安全的活动:

(一)国道、省道、县道的公路用地外缘起向外 100 米,乡道的公路用地外缘起向外 50 米;

(二)公路渡口和中型以上公路桥梁周围 200 米;

(三)公路隧道上方和洞口外 100 米。

在前款规定的范围内,因抢险、防汛需要修筑堤坝、压缩或者拓宽河床的,应当经省、自治区、直辖市人民政府交通运输主管部门会同水行政主管部门或者流域管理机构批准,并采取安全防护措施方可进行。

第十八条 除按照国家有关规定设立的为车辆补充燃料的场所、设施外,禁止在下列范围内设立生产、储存、销售易燃、易爆、剧毒、放射性等危险物品的场所、设施:

(一)公路用地外缘起向外 100 米;

(二)公路渡口和中型以上公路桥梁周围 200 米;

(三)公路隧道上方和洞口外 100 米。

第十九条 禁止擅自在中型以上公路桥梁跨越的河道上下游各 1 000 米范围内抽取地下水、架设浮桥以及修建其他危及公路桥梁安全的设施。

在前款规定的范围内,确需进行抽取地下水、架设浮桥等活动的,应当经水行政主管部门、流域管理机构等有关单位会同公路管理机构批准,并采取安全防护措施方可进行。

第二十条　禁止在公路桥梁跨越的河道上下游的下列范围内采砂：

（一）特大型公路桥梁跨越的河道上游500米，下游3 000米；

（二）大型公路桥梁跨越的河道上游500米，下游2 000米；

（三）中小型公路桥梁跨越的河道上游500米，下游1 000米。

第二十一条　在公路桥梁跨越的河道上下游各500米范围内依法进行疏浚作业的，应当符合公路桥梁安全要求，经公路管理机构确认安全方可作业。

第二十二条　禁止利用公路桥梁进行牵拉、吊装等危及公路桥梁安全的施工作业。

禁止利用公路桥梁（含桥下空间）、公路隧道、涵洞堆放物品，搭建设施以及铺设高压电线和输送易燃、易爆或者其他有毒有害气体、液体的管道。

第二十三条　公路桥梁跨越航道的，建设单位应当按照国家有关规定设置桥梁航标、桥柱标、桥梁水尺标，并按照国家标准、行业标准设置桥区水上航标和桥墩防撞装置。桥区水上航标由航标管理机构负责维护。

通过公路桥梁的船舶应当符合公路桥梁通航净空要求，严格遵守航行规则，不得在公路桥梁下停泊或者系缆。

第二十四条　重要的公路桥梁和公路隧道按照《中华人民共和国人民武装警察法》和国务院、中央军委的有关规定由中国人民武装警察部队守护。

第二十五条　禁止损坏、擅自移动、涂改、遮挡公路附属设施或者利用公路附属设施架设管道、悬挂物品。

第二十六条　禁止破坏公路、公路用地范围内的绿化物。需要更新采伐护路林的，应当向公路管理机构提出申请，经批准方可更新采伐，并及时补种；不能及时补种的，应当交纳补种所需费用，由公路管理机构代为补种。

第二十七条　进行下列涉路施工活动，建设单位应当向公路管理机构提出申请：

（一）因修建铁路、机场、供电、水利、通信等建设工程需要占用、挖掘公路、公路用地或者使公路改线；

（二）跨越、穿越公路修建桥梁、渡槽或者架设、埋设管道、电缆等设施；

（三）在公路用地范围内架设、埋设管道、电缆等设施；

（四）利用公路桥梁、公路隧道、涵洞铺设电缆等设施；

（五）利用跨越公路的设施悬挂非公路标志；

（六）在公路上增设或者改造平面交叉道口；

（七）在公路建筑控制区内埋设管道、电缆等设施。

第二十八条 申请进行涉路施工活动的建设单位应当向公路管理机构提交下列材料：

（一）符合有关技术标准、规范要求的设计和施工方案；

（二）保障公路、公路附属设施质量和安全的技术评价报告；

（三）处置施工险情和意外事故的应急方案。

公路管理机构应当自受理申请之日起20日内做出许可或者不予许可的决定；影响交通安全的，应当征得公安机关交通管理部门的同意；涉及经营性公路的，应当征求公路经营企业的意见；不予许可的，公路管理机构应当书面通知申请人并说明理由。

第二十九条 建设单位应当按照许可的设计和施工方案进行施工作业，并落实保障公路、公路附属设施质量和安全的防护措施。

涉路施工完毕，公路管理机构应当对公路、公路附属设施是否达到规定的技术标准以及施工是否符合保障公路、公路附属设施质量和安全的要求进行验收；影响交通安全的，还应当经公安机关交通管理部门验收。

涉路工程设施的所有人、管理人应当加强维护和管理，确保工程设施不影响公路的完好、安全和畅通。

第三章 公 路 通 行

第三十条 车辆的外廓尺寸、轴荷和总质量应当符合国家有关车辆外廓尺寸、轴荷、质量限值等机动车安全技术标准，不符合标准的不得生产、销售。

第三十一条 公安机关交通管理部门办理车辆登记，应当当场查验，对不符合机动车国家安全技术标准的车辆不予登记。

第三十二条 运输不可解体物品需要改装车辆的，应当由具有相应资质的车辆生产企业按照规定的车型和技术参数进行改装。

第三十三条 超过公路、公路桥梁、公路隧道限载、限高、限宽、限长标准的车辆，不得在公路、公路桥梁或者公路隧道行驶；超过汽车渡船限载、限高、限宽、限长标准的车辆，不得使用汽车渡船。

公路、公路桥梁、公路隧道限载、限高、限宽、限长标准调整的，公路管理机构、公路经营企业应当及时变更限载、限高、限宽、限长标志；需要绕行的，还应当标明绕行路线。

第三十四条 县级人民政府交通运输主管部门或者乡级人民政府可以根据保护乡道、村道的需要，在乡道、村道的出入口设置必要的限高、限宽设施，但是不得影响消防和卫生急救等应急通行需要,不得向通行车辆收费。

第三十五条 车辆载运不可解体物品,车货总体的外廓尺寸或者总质量超过公路、公路桥梁、公路隧道的限载、限高、限宽、限长标准,确需在公路、公路桥梁、公路隧道行驶的,从事运输的单位和个人应当向公路管理机构申请公路超限运输许可。

第三十六条 申请公路超限运输许可按照下列规定办理:

(一)跨省、自治区、直辖市进行超限运输的,向公路沿线各省、自治区、直辖市公路管理机构提出申请,由起运地省、自治区、直辖市公路管理机构统一受理,并协调公路沿线各省、自治区、直辖市公路管理机构对超限运输申请进行审批,必要时可以由国务院交通运输主管部门统一协调处理;

(二)在省、自治区范围内跨区、市进行超限运输,或者在直辖市范围内跨区、县进行超限运输的,向省、自治区、直辖市公路管理机构提出申请,由省、自治区、直辖市公路管理机构受理并审批;

(三)在设区的市范围内跨区、县进行超限运输的,向设区的市公路管理机构提出申请,由设区的市公路管理机构受理并审批;

(四)在区、县范围内进行超限运输的,向区、县公路管理机构提出申请,由区、县公路管理机构受理并审批。

公路超限运输影响交通安全的,公路管理机构在审批超限运输申请时,应当征求公安机关交通管理部门意见。

第三十七条 公路管理机构审批超限运输申请,应当根据实际情况勘测通行路线,需要采取加固、改造措施的,可以与申请人签订有关协议,制定相应的加固、改造方案。

公路管理机构应当根据其制定的加固、改造方案,对通行的公路桥梁、涵洞等设施进行加固、改造;必要时应当对超限运输车辆进行监管。

第三十八条 公路管理机构批准超限运输申请的,应当为超限运输车辆配发国务院交通运输主管部门规定式样的超限运输车辆通行证。

经批准进行超限运输的车辆,应当随车携带超限运输车辆通行证,按照指定的时间、路线和速度行驶,并悬挂明显标志。

禁止租借、转让超限运输车辆通行证。禁止使用伪造、变造的超限运输车辆通行证。

第三十九条 经省、自治区、直辖市人民政府批准,有关交通运输主管部门可以设立固定超限检测站点,配备必要的设备和人员。

固定超限检测站点应当规范执法,并公布监督电话。公路管理机构应当加强对固定超限检测站点的管理。

第四十条 公路管理机构在监督检查中发现车辆超过公路、公路桥梁、公路隧道或者汽车渡船的限载、限高、限宽、限长标准的,应当就近引导至固定超限检测站点进行处理。

车辆应当按照超限检测指示标志或者公路管理机构监督检查人员的指挥接受超限检测,不得故意堵塞固定超限检测站点通行车道、强行通过固定超限检测站点或者以其他方式扰乱超限检测秩序,不得采取短途驳载等方式逃避超限检测。

禁止通过引路绕行等方式为不符合国家有关载运标准的车辆逃避超限检测提供便利。

第四十一条 煤炭、水泥等货物集散地以及货运站等场所的经营人、管理人应当采取有效措施,防止不符合国家有关载运标准的车辆出场(站)。

道路运输管理机构应当加强对煤炭、水泥等货物集散地以及货运站等场所的监督检查,制止不符合国家有关载运标准的车辆出场(站)。

任何单位和个人不得指使、强令车辆驾驶人超限运输货物,不得阻碍道路运输管理机构依法进行监督检查。

第四十二条 载运易燃、易爆、剧毒、放射性等危险物品的车辆,应当符合国家有关安全管理规定,并避免通过特大型公路桥梁或者特长公路隧道;确需通过特大型公路桥梁或者特长公路隧道的,负责审批易燃、易爆、剧毒、放射性等危险物品运输许可的机关应当提前将行驶时间、路线通知特大型公路桥梁或者特长公路隧道的管理单位,并对在特大型公路桥梁或者特长公路隧道行驶的车辆进行现场监管。

第四十三条 车辆应当规范装载,装载物不得触地拖行。车辆装载物易掉落、遗洒或者飘散的,应当采取厢式密闭等有效防护措施方可在公路上行驶。

公路上行驶车辆的装载物掉落、遗洒或者飘散的,车辆驾驶人、押运人员应当及时采取措施处理;无法处理的,应当在掉落、遗洒或者飘散物来车方向适当距离外设置警示标志,并迅速报告公路管理机构或者公安机关交通管理部门。其他人员发现公路上有影响交通安全的障碍物的,也应当及时报告公路管理机构或者公安机关交通管理部门。公安机关交通管理部门应当责令改正车辆装载物掉落、遗洒、飘散等违法行为;公路管理机构、公路经营企业应当及时清除掉落、遗洒、飘散在公路上的障碍物。

车辆装载物掉落、遗洒、飘散后,车辆驾驶人、押运人员未及时采取措施处理,造成他人人身、财产损害的,道路运输企业、车辆驾驶人应当依法承担赔偿责任。

第四章 公 路 养 护

第四十四条 公路管理机构、公路经营企业应当加强公路养护,保证公路经常处于良好技术状态。

前款所称良好技术状态,是指公路自身的物理状态符合有关技术标准的要求,包括路面平整、路肩、边坡平顺,有关设施完好。

第四十五条 公路养护应当按照国务院交通运输主管部门规定的技术规范和操作规程实施作业。

第四十六条 从事公路养护作业的单位应当具备下列资质条件:

(一)有一定数量的符合要求的技术人员;

(二)有与公路养护作业相适应的技术设备;

(三)有与公路养护作业相适应的作业经历;

(四)国务院交通运输主管部门规定的其他条件。

公路养护作业单位资质管理办法由国务院交通运输主管部门另行制定。

第四十七条 公路管理机构、公路经营企业应当按照国务院交通运输主管部门的规定对公路进行巡查,并制作巡查记录;发现公路坍塌、坑槽、隆起等损毁的,应当及时设置警示标志,并采取措施修复。

公安机关交通管理部门发现公路坍塌、坑槽、隆起等损毁,危及交通安全的,应当及时采取措施,疏导交通,并通知公路管理机构或者公路经营企业。

其他人员发现公路坍塌、坑槽、隆起等损毁的,应当及时向公路管理机构、公安机关交通管理部门报告。

第四十八条 公路管理机构、公路经营企业应当定期对公路、公路桥梁、公路隧道进行检测和评定,保证其技术状态符合有关技术标准;对经检测发现不符合车辆通行安全要求的,应当进行维修,及时向社会公告,并通知公安机关交通管理部门。

第四十九条 公路管理机构、公路经营企业应当定期检查公路隧道的排水、通风、照明、监控、报警、消防、救助等设施,保持设施处于完好状态。

第五十条 公路管理机构应当统筹安排公路养护作业计划,避免集中进行公路养护作业造成交通堵塞。

在省、自治区、直辖市交界区域进行公路养护作业,可能造成交通堵塞的,有关公路管理机构、公安机关交通管理部门应当事先书面通报相邻的省、自治区、直辖市公路管理机构、公安机关交通管理部门,共同制定疏导预案,确定分流路线。

第五十一条　公路养护作业需要封闭公路的，或者占用半幅公路进行作业，作业路段长度在 2 公里以上，并且作业期限超过 30 日的，除紧急情况外，公路养护作业单位应当在作业开始之日前 5 日向社会公告，明确绕行路线，并在绕行处设置标志；不能绕行的，应当修建临时道路。

第五十二条　公路养护作业人员作业时，应当穿着统一的安全标志服。公路养护车辆、机械设备作业时，应当设置明显的作业标志，开启危险报警闪光灯。

第五十三条　发生公路突发事件影响通行的，公路管理机构、公路经营企业应当及时修复公路、恢复通行。设区的市级以上人民政府交通运输主管部门应当根据修复公路、恢复通行的需要，及时调集抢修力量，统筹安排有关作业计划，下达路网调度指令，配合有关部门组织绕行、分流。

设区的市级以上公路管理机构应当按照国务院交通运输主管部门的规定收集、汇总公路损毁、公路交通流量等信息，开展公路突发事件的监测、预报和预警工作，并利用多种方式及时向社会发布有关公路运行信息。

第五十四条　中国人民武装警察交通部队按照国家有关规定承担公路、公路桥梁、公路隧道等设施的抢修任务。

第五十五条　公路永久性停止使用的，应当按照国务院交通运输主管部门规定的程序核准后作报废处理，并向社会公告。

公路报废后的土地使用管理依照有关土地管理的法律、行政法规执行。

第五章　法　律　责　任

第五十六条　违反本条例的规定，有下列情形之一的，由公路管理机构责令限期拆除，可以处 5 万元以下的罚款。逾期不拆除的，由公路管理机构拆除，有关费用由违法行为人承担：

（一）在公路建筑控制区内修建、扩建建筑物、地面构筑物或者未经许可埋设管道、电缆等设施的；

（二）在公路建筑控制区外修建的建筑物、地面构筑物以及其他设施遮挡公路标志或者妨碍安全视距的。

第五十七条　违反本条例第十八条、第十九条、第二十三条规定的，由安全生产监督管理部门、水行政主管部门、流域管理机构、海事管理机构等有关单位依法处理。

第五十八条　违反本条例第二十条规定的，由水行政主管部门或者流域管理机构责令改正，可以处 3 万元以下的罚款。

第五十九条 违反本条例第二十二条规定的,由公路管理机构责令改正,处 2 万元以上 10 万元以下的罚款。

第六十条 违反本条例的规定,有下列行为之一的,由公路管理机构责令改正,可以处 3 万元以下的罚款:

(一)损坏、擅自移动、涂改、遮挡公路附属设施或者利用公路附属设施架设管道、悬挂物品,可能危及公路安全的;

(二)涉路工程设施影响公路完好、安全和畅通的。

第六十一条 违反本条例的规定,未经批准更新采伐护路林的,由公路管理机构责令补种,没收违法所得,并处采伐林木价值 3 倍以上 5 倍以下的罚款。

第六十二条 违反本条例的规定,未经许可进行本条例第二十七条第一项至第五项规定的涉路施工活动的,由公路管理机构责令改正,可以处 3 万元以下的罚款;未经许可进行本条例第二十七条第六项规定的涉路施工活动的,由公路管理机构责令改正,处 5 万元以下的罚款。

第六十三条 违反本条例的规定,非法生产、销售外廓尺寸、轴荷、总质量不符合国家有关车辆外廓尺寸、轴荷、质量限值等机动车安全技术标准的车辆的,依照《中华人民共和国道路交通安全法》的有关规定处罚。

具有国家规定资质的车辆生产企业未按照规定车型和技术参数改装车辆的,由原发证机关责令改正,处 4 万元以上 20 万元以下的罚款;拒不改正的,吊销其资质证书。

第六十四条 违反本条例的规定,在公路上行驶的车辆,车货总体的外廓尺寸、轴荷或者总质量超过公路、公路桥梁、公路隧道、汽车渡船限定标准的,由公路管理机构责令改正,可以处 3 万元以下的罚款。

第六十五条 违反本条例的规定,经批准进行超限运输的车辆,未按照指定时间、路线和速度行驶的,由公路管理机构或者公安机关交通管理部门责令改正;拒不改正的,公路管理机构或者公安机关交通管理部门可以扣留车辆。

未随车携带超限运输车辆通行证的,由公路管理机构扣留车辆,责令车辆驾驶人提供超限运输车辆通行证或者相应的证明。

租借、转让超限运输车辆通行证的,由公路管理机构没收超限运输车辆通行证,处 1 000 元以上 5 000 元以下的罚款。使用伪造、变造的超限运输车辆通行证的,由公路管理机构没收伪造、变造的超限运输车辆通行证,处 3 万元以下的罚款。

第六十六条 对 1 年内违法超限运输超过 3 次的货运车辆,由道路运输管理机构吊销其车辆营运证;对 1 年内违法超限运输超过 3 次的货运车辆驾驶人,由道路运输管理机构责令其停止从事营业性运输;道路运输企业 1 年内违法超限运输的货运车辆超过本单位货运车辆总数10%的,由道路运输管理机构责令道路运输企业停业整顿;情节严重的,吊销其道路运输经营许可证,并向社会公告。

第六十七条 违反本条例的规定,有下列行为之一的,由公路管理机构强制拖离或者扣留车辆,处3万元以下的罚款:

(一)采取故意堵塞固定超限检测站点通行车道、强行通过固定超限检测站点等方式扰乱超限检测秩序的;

(二)采取短途驳载等方式逃避超限检测的。

第六十八条 违反本条例的规定,指使、强令车辆驾驶人超限运输货物的,由道路运输管理机构责令改正,处3万元以下的罚款。

第六十九条 车辆装载物触地拖行、掉落、遗洒或者飘散,造成公路路面损坏、污染的,由公路管理机构责令改正,处5 000元以下的罚款。

第七十条 违反本条例的规定,公路养护作业单位未按照国务院交通运输主管部门规定的技术规范和操作规程进行公路养护作业的,由公路管理机构责令改正,处1万元以上5万元以下的罚款;拒不改正的,吊销其资质证书。

第七十一条 造成公路、公路附属设施损坏的单位和个人应当立即报告公路管理机构,接受公路管理机构的现场调查处理;危及交通安全的,还应当设置警示标志或者采取其他安全防护措施,并迅速报告公安机关交通管理部门。

发生交通事故造成公路、公路附属设施损坏的,公安机关交通管理部门在处理交通事故时应当及时通知有关公路管理机构到场调查处理。

第七十二条 造成公路、公路附属设施损坏,拒不接受公路管理机构现场调查处理的,公路管理机构可以扣留车辆、工具。

公路管理机构扣留车辆、工具的,应当当场出具凭证,并告知当事人在规定期限内到公路管理机构接受处理。逾期不接受处理,并且经公告3个月仍不来接受处理的,对扣留的车辆、工具,由公路管理机构依法处理。

公路管理机构对被扣留的车辆、工具应当妥善保管,不得使用。

第七十三条 违反本条例的规定,公路管理机构工作人员有下列行为之一的,依法给予处分:

(一)违法实施行政许可的;

(二)违反规定拦截、检查正常行驶的车辆的;

(三)未及时采取措施处理公路坍塌、坑槽、隆起等损毁的;

(四)违法扣留车辆、工具或者使用依法扣留的车辆、工具的;

(五)有其他玩忽职守、徇私舞弊、滥用职权行为的。

公路管理机构有前款所列行为之一的,对负有直接责任的主管人员和其他直接责任人员依法给予处分。

第七十四条 违反本条例的规定,构成违反治安管理行为的,由公安机关依法给予治安管理处罚;构成犯罪的,依法追究刑事责任。

第六章 附 则

第七十五条 村道的管理和养护工作,由乡级人民政府参照本条例的规定执行。

专用公路的保护不适用本条例。

第七十六条 军事运输使用公路按照国务院、中央军事委员会的有关规定执行。

第七十七条 本条例自2011年7月1日起施行。1987年10月13日国务院发布的《中华人民共和国公路管理条例》同时废止。

附件三　关于西部沙漠戈壁与草原地区高速公路建设执行技术标准的若干意见

(交公路发〔2011〕400号)

新疆、内蒙古、宁夏、甘肃、青海等省(区)交通运输厅,新疆生产建设兵团交通局:

为贯彻落实《中共中央国务院关于深入实施西部大开发战略的若干意见》和交通运输部《深入实施西部大开发战略公路水路交通运输发展规划纲要(2011—2020)》的部署要求,促进西部地区高速公路又好又快发展,现就高速公路通过沙漠、戈壁和草原地区执行《公路工程技术标准》问题提出如下意见,请遵照执行:

一、适度超前,科学确定建设标准

沙漠、戈壁和草原等地区具有地形简单、人烟稀少、经济欠发达、交通流量小、横向干扰少等特点,应依据项目所在地区经济社会、综合运输体系发展的需求及国家和区域公路网规划、公路功能等综合因素,按照适度超前的原则,科学论证确定技术等级和建设规模。

二、因地制宜,合理运用技术指标

沙漠、戈壁和草原地区的高速公路,应因地制宜,根据项目所在地的实际建设、运行条件和沿线群众生产、生活的具体要求,合理选用技术指标。

(一)利用现有一级、二级公路改扩建为高速公路的建设工程,应按照"安全、节约"的原则进行总体设计,尽量利用既有工程,降低工程造价,并应符合以下要求:

1. 在进行运行安全性评价、完善交通安全设施等措施、保证安全的前提下,可充分利用既有公路平纵面线形,但对于影响运行安全的主要指标,应当严格按照现行公路工程行业标准的规定确定。

2. 采用分离式断面形式的高速公路,当利用现有二级公路改建为一幅时,其路面等级、设计洪水频率可维持原有标准不变;对于新建的一幅应按现行公路工程行业标准的有关规定执行。

3. 当利用现有一级公路改建为高速公路,其原有路基宽度不小于新建路基宽度0.5米,或现有二级公路改建为分离式高速公路的一幅,其路基宽度不小于新建路基宽度0.25米,且均不小于公路工程技术标准规定最小值时,可维持现有路基宽度不变，直接利用。为保障运行安全，在对这些路段进行安全性评价的基础上，须设置完善的标志标线、港湾式应急停车带等安全设施。

4. 利用现有桥梁时应进行检测评估，其极限承载能力（含加固后）应满足现行标准相应汽车荷载等级的要求。对于重车少的高速公路，原按汽车—20级或公路—Ⅱ级荷载标准建设的桥梁，经检测其技术状况良好的，可直接使用，但应提出针对性的运营管理和维护养护措施。

（二）对于长直线路段，应设置必要的限速、警告、振荡标线等交通安全设施，以提高车辆行驶的安全性。

（三）有条件的地段，宜采用宽中央分隔带、低路堤、缓边坡和宽浅边沟等形式，提高行车安全性，更好地与沿线自然环境相协调。

（四）高速公路主线不得设置平面交叉。对于交通量较小的交叉，可采用建设规模小的互通式立交形式（如简易菱形等），但应采取增设警告、限速等交通标志，设置强制减速、交通渠化等措施，给驾驶人员提前提供足够的交通安全信息，保证行车安全。

（五）对于通行收割机等大型机械或大型车辆的通道，应根据当地的交通组成特征和大型机械、车辆的需求及降雨排水特点，合理确定通道位置、净空尺寸、标高和引线纵坡，既要满足沿线群众生产生活需要，又要节省工程投资。

三、经济适用，灵活选择建设方案

（一）高速公路宜选择新建方案，如经论证确需利用既有公路改建，应同时恢复或建设辅道，保证沿线群众日常生产、生活需要。

（二）采用分离式路基的高速公路，可采用横向分幅、分期修建的建设方案。分期修建应按照总体规划、一次设计、分期实施的原则，统筹安排好路基、构造物、互通式立交和交通安全设施的分期建设方案，使前期工程在后期能得到充分利用。此外，路面的分期修建方案，可根据当地实际和交通流特点，综合研究确定。

（三）对于交通量较小、供水、供电困难路段，其服务区间距可适当加大，但要相应增大服务区的用地面积和建筑面积，且相邻服务区之间应合理设置停车区。此外，监控、通信等设施可根据当前需要设置。

四、加强管理、保障运行安全

（一）加强服务区间距较大路段的日常巡逻，配备适当的救援力量，采取有效措施，保证应急服务的需要。

（二）采用分幅修建的项目，前期通车的一幅应按双车道对向行驶公路进行管理，最高时速不应超过80公里/小时。

（三）加强对横向分期修建公路的路侧管理，除预留的互通式立交位置处外，其他路段不得设置平面交叉。

(四)利用现有桥涵结构物,应加大检测和日常巡查频率,加强养护和病害处理,保证运营安全。

(五)加强对司乘人员交通安全、交通法规方面的宣传教育,有针对性地加强特殊地区驾驶环境和路况条件宣传,提高司乘人员和公路周边群众的交通安全意识,减少交通安全事故。

高速公路建设是落实国家西部大开发战略的重要手段,各有关地区交通建设主管部门在进行高速公路建设时,要真正贯彻实事求是、因地制宜的指导思想,从提高公路行业技术水平入手,切实保障高速公路的勘察、设计和施工质量,使高速公路建设符合特殊地区的实际情况,并满足这些地区的交通运输发展需求,为引导生产力合理布局、促进国土均衡开发和经济社会发展提供支撑。

中华人民共和国交通运输部

2011 年 8 月 1 日

附件四　交通运输部关于桥下空间有关问题的复函

（交函公路〔2013〕125号）

广东省交通运输厅：

你厅《关于桥下空间有关问题的请示》（粤交法〔2013〕252号）收悉。经研究，现函复如下：

一、考虑公路桥梁是公路网重要组成部分和关键节点，其结构具有特殊性，《公路安全保护条例》（国务院令第593号）规定了以公路桥梁为中心划定危险作业控制区、危险源控制区、疏浚作业控制区、禁止采砂区等安全保护区域，全面加强公路桥梁安全保护。该条例第二十二条第二款所称桥下空间，既包括桥面至桥下自然地面之间的空间，也包括桥下自然地面以下的空间，在此范围内铺设输送易燃、易爆或者其他有毒有害气体、液体的管道的，属于禁止行为，不属于行政许可事项。

二、确需跨越、穿越公路架设、埋设输送易燃、易爆或者其他有毒有害气体、液体的管道的，根据《公路安全保护条例》第二十二条第二款、第二十七条第二项和第二十八条规定，经公路管路机构同意，应当选择在没有桥梁结构的普通路段，采取架设方式从公路上方跨越通过或者采取埋设方式从公路下方穿越通过；受地理条件限制，必须与桥梁交叉的，应当采取架设方式从桥梁上方跨越通过。

三、我国公路桥梁众多，桥梁安全保护任务特别繁重。公路桥梁与其他工程设施需要交叉的，必须符合国家法律法规和技术标准规定，同时要充分考虑在自然灾害、恐怖破坏等极端条件下可能产生的不利影响。请你厅严格执行国家有关桥梁安全保护的规定，依法办理涉路涉桥行政许可，妥善处理好桥梁安全保护与其他工程设施建设的关系。

特此函复。

中华人民共和国交通运输部
2013年4月8日

附件五　关于高速公路改扩建工程中有关技术问题处理的若干意见

(交公路发〔2013〕634号)

为规范高速公路改扩建工程建设,促进高速公路科学、绿色、安全、可持续发展,现就高速公路改扩建工程中有关技术问题提出如下处理意见:

一、统筹规划,兼顾长远

高速公路改扩建项目应根据国家和区域路网布局规划,遵循"统筹规划、兼顾长远、注重实效、指标合理、节约资源、绿色环保、科学组织、安全实施"的原则,对高速公路通道的改扩建方式及在综合运输网中的地位和作用等进行统筹研究,科学评估后确定。

(一)改扩建方案应结合经济社会发展需求,从构建综合交通运输体系的角度出发,统筹考虑扩展路网覆盖面与扩大通道运输能力的关系,注重公路运输与其他交通运输方式的衔接和协调,科学分析预测远期交通发展趋势,对拟改扩建高速公路在路网结构中的功能和作用进行总体研究,充分发挥各种运输方式的优势及综合交通运输体系的整体效益。

(二)根据国家和区域公路网规划,改扩建方案应结合综合交通运输体系发展需求、运输线路及通道资源集约利用等因素,开展区域公路网通行能力、运能与运量适应性、改扩建工程实施对原路及区域交通的影响和施工风险等的论证分析,按照"统筹规划、兼顾长远"的原则,对"原路加宽扩建"或"路网加密扩容"等方案进行科学论证,科学确定高速公路通道的规模容量和改扩建方式。

(三)高速公路改扩建方案研究,应结合原路状况等条件对利用原路加宽扩建方案和新建分离式线位等方案的工程规模、技术标准、建设条件、交通组织、交通安全、工程造价、环境保护与资源节约等技术经济指标进行全面分析,充分的比较论证,因地制宜地确定各路段的改扩建方案。条件允许的路段原则上应尽量采用原路加宽扩建方案,利用好原路资源。

(四)利用原路加宽扩建时,应对原路使用状况、扩宽改造的建设条件、现有设施和资源的可利用程度、拼接加宽结构的安全性以及改扩建实施后的运营安全等做出全面分析和评估,既要综合考虑与改扩建工程相关的各种因素,合理确定加宽形式,更要做好新老路的平纵线形拟合,不同加宽形式之间的线形衔接,以及新老路基、路面、桥涵构造物拼接等设计工作。

(五)对于利用原路加宽方案中的长大隧道、隧道群、特殊结构桥梁等复杂构造物,以及长大纵坡、深挖高填或其他地形地质条件特殊困难路段,原则上应采用新线或分离式方案,以降低加宽改造的难度和施工中的安全风险。

(六)高速公路改扩建工程,原则上不得采用横向分幅分期修建或主体工程与附属设施分期修建的方案。对于纵向分段分期修建的路段,可以互通式立交为分段节点,并根据路段交通流的分布特点、交通组织的影响范围等情况做好总体设计。

(七)高速公路改扩建工程项目的设计交通量应采用项目计划通车年起第20年的预测交通量。

(八)根据预测的设计交通量,结合项目建设条件和服务水平等要求,合理确定改扩建后的车道数。同时,对于拟改扩建的高速公路,以重要交通节点处分段,并对其功能和交通量的分布特点进行论证后,可分段采用不同的车道数。

(九)高速公路改扩建项目的开工时机,应根据项目所在区域路网交通流量分配情况、交通组织保障条件、工程实施对区域交通运输的影响等因素确定。对于区域路网具有一定交通分流能力的改扩建路段,可在原高速公路的服务水平降低到二级水平下限之前实施改扩建工程。

二、注重实效,指标合理

高速公路改扩建工程项目设计应在对原高速公路对沿线社会、经济、城乡发展和交通格局所产生的影响进行充分研究的基础上,分析、研判改扩建路段远期交通量增长特征和趋势,科学预测其设计交通量。同时,在对原高速公路进行运营安全性和结构安全性评价的基础上,因地制宜,合理确定相关技术指标。

(十)改扩建项目的设计速度,应在参考原高速公路设计速度和运行速度的基础上,综合考虑沿线地形地质条件、设计交通量、服务水平、工程规模和可扩建条件等因素,论证确定。同时,还可根据重要交通节点或地形地物明显变化情况分段论证后,采用不同的设计速度。但设计速度不宜频繁变换,相邻路段的设计速度差不宜大于20公里/小时,使前后路段的线形衔接良好、顺畅。

(十一)在高速公路改扩建项目设计中,应对拼接加宽路段的路基高度的设计洪水位进行核查。对于不满足设计要求的路段,应当对原路纵面线型进行调整,以达到设计洪水位要求;当原路纵面线形不能调整时,应采取其他措施进行处治,保证路基安全。

(十二)新建分离式桥梁和隧道的净空应满足现行公路工程技术标准的规定。

对于在原有桥梁基础上拼接加宽的桥梁，其净空应结合近远期规划确定，但不应小于原桥梁的净空要求。

（十三）对于原有高速公路上的桥涵应当采用原设计荷载标准对其进行检测评估。并根据评估的结果，确定采取拆除重建、加固改造或直接利用等方案。

（十四）对于拟采用拼接加宽方案的桥涵，应当采用现行荷载等级标准对加宽后的桥梁进行整体验算和评价。拼接加宽的原有桥涵部分，其极限承载能力宜满足或采取加固措施后满足现行标准要求，同时，在设计中还应提出有针对性的运营管理和维护措施。

（十五）改扩建工程中的新建桥涵，以及原有桥涵拼接加宽或接长的新建部分，应当满足现行公路工程技术标准规定的荷载等级要求。

（十六）对于高速公路改扩建后的原有通道，由于新建部分需下挖而引起排水不畅，且难以解决时，原则上宜改为跨线桥。

（十七）对于拟新增互通式立交的改扩建路段，应对增加互通式立交后，其间距的变化对主线通行能力和交通安全的影响进行分析，原则上只有在满足间距要求且对主线通行能力没有明显影响时方可增加。

对于新增互通式立交后小于规定间距的路段，可结合改扩建工程，采取增加集散车道和标志标线提前预告，或结合路网改造将互通式立交合并设置等措施，以提高该路段的通行能力和运行安全性。

（十八）对于改扩建工程中需要完善和改造的管理和服务设施，应根据路网结构和管理方式的变化情况进行总体设计，并与主体工程同步设计和建设。

（十九）加强对原有高速公路使用情况的调查、分析，对原路存在的问题、缺陷及功能欠缺等问题进行评估，并在高速公路改扩建设计中加以解决。

三、节约资源，绿色环保

高速公路改扩建工程应坚持"节约资源、绿色环保"的原则，在满足工程使用功能、保证安全的前提下，要充分利用原路资源，避免浪费。

（二十）高速公路改扩建工程应充分利用原路线位资源，做好新路与原路的拟合，在保证行车安全的前提下，其平纵面指标的选用原则上应与原路相同。

（二十一）高速公路改扩建工程经过水源地保护区、风景名胜区、自然保护区等区域时，要结合原路环保情况，做好环境影响、水土保持评价工作，采取有效保护措施，必要时应采取避让措施。

（二十二）高速公路改扩建工程要提高土地节约集约利用程度，减少对土地的分割，尽可能少占耕地，合理设置弃土场，尽量复耕还田，提高复耕质量。

（二十三）高速公路改扩建要积极采用再生利用技术，尽可能地对原有沥青、水泥混凝土路面予以再生利用。对不能满足改扩建工程要求的原有沥青路面可用于低等级公路,以节约利用资源。

(二十四)对于原有桥梁的梁板等构件不得野蛮拆除,尽可能减少不必要的损伤。对可利用的要对其承载能力进行检测评价。对于符合改扩建工程要求的要加以利用;对于不符合要求的,可用于荷载等级要求较低的低等级公路工程。

(二十五)对于拟拆除的交通安全设施构件,要认真进行安全性检测和评估。对于无明显损伤、锈蚀、尺寸及强度满足改扩建工程要求的,应直接予以利用或经简单维修后予以利用;对于不满足要求的,可在等级较低的公路予以使用,或通过再加工,用于改扩建工程施工期间的安保设施。

(二十六)高速公路改扩建工程应加强管理和服务设施设计的总体规划,对于新增和扩建的管理和服务设施,要在充分利用原有设施和土地资源的基础上进行,尽可能避免功能重复,提高土地利用率,以避免浪费。

(二十七)按照发展循环和低碳经济的要求,在高速公路改扩建工程中的建筑设施、隧道通风照明等设计中,要积极推广利用风能、太阳能等清洁能源和节能设备,促进绿色交通发展。

(二十八)高速公路改扩建工程实施中,应对原有公路的绿化物尽可能加以利用,做到统筹规划、合理移栽、避免浪费。

四、科学组织,安全实施

高速公路改扩建工程的实施,应科学组织,合理安排开工时机。同时,要进行完善的交通组织设计,最大程度地减少改扩建工程对区域路网造成的拥堵。工程实施期间,应进行切实可行的施工组织设计,制定详细的施工方案,特别是交通组织和分流方案,合理安排施工路段和时段,采取有效的安全保障措施,保证行车和施工安全。

(二十九)对于高速公路改扩建项目所在区域路网中,承担分流的公路,其维修、改造工程宜在高速公路改扩建项目主体工程开工前实施完成,其相关费用列入高速公路改扩建项目的投资中。

(三十)高速公路改扩建工程交通组织设计和分流方案的制定,应按照"尽量减少对原路及区域路网交通干扰"的原则,在充分考虑路网交通条件以及改扩建技术方案对交通影响的基础上,制定行之有效的综合性交通保障方案,其相关费用列入项目投资中。

(三十一)对于需维持通车的改扩建路段,可按服务水平较正常路段降低一级、设计速度不低于60公里/小时的要求,制定详细的施工保通方案。

(三十二)高速公路改扩建项目建设期间,项目的管理、施工和设计单位应加强与公安、国土、环保等相关部门的沟通和协调,并结合工程具体情况和管理部门的要求,细化交通组织方案,确保各项保障措施落实到位。

(三十三)高速公路改扩建项目实施之前,建设单位应将交通组织和分流方案等信息通过媒体向社会各界公告并加以宣传,以取得理解、支持和配合。

高速公路的改扩建工作将是今后我国高速公路发展的重要内容,各地交通运输主管部门要认真贯彻实事求是、因地制宜、安全至上的思想,在系统总结工程实践经验的基础上,结合本省(区、市)和项目的实际情况,制定经济、实用、安全、可靠的改扩建方案,以更好地促进经济和社会发展。

中华人民共和国交通运输部
2013 年 10 月 28 日

附件六　交通运输部　国家能源局　国家安全监管总局关于规范公路桥梁与石油天然气管道交叉工程管理的通知

各省、自治区、直辖市交通运输厅(委)、能源局、安全监管局：

　　公路和石油、天然气输送管道(以下简称"油气管道")都是国家重要的基础设施，对于保障和改善民生、促进经济社会持续健康发展具有重要的作用。近年来，随着我国公路和油气管道建设的快速发展，公路桥梁与油气管道交叉穿(跨)越的需求日渐增加。为加快公路和油气管道建设，维护公路和油气管道设施安全完好，保护人民群众生命财产安全，根据《公路法》、《石油天然气管道保护法》和《公路安全保护条例》等法律法规和规定，交通运输部、国家能源局、国家安全监管总局现就有关事项通知如下：

　　一、新建或改建油气管道需要穿(跨)越既有公路的，宜选择在非桥梁结构的公路路基地段，采用埋设方式从路基下方穿越通过，或采用架设方式从公路上方跨越通过。受地理条件影响或客观条件限制，必须与公路桥梁交叉的，可采用埋设方式从桥梁自然地面以下空间通过。禁止利用自然地面以上的公路桥下空间铺(架)设油气管道。

　　二、油气管道从公路桥梁自然地面以下空间穿越时，必须严格遵循《公路工程技术标准》、《公路路线设计规范》、《公路桥涵设计通用规范》、《油气输送管道穿越工程设计规范》等有关标准规范，并同时满足下列条件：

　　(一)不能影响桥下空间的正常使用功能。

　　(二)油气管道与两侧桥墩(台)的水平净距不应小于5米。

　　(三)交叉角度以垂直为宜。必须斜交时，应不小于30°。

　　(四)油气管道采用开挖埋设方式从公路桥下穿越时，管顶距桥下自然地面不应小于1米，管顶上方应铺设宽度大于管径的钢筋混凝土保护盖板，盖板长度不应小于规划公路用地范围宽度以外3米，并设置地面标识标明管道位置；采用定向钻穿越方式的，钻孔轴线应距桥梁墩台不小于5米，桥梁(投影)下方穿越的最小深度应大于最后一级扩孔直径的4~6倍。

　　三、新建或改建公路与既有油气管道交叉时，应选择在管道埋地敷设地段，采用涵洞方式跨越管道通过；受地理条件影响或客观条件限制时，可采用桥梁方式跨越管道通过。采用涵洞跨越既有管道时,交叉角度不应小于30°;采用桥梁跨越既有管道时,交叉角度不应小于15°。桥梁下墩台离开管道的净距、对埋地管道的保护措施(钢筋混凝土盖板、地面标识)依照本通知第二条规定执行。

四、油气管道穿(跨)越公路和公路桥梁自然地面以下空间,以及公路跨越油气管道前,各地公路管理机构或油气管道管理机构,应按照有关规定,委托具有相应资质的单位,开展安全技术评价,出具评价报告。

五、其他设施专用管道以及电缆穿越公路桥下空间的问题,可参照本《通知》规定执行。

六、各地执行中发现的问题,请及时报告交通运输部、国家能源局和国家安全监管总局。

交通运输部　国家能源局　国家安全监管总局
2015年3月17日